JN168312

最新 中小企業会計論

Accounting Theory for Small and Medium-sized Entities

河﨑 照行［著］
Kawasaki Teruyuki

中央経済社

序

◆本書の背景と目的

IFRS（国際会計基準）導入の流れのなかで，中小企業会計のあり方が活発に議論されるようになってきた。

わが国で，中小企業会計が重要な課題として認識され，中小企業庁から「中小企業の会計に関する研究会報告書」（「研究会報告書（2002）」）が公表されたのは2002年６月であった。その後，約10年の歳月を経て，2012年２月に，中小企業の会計に関する検討会（中小企業庁と金融庁が共同事務局）から，「中小企業の会計に関する基本要領」（中小会計要領）が公表され，従来の「中小企業の会計に関する指針」（中小指針）に加えて，中小企業の会計ルールが登場した。この中小会計要領は，中小企業の身の丈に合った会計ルールとされ，いま，その制度的定着化に向けた取組みが官民一体となって展開されている。他方，中小企業のグローバルな会計ルールについては，IASB（国際会計基準審議会）が，2009年７月に，「中小企業（SMEs）のためのIFRS」（IFRS for SMEs；中小企業版IFRS）を公表し，各国では，当該会計基準を国内化すべきかどうかの議論が活発に展開されている。

本書『最新中小企業会計論』の目的は，このような国内外の中小企業会計をめぐる動向を背景として，中小企業会計の理論的・制度的基盤を提供し，わが国の最新の中小企業会計基準（中小会計要領）の内容と課題を整理し体系化するとともに，中小企業会計の国際的動向を論じることにある。あわせて，本書のねらいは，「会計が分かれば，ビジネスが見える」ことを中小企業経営者に認識させ，わが国における中小企業会計の普及と制度的定着化を促進させることにある。

◆本書の構成

本書は，３部27章の本論と「参考資料」から構成されている。

⑴　第Ⅰ部「中小企業会計の理論的・制度的基盤」（第１章～第６章）では，

中小企業会計が成立するための理論と制度が論じられている。具体的には，中小企業会計の法規制，中小企業会計の制度化の歩み，中小企業会計の淵源としての中小企業簿記要領，中小企業会計の理論的基盤，中小企業会計の概念的枠組みと方法論，および中小企業会計と国際会計基準との関係，といった個別テーマが論じられ，中小企業会計の基本的構図がデッサンされている。

⑵ 第Ⅱ部「中小企業会計基準」（第７章～第23章）では，最新の中小企業会計基準である中小会計要領について，その総論と各論のすべて（23項目）が個別的・具体的に解説されている。中小会計要領の解説にあたっては，まず，中小会計要領の各項目に即して，中小指針，会社法（会社計算規則），企業会計原則および税法（法人税法）の各規定が整理され，対応表示されている。次に，中小会計要領と中小指針の相違に着目しながら，中小会計要領の特徴が網羅的かつ平易に解説されている。

⑶ 第Ⅲ部「中小企業の制度的・実践的課題と国際的動向」（第24章～第27章）では，中小企業会計の制度的定着化に向けた実践的課題および中小企業会計の国際的動向が論じられている。具体的には，計算書類の信頼性保証，中小会計要領の活用事例，中小会計要領を中核とした中小企業育成モデル，および各国における中小企業会計の制度化の現状，といった個別テーマが論じられ，中小企業会計の将来が展望されている。

⑷ 付録の「参考資料」では，中小会計要領に準拠した計算書類の様式とチェックリストが掲載されている。計算書類の様式は，中小会計要領に従った会計処理の結果（計算書類）を具体例として示すものであり，チェックリストは，中小会計要領に対する準拠の程度を確認する手段を提供するものである。

◆本書の特徴と活用法

本書の母型となったのは，わが国で最大の会計専門職集団であるＴＫＣ全国会の機関誌『TKC』に，2014年３月号から2016年４月号まで全26回にわたり連載した中小会計要領の解説論文である。本書はそれに加筆・修正を行うとともに，本書全体を体系化するためにその内容を整序したものである。

本書の特徴と活用法を摘記すれば，次のとおりである。

⑴　第1に，本書は中小企業会計の研究・教育・実務が融合した中小企業会計の総合的なテキストとして特徴づけることができる。とりわけ，本書の第Ⅰ部は，中小企業会計の研究と教育の基礎を提供するとともに，第Ⅲ部は，中小企業会計の研究と実務の将来を展望している。

⑵　第2に，本書は大学等での中小企業会計教育のテキストとして活用することが期待されている。とりわけ，本書の第Ⅱ部では，中小会計要領の詳細かつ平易な解説を通して，わが国の伝統的会計の基礎理論を習得することが可能である。今日，わが国の大企業向け会計基準（企業会計基準）は国際会計基準（IFRS）とのコンバージェンスにより量的に拡大し，質的に複雑化しており，その習得にはかなりの努力を必要する。それに対して，中小会計要領は企業会計原則をベースとしたシンプルな会計基準であり，初学者が会計学のエッセンスを習得するうえで最適な教材であるといってよい。

⑶　第3に，本書は会計専門職（税理士・公認会計士）が中小企業の会計問題に対応するための理論的基盤として活用することが期待されている。会計専門職であっても，中小会計要領と中小指針の相違がよく理解できていない現実があるとされる。本書は，両者の相違を浮き彫りにすることを通じて，中小企業会計の実務での混乱を解消するねらいがある。

⑷　第4に，本書は中小企業経営者と従業員がビジネスにおける会計の重要性を認識し，会計をビジネスの羅針盤として活用することが期待されている。中小企業経営者は会計は難しく会計専門職に任せておけばよいと考える傾向がある。しかし，会計行為の責任者は中小企業経営者であり，会計を通じて自らのビジネスを語れる経営者こそ，中小企業の厳しい現実を生き抜くことができるはずである。

⑸　第5に，本書では，各章の「はじめに」と「むすび」で論点を整理し，また，「図表」を活用して本文の内容を整理・要約している。さらに，「Column」では，中小会計要領の策定プロセスにおけるエピソードなどが掲載されている。これらは，いずれも本書の内容の理解を促進させるための工夫である。

◆謝　辞

本書は，多くの皆様の温かいご指導とご支援によるものである。とりわけ，恩師である神戸大学名誉教授・故武田隆二先生に，まず感謝を申し上げたい。本書の上梓にあたり，筆者には忘れられない思い出がある。先生が『最新財務諸表論』（中央経済社，初版1978年）を上梓された当時，筆者は甲南大学に教員としての職を得たばかりであった。将来の会計教育の参考にと思い，ご高著の校正を願い出た。先生は大変に喜ばれ，校正作業をすべてお任せくださった。校正ゲラを読み進むにつれ，これまで筆者が財務会計に抱いていたモヤモヤが，まるで一気に霧が晴れるかのような思いがした。それほど財務会計の論点が見事に整理され体系化されていた。と同時に，筆者は，「もう，自分には財務会計の本は書けない」と思った。後年，そのようなことをお話しする機会があった。先生は，笑いながら次のようにおっしゃった。「私の理論であれ，君の言葉で語ればそれは立派に君の理論です。私の理論を継承してくれると嬉しいね」。本書で解説されている会計理論は，筆者にしみこんだ武田会計学の中小企業版である。先生のご期待にどの程度お応えできたか，はなはだ心許ない限りであるが，本書をまず先生の御霊前に捧げたい。

次に，元中小企業庁長官・北川慎介氏と愛知工業大学教授・坂本孝司氏に，感謝申し上げたい。北川氏は，中小企業の会計に関する研究会（2002年）が開催された当時の担当課長（中小企業庁・財務課長）であり，わが国の中小企業会計の原点ともいえる「研究会報告書（2002）」の生みの親である。筆者にとっては，中小企業会計の制度化に取り組んだ同志である。筆者が中小会計要領の解説書（英語版）*General Accounting Standard for SMEs in Japan*（Wiley, 2013）を上梓した折，タイトルの名付け親となったのが同氏であった。また，坂本氏とは，実に不思議な縁で結ばれている。筆者が大学院時代に，武田先生とご一緒にゼミの指導にあたっていた当時のゼミ生が同氏であった。いまやわが国で最も影響力のある税理士に成長された同氏からは，「中小企業会計学会を創設し，中小企業会計論を上梓するのが先生の使命です。それが武田先生のご遺言です」と常に激励のことばをいただいた。

さらに，㈱TKC取締役会長・飯塚真玄氏とTKC全国会会長・粟飯原一雄氏にもお礼を申し上げなければならない。両氏からは，機関誌『TKC』からの転載をご快諾いただくとともに，本書の上梓に力強いご支援をいただいた。

なお，本書の校正にあたり，近畿大学教授・浦崎直浩氏と税理士・上野隆也氏からは貴重なご指摘と献身的なご支援をいただいた。また，末筆ではあるが，本書の出版をご快諾いただくとともに多大なご支援をいただいた㈱中央経済社代表取締役社長・山本継氏，および企画・編集に並々ならぬご尽力をいただいた同社会計編集部副編集長・田邉一正氏に対して，厚くお礼を申し上げたい。

2016年８月

河﨑　照行

第１版第４刷の発行にあたって

本書の第１版第１刷の発行以降，「会社計算規則」および「中小指針」で改正が行われているので，ご留意頂きたい。主な改正と本書への影響は次のとおりである。

（１）「会社計算規則」の改正

① 「純資産の部」に「株式引受権」が追加された。影響を受ける箇所は次のとおりである。（ア）225頁「図表」の１番目の規定，（イ）228頁「図表２２－１」の会社計算規則等の見出し欄。

② 注記表に「会計上の見積りに関する注記」が追加された（なお，中小企業は注記が免除される）。影響を受ける箇所は次のとおりである。（ア）235頁「図表」の会社法（会社計算規則）の「①注記の意義」の規定，（イ）238頁「図表２３－１」の（４）と（５）の間，（ウ）239頁「本文」の上から３番目と４番目のパラグラフ。

（２）「中小指針」の改正

① 各論20「今後の検討事項（資産除去債務）」が削除されたため，現在の各論の数は19である。影響を受ける箇所は，20頁の第２パラグラフの２行目と21頁「図表２－４」の各論20。

② 各論の会計基準等が追加・削除・修正された。影響を受ける20頁「図表２－４」の会計基準等の欄は，次のとおりである。（ア）各論６「固定資産」，（イ）

各論11「税金費用・税金債務」,（ウ）各論12「税効果会計」。

③　各論の指針の文章が追加・削除・修正された。影響を受ける指針は，次のとおりである。（ア）116頁「図表」の上から３番目と４番目の指針，（イ）126頁「図表」の上から１番目の指針，（ウ）205頁「図表」の上から１番目と２番目の指針。

④　改正により，本書と中小指針の項番には，若干のズレが生じている。

目　次

第Ⅰ部■中小企業会計の理論的・制度的基盤

第Ⅱ部■中小企業会計基準

第Ⅲ部■中小企業会計の制度的・実践的課題と国際的動向

◆略語一覧

本書では，法令，企業会計基準，各種報告書，職業団体，政府機関等の表記にあたり，文中および図表（規定）中で，略語が使用されている。その中でも，使用頻度の高いものを列記すれば，次のとおりである。

略　　称	正　式　名　称
中小会計要領，要領	中小企業の会計に関する基本要領
中小指針，指針	中小企業の会計に関する指針
会法	会社法
計規	会社計算規則
財規	財務諸表等規則（財務諸表等の用語，様式及び作成方法に関する規則）
原則	企業会計原則
法，法法	法人税法
法令	法人税法施行令
法規	法人税施行規則
法基通	法人税基本通達
研究会報告書（2002）	中小企業の会計に関する研究会報告書（2002年公表）
中間報告書（2010）	中小企業の会計に関する研究会・中間報告書（2010年公表）
事業分離等会計基準	事業分離等に関する会計基準（企業会計基準第７号）
ストック・オプション会計基準	ストック・オプション等に関する会計基準（企業会計基準第８号）
棚卸資産会計基準	棚卸資産の評価に関する会計基準（企業会計基準第９号）
金融会計基準	金融商品に関する会計基準（企業会計基準第10号）
リース会計基準	リース取引に関する会計基準（企業会計基準第13号）
収益認識基準	収益認識に関する会計基準（企業会計基準第29号）
減損会計基準	固定資産の減損に係る会計基準
外貨会計基準	外貨建取引等会計処理基準
金融実務指針	金融商品会計に関する実務指針（会計制度委員会報告第14号）
AICPA	米国公認会計士協会（American Institute of Certified Public Accountants）
ASBJ	企業会計基準委員会（Accounting Standards Board of Japan）
FASB	米国財務会計基準審議会（Financial Accounting Standards Board）
IASB	国際会計基準審議会（International Accounting Standards Board）

第 I 部

中小企業会計の理論的・制度的基盤

Point

① 中小企業会計の理論的前提は，大企業と中小企業の属性の相違に求められること

② 中小企業を規制する法制度は会社法と税法（法人税法）であり，中小企業会計基準（中小指針および中小会計要領）は計算書類の作成基準であること

③ 中小企業会計の理論的枠組みは，会計行為のインプット面での記帳，プロセス面での確定決算主義，アウトプット面での限定されたディスクロージャーによって特徴づけられること

④ 中小企業会計基準の方法論は，機能論アプローチと機械論的アプローチ，およびトップダウン・アプローチとボトムアップ・アプローチに区別されること

第1章　中小企業会計の制度的基盤

第1節　はじめに

わが国の企業会計は，３つの法律によって規制されている。⑴金融商品取引法，⑵会社法，⑶税法（法人税法）の３つがこれである。このうち，中小企業の会計を規制するのは，上記⑵の会社法と⑶の税法（法人税法）である。会社法は従来，債権者保護を法の目的としていたが，最近は受託責任機能と情報提供機能を重視するものの，私人間の関係を規制する法規範（私法）の系統に属する法律であることに変わりはない。これに対し，税法は課税の公平を目的とし，公権力の把持者（国）とその服従者の関係を規制する法規範（公法）の系統に属する。そのため，会社法は税法に対して基本法的な性格を帯びており，「課税所得の計算」（税務会計）は，「企業利益の計算」（会社法会計）の結果に依存して決定される仕組み（確定決算主義）がとられている。

このようなわが国の会計制度は，IFRS（国際会計基準）の導入問題を契機として，現在，会計基準の複線化が進行している。会計基準の複線化には，次の２つの意味がある。

① 「大企業（公開企業）向け会計基準」（大企業会計制度）と「中小企業向け会計基準」（中小企業会計制度）の二分化

② 各会計制度内部での複数の会計基準の併存

本章の目的は，わが国の会計制度の特徴と現状を浮き彫りにし，中小企業会計の制度的基盤を明確にすることにある。本章の主要な論点は，次の３点である。

(1)　企業会計を規制する３つの法制度（金融商品取引法，会社法，税法）と制度会計について，それらの特質を概説すること

(2)　会計制度の基礎をなしている「一般に公正妥当な会計慣行」について，その具体的内容を明らかにすること

(3)　会計基準の複線化の実態を浮き彫りにし，中小企業会計の制度的現状を闡明（せんめい）にすること

第２節　わが国の会計制度

1　制度会計の３類型

わが国の会計制度では，企業（株式会社）を規制する次の３つの法律に従って，３つの会計領域（制度会計）が区別される。

(1)　金融商品取引法 ― 金融商品取引法会計

(2)　会社法 ― 会社法会計

(3)　税法（法人税法）― 税務会計（法人税法会計）

金融商品取引法の目的は，「投資者の保護」にあり，金融商品取引法会計の計算課題は「期間損益の比較性」（当期純利益の計算）にある。その規制対象は，有価証券を金融商品取引所に上場している企業（上場会社），または，有価証券の募集・売出しを行った企業等，開示義務のある企業（金融商品取引法開示会社）である。これらの企業は，金融商品取引法上，「一般に公正妥当であると認められるところ」（金融商品取引法193条）に従って財務諸表を作成し，それを内閣総理大臣に提出しなければならない。その場合，公認会計士（または監査法人）の監査を受ける必要がある。

また，会社法の目的は，従来は「債権者の保護」にあるとされたが，現在は「受託責任機能」と「情報提供機能」が重視され，会社法会計の計算課題は「剰余金の分配規制」（分配可能額の計算）にあるとされる。その規制対象は，

すべての株式会社であり，会社法上，「一般に公正妥当と認められる企業会計の慣行」（会社法431条）に従って計算書類を作成し，それを株主総会に提出しなければならない。その場合，大会社（資本金5億円以上，または，負債総額200億円以上の株式会社）および会計監査人設置会社にあっては，公認会計士（または監査法人）の監査を受ける必要がある。

さらに，税法（法人税法）の目的は，「課税の公平」にあり，税務会計（法人税法会計）の計算課題は「経済的に処分力ある利益の計算」（租税負担能力のある課税所得の計算）にある。税法（法人税法）の規制対象は内国法人および外国法人であり，税法上，「一般に公正妥当と認められる会計処理の基準」（法人税法22条4項）に従って納税申告書を作成し，税務署に提出する必要がある。課税所得の計算は，「確定した決算」（会社法上の企業利益）を基礎としており，それに「申告調整」（企業利益に加算または減算）を行うことによって，課税所得が計算される。これがわが国の会計制度を特徴づけている確定決算主義である。

以上の説明の要点を図形化して示したのが，**図表1－1**である。この図表では，わが国の会計制度が，「一般に公正妥当な会計慣行」（企業の自発的な「自己完結的利益計算」）を基礎に，3つの制度会計（法の目的を実現するための「補

図表1－1　3つの制度会計と会計慣行

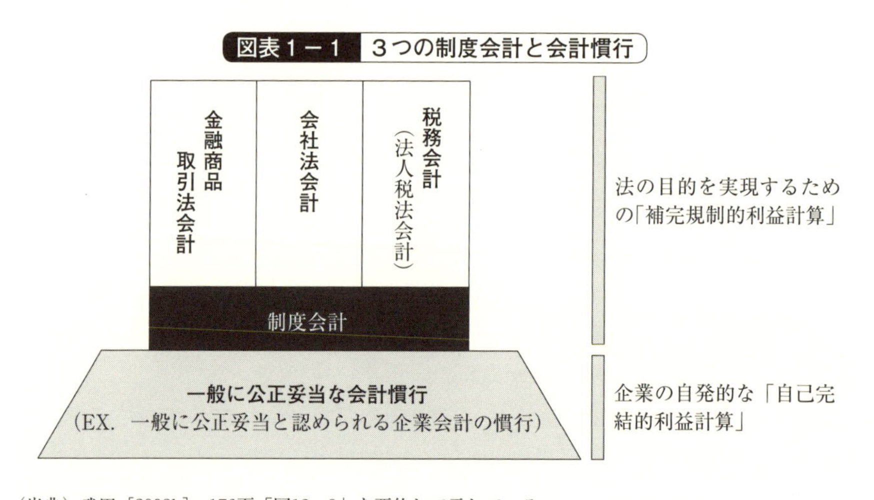

（出典）武田［2008b］，176頁「図12－3」を要約して示している。

完規制的利益計算」）から構成されていることを示している。

2　中小企業の会計制度

中小企業を規制する制度会計は，会社法会計と税務会計である。そこで，**図表1－2**をみられたい。この図表は，中小企業の一般的な会計制度を示したものである。この図表では，左側に「会社法会計（企業会計）」，右側に「税務会計（法人税法会計）」を配置し，両者の関係を示している。

この両者の関係は，一般的には，「確定決算主義」が採用される（法人税法74条1項）。確定決算主義では，納税申告書は「確定した決算に基づき」提出すべきことを定めている。「決算の確定」とは，「計算書類」（企業利益）が定時株主総会に提出され，「承認」されることをいい，この「確定した決算」（承認された企業利益）に基づき「課税所得の計算」が行われる。その場合，企業利益から課税所得を算出する過程で「申告調整」が行われ，最終的に「課税所得」が算定されることになる。ここで，申告調整とは，確定した決算による

図表1－2　中小企業の一般的な会計制度

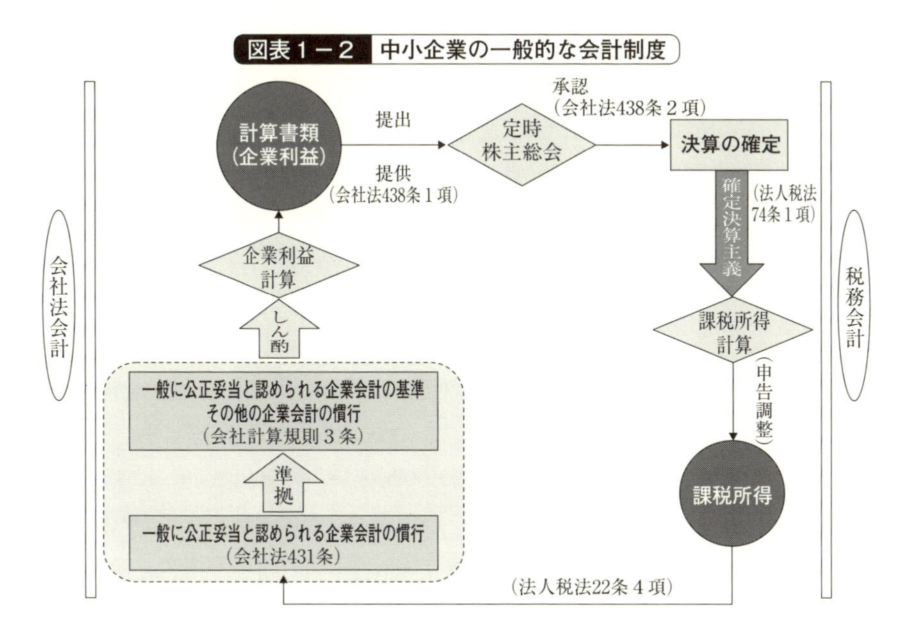

（出典）武田［2008a］，30頁「図6」を修正・簡略化して示している。

「企業利益（当期純利益）の金額」が法人税法による「課税所得の金額」と食い違う部分を修正する目的で，「別表四」（課税所得計算における会計上の精算表に相当する表）で加算または減算が行われ，課税所得が計算される手続をいう。

図表1－2に示したように，わが国の中小企業では，依然として確定決算主義が基本となっており，「一般に公正妥当と認められる企業会計の慣行」を出立し，「一般に公正妥当と認められるその他の企業会計の慣行」（中小企業会計基準）を経由して，企業利益計算（計算書類）から課税所得計算（納税申告書）に至るループが，わが国の中小企業会計の文化的制度*を形作っている。

*文化的制度とは，関係的制度（主体間のコミュニケーションの関係が比較的安定化した状況）や規制的制度（特に法令をもって関係的制度を規制した状況）が，社会的・均衡的に，一国の経済体制のなかに統合された状況をいう。例えば，わが国では，企業をめぐる関係的制度として「一般に公正妥当と認められる企業会計の慣行」が予定されており，規制的制度として会社法会計や税務会計が成立している。制度会計という用語は，通常，この規制的制度としての会計領域に使用される（武田［2008b］，23-25頁）。

第3節 「一般に公正妥当な会計慣行」の内容

わが国の会計制度の基礎をなしている「一般に公正妥当な会計慣行」の具体的内容は，金融商品取引法および会社法において，以下のように規定されている。

1 金融商品取引法の会計包括規定

金融商品取引法（および財務諸表等規則）では，会計に関する包括規定（会計包括規定）は，次のように定められている（下線は筆者）。

(1) 「この法律（金融商品取引法：筆者）の規定により提出される貸借対照表，損益計算書その他の財務計算に関する書類は，内閣総理大臣が一般に公正妥当であると認められるところに従って内閣府令で定める用語，様式及び作成方法により，これを作成しなければならない。」（金融商品取引法193条）

(2) 「金融商品取引法‥‥の規定により提出される財務計算に関する書類（以

下「財務書類」という。）のうち，財務諸表（貸借対照表，損益計算書，株主資本等変動計算書及びキャッシュ・フロー計算書‥‥並びに附属明細表‥‥）の用語，様式及び作成方法は，‥‥（この規則）‥‥の定めるところによるものとし，この規則において定めのない事項については，一般に公正妥当と認められる企業会計の基準に従うものとする。」（財務諸表等規則１条１項）

(3)「企業会計審議会により公表された企業会計の基準は，前項に規定する一般に公正妥当と認められる企業会計の基準に該当するものとする。」（財務諸表等規則１条２項）

(4)「企業会計の基準についての調査研究及び作成を業として行う団体（が）‥‥作成及び公表を行った企業会計の基準のうち，‥‥金融庁長官が定めるものは，第一項に規定する一般に公正妥当と認められる企業会計の基準に該当するものとする。」（財務諸表等規則１条３項）

上記の金融商品取引法上の会計包括規定から，次のことが理解される。

① 金融商品取引法では，「一般に公正妥当と認められる会計基準」は，内閣総理大臣が定める内閣府令（財務諸表等規則）で明示する仕組みがとられていること

② 金融商品取引法上の「一般に公正妥当と認められるところ」とは，財務諸表等規則であり，その規定に定めのない事項については，「一般に公正妥当と認められる企業会計の基準」によること

③ 一般に公正妥当と認められる企業会計の基準は，企業会計審議会が公表した「企業会計の基準」（企業会計原則，連結財務諸表原則等）であること

④「企業会計の基準についての調査研究および作成を業として行う団体」である企業会計基準委員会（ASBJ）が公表する企業会計基準（および企業会計基準適用指針）は，金融庁長官の告示による指定を通じて，「一般に公正妥当と認められる企業会計の基準」に位置づけられること

２　会社法の会計包括規定

会社法（および会社計算規則）では，会計に関する包括規定（会計包括規定）は，次のように定められている（下線は筆者）。

(1) 「株式会社の会計は，一般に公正妥当と認められる企業会計の慣行に従うものとする。」（会社法431条）

(2) 「この省令（会社計算規則：筆者注）の用語の解釈及び規定の適用に関しては，一般に公正妥当と認められる企業会計の基準その他の企業会計の慣行をしん酌しなければならない。」（会社計算規則３条）

上記の会社法上の会計包括規定から，次のことが理解される。

① 会社法では，株式会社は，「一般に公正妥当と認められる企業会計の慣行」に「従う」こと

② 一般に公正妥当と認められる企業会計の慣行の具体的内容として，「一般に公正妥当と認められる企業会計の基準」と「その他の企業会計の慣行」という２つのものが識別されること

③ 一般に公正妥当と認められる企業会計の基準が適用されるのは，金融商品取引法が適用される大会社等や会社法上の会計監査人設置会社であり，その具体的な内容は，企業会計基準委員会が公表する企業会計基準（および企業会計基準適用指針）であること

④ その他の企業会計の慣行が適用されるのは，会社法上の会計監査人設置会社以外の株式会社（いわゆる中小企業）であり，その具体的な内容が，中小指針や中小会計要領であること

⑤ 一般に公正妥当と認められる企業会計の基準とその他の企業会計の慣行は，「従う」ものではなく，「しん酌」するものであること。つまり，実務への適用可能性を考慮して，必ずしも強制されるものではないこと

３ 「一般に公正妥当な会計慣行」の構図

上記の説明から分かるように，わが国の会計制度における「一般に公正妥当な会計慣行」の具体的内容はただ１つではなく，企業の属性に応じて複数のものが存在する。このことを図示したのが**図表１－３**である。この図表では，次のことが示されている。

(1) 会社法と金融商品取引法の２つの法制度において，「一般に公正妥当と認められる企業会計の慣行」と「一般に公正妥当と認められる企業会計の基準」の２つの会計包括規定が区別されていること

図表１－３ 「一般に公正妥当な会計慣行」の構図

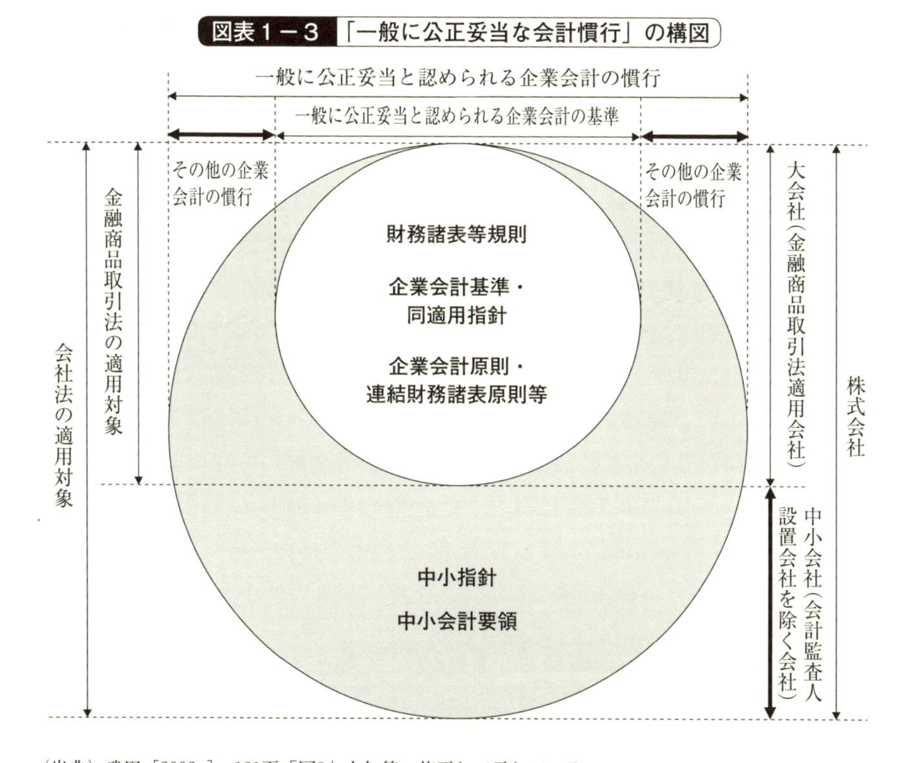

（出典）武田［2008a］，181頁「図3」を加筆・修正して示している。

⑵　２つの会計包括規定では，前綴りの部分（「一般に公正妥当と認められる」）は共通しているものの，当該規定の後綴りの部分（「企業会計の慣行」または「企業会計の基準」）が異なっていること

⑶　この後綴りの相違は，２つの法制度が適用される対象（企業属性）の相違を表現していること。つまり，企業会計の慣行という表現は，株式会社一般に対応しているのに対して，企業会計の基準という表現は，大会社（金融商品取引法適用会社）に対応していること

⑷　金融商品取引法上の「一般に公正妥当」（公正性）は，社会的・経済的意味情況の異なるごとに，「公正妥当と認められるもの」は異なり，新たな企業会計基準が生まれることから，「慣行」といわずに，「企業会計の基準」と称されること

第４節　会計基準の適用企業と複線化

金融商品取引法会計と会社法会計について，それらが適用される企業とその数，適用される会計基準，および会計監査の必要性の有無を示したのが**図表１－４**である。

この図表に示すように，連結財務諸表の作成を要求しているのは金融商品取引法会計であり，その作成にあたっては，(1)日本基準（J-GAAP；企業会計基準），(2)国際会計基準（IFRS），(3)米国基準（US-GAAP）および(4)修正国際基準（J-MIS）の４つの会計基準の適用が認められている（企業会計審議会［2013］，5-7頁）。これに対し，会社法会計のもとでは，計算書類の作成にあたって，会社法上の大会社（資本金５億円以上または負債総額200億円以上の株式会社）および会計監査人設置会社には，日本基準（企業会計基準）が適用される一方，それ以外の会社（いわゆる中小企業）には，①中小指針と②中小会計要領の２つ

図表１－４　会計基準の適用企業と複線化

<table>
<tr><th rowspan="2">区　分</th><th rowspan="2">会社数</th><th colspan="2">財務諸表（または計算書類）</th><th rowspan="2">公認会計士（または監査法人）による監査</th></tr>
<tr><th>連　結</th><th>単　体</th></tr>
<tr><td>上場会社</td><td>約3,600社</td><td rowspan="2">日本基準（J-GAAP）
国際会計基準（IFRS）
米国基準（US-GAAP）
修正国際基準（J-MIS）</td><td rowspan="3">日本基準（J-GAAP）</td><td rowspan="3">監査義務あり</td></tr>
<tr><td>金融商品取引法開示会社（①）
（上場会社以外）</td><td>約600社</td></tr>
<tr><td>会社法大会社（②）
（上場会社および①以外）
（資本金５億円，または負債総額200億円以上）</td><td>約12,000社から上場会社，①に含まれるものの数を除く</td><td rowspan="2">作成義務なし</td></tr>
<tr><td>上記以外の株式会社
（上場会社，①および②以外）</td><td>約260万社から上場会社，①，②に含まれるものの数を除く</td><td>中小指針
中小会計要領</td><td>監査義務なし（会計監査人設置会社を除く）</td></tr>
</table>

（出典）河崎・万代［2012］，27頁「図表3－1」を一部修正して示している。

の会計基準の適用が認められている。

このように，わが国の会計制度は，大企業会計制度（大企業向け会計基準）と中小企業会計制度（中小企業向け会計基準）の二分化がみられる一方，各会計制度内部で複数の会計基準が併存する形で，現在，会計基準の複線化が進行している。

第５節　むすび

本章の目的は，わが国の会計制度の特徴と現状を浮き彫りにし，中小企業会計の制度的基盤を明確にすることであった。本章の主要な論点は，次のように要約できる。

(1)　わが国の会計制度は，企業を規制する法律（金融商品取引法，会社法，税法（法人税法））によって，３つの制度会計（金融商品取引法会計，会社法会計，税務会計）が区別される。

(2)　中小企業を規制する制度会計は，会社法会計と税務会計であり，両者を結びつけているのが確定決算主義である。確定決算主義は，中小企業会計の基本となるものであり，わが国の文化的制度としての意義を有している。

(3)　わが国の会計制度の基礎をなす「一般に公正妥当な会計慣行」は，会社法と金融商品取引法の２つの法制度において，「一般に公正妥当と認められる企業会計の慣行」と「一般に公正妥当と認められる企業会計の基準」の２つに区別される。これらの表現の相違は，２つの法制度が適用される対象（企業属性）の相違を示している。

(4)　わが国では，国際会計基準（IFRS）の導入問題を契機として，「大企業（公開企業）向け会計基準」（大企業会計制度）と「中小企業向け会計基準」（中小企業会計制度）の二分化がみられ，中小企業会計が独自の会計制度を形作るに至っている。

第2章 中小企業会計の制度化の歴史

第1節 はじめに

わが国で，中小企業会計が重要な課題として認識され，中小企業庁から「中小企業の会計に関する研究会報告書」(以下では，「研究会報告書（2002)」という）が公表されたのは2002年6月であった。その後，約10年の歳月を経て，2012年2月に，中小企業の会計に関する検討会（中小企業庁と金融庁が共同事務局）から，「中小企業の会計に関する基本要領」(以下では，中小会計要領という）が公表された。この中小会計要領は，従来の「中小企業の会計に関する指針」(以下では，中小指針という）と異なり，中小企業の身の丈に合った会計ルールとされ，いま，その制度的定着化に向けた取組みが官民一体となって展開されている。

本章の目的は，「研究会報告書（2002)」の公表から中小会計要領の公表に至るまでの変遷を振り返り，わが国における中小企業会計の制度化の歴史を管見することにある。本章の主要な論点は，次の4点である。

⑴ わが国における中小企業会計の制度化の歩みについて要点的に振り返ること

⑵ わが国の中小企業会計の原点である「研究会報告書（2002)」について，その公表の経緯と具体的内容を概説すること

⑶　わが国で最初の中小企業会計基準である中小指針について，その概要と見直しの背景を明らかにすること
⑷　中小会計要領を策定するための基本方針と留意事項について概説すること

第２節　中小企業会計の制度化の歩み

まず，**図表２－１**をみられたい。この図表は，わが国における中小企業会計の制度化の歩みを要点的にまとめたものである。

図表２－１　中小企業会計の制度化の歩み

年　月	事　項
2002年３月	・中小企業庁が中小企業の会計に関する研究会を設置
2002年６月	・中小企業庁が「中小企業の会計に関する研究会報告書」を公表
2002年12月	・日本税理士会連合会が「中小会社会計基準の設定について」を公表
2003年６月	・日本公認会計士協会が「『中小会社の会計のあり方に関する研究報告』について」（会計制度委員会研究報告第８号）を公表
2005年８月	・日本公認会計士協会，日本税理士会連合会，日本商工会議所および企業会計基準委員会（ASBJ）が「中小企業の会計に関する指針」を公表
2010年２月	・中小企業庁が中小企業の会計に関する研究会を再開
2010年３月	・企業会計基準委員会（ASBJ）が非上場会社の会計基準に関する懇談会を設置
2010年８月	・企業会計基準委員会（ASBJ）が「非上場会社の会計基準に関する懇談会・報告書」を公表
2010年９月	・中小企業庁が「中小企業の会計に関する研究会・中間報告書」を公表
2011年２月	・中小企業庁および金融庁が共同事務局となって中小企業の会計に関する検討会並びに同ワーキング・グループを設置
2011年11月	・中小企業の会計に関する検討会が「中小企業の会計に関する基本要領（案）」を公表し，パブリックコメントを募集
2012年２月	・中小企業の会計に関する検討会が「中小企業の会計に関する基本要領」を正式に公表

わが国で，中小企業会計に関する本格的な議論が開始されたのは，2002年３月であった。中小企業庁が中小企業の会計に関する研究会を設置し，そこでの議論の結果は，2002年６月に，「中小企業の会計に関する研究会報告書」（「研究会報告書（2002)」）として公表された。その後，2002年12月には，日本税理士会連合会から「中小会社会計基準の設定について」が公表され，また，2003年６月には，日本公認会計士協会から「『中小会社の会計のあり方に関する研究報告』について」（会計制度委員会研究報告第８号）が相次いで公表された。しかし，両報告書のタイトルから分かるように，中小企業会計に関するこれら２つの職業団体の認識は，必ずしも同一ではなかったことから，ある種の制度的混乱を引き起こす結果となった。

そこで，2005年８月に，日本公認会計士協会，日本税理士会連合会，日本商工会議所および企業会計基準委員会（ASBJ）の４団体が，「中小企業の会計に関する指針」（中小指針）を公表するに至った。しかし，この中小指針は，「大企業（公開企業）向け会計基準」（企業会計基準）を簡素化したものであり，その内容は中小企業の会計処理としてはかなり高度なものであったことから，その普及状況は決して芳しいものではなかった。

このような状況を踏まえ，中小企業庁は2010年２月に，中小企業の会計に関する研究会を再開する一方，ASBJは同年３月に，非上場会社の会計基準に関する懇談会を設置することとなった。そして，中小企業庁は同年９月に，「中小企業の会計に関する研究会・中間報告書」（以下では，「中間報告書（2010)」という），また，ASBJはそれに先立つ同年８月に，「非上場会社の会計基準に関する懇談会・報告書」を，それぞれ公表するに至った。両報告書の結論は，「新たに中小企業の会計処理のあり方を示すもの」（新しい会計ルール）を策定すべきであるというものであった。

このような結論を受けて，中小企業庁と金融庁が共同事務局を編成し，2011年２月に，中小企業の会計に関する検討会並びに同ワーキング・グループが設置され，会計基準設定のデュー・プロセス（due process）を経ることによって，2012年２月に，中小会計要領が正式に公表されるに至った。

以下では，図表２－１の主要な事項を取り上げ，わが国における中小企業会計の制度化の歴史を詳説してみたい。

第3節　「研究会報告書（2002）」の公表

1　中小企業の環境変化―中小企業会計が必要とされる社会的・経済的理由―

わが国で，中小企業会計に関する本格的な議論が開始されたのは，2002年3月に設置された中小企業の会計に関する研究会においてである。同年6月に公表された「研究会報告書（2002）」によれば，わが国に中小企業会計（中小企業会計基準）が必要とされるようになった経済環境の変化は，次の4点に集約できる（中小企業の会計に関する研究会［2002］，4-28頁；武田［2003a］，3-36頁）。

(1)　第1は，経済構造の変化である。これは，①取引構造の変化と②資金調達形態の変化に区別できる。前者の「取引構造の変化」は，下請取引からの脱却と取引関係の拡大・多様化を内容とするものであり，それへの対応として，中小企業の「取引リスク」の評価が重要な課題とされた。他方，後者の「資金調達形態の変化」は，従来の「『土地担保融資＋経営者個人保証』を重視した間接金融」から「『中小企業の業績評価』を重視した間接金融」への移行を内容とするものであり，それへの対応として，中小企業の「信用リスク」の評価が重要な課題とされた。これらのリスク評価のための有力な方途が，適切な会計に基づいた計算書類のディスクロージャーであり，それにより取引先や金融機関から信頼を得ていくことが，中小企業にとって一層重要とされた。

(2)　第2は，情報開示手段の変化である。株式会社の公告（計算書類の開示）については，会社法の創設によって，「インターネットによる開示」（電磁的方法による開示）が可能となっている。そのため，中小企業はコスト負担をあまり意識することなくディスクロージャーが可能となったことから，中小企業の開示情報（計算書類）についても，その作成基準を明確にする必要性が高まってきた。

(3)　第3は，会計基準の増大による過重負担である。国際会計基準（IFRS）の導入問題を背景として，わが国では，1990年代末葉から2000年代初頭にかけて相当数の新たな会計基準が導入された結果（会計ビッグバン），会計基準が量的に拡大し，質的に複雑化することとなった。しかし，これらの新たな会計基準は，主として「大企業（公開企業）向け会計基準」であり，中小企業にとっては，会計基準の過重負担（standards overload）の問題を引き起こすこととなった。

(4)　第4は，争訟問題に対する立証責任の限界画定である。企業活動のグローバル化や会計基準の複雑化・多様化によって，今後，わが国も，欧米社会のように，会計情報（計算書類）をめぐる争訟問題の増加が予想されている。このような争訟社会に対応して，係争事件に対する会計専門職の責任限界を画定する手段が必要となってきた。

これらの社会的・経済的環境の変化は，中小企業会計が必要とされる直接的理由（社会的・経済的理由）とされる。以上の説明を図形化して示したのが**図表2－2**である。

図表2－2　中小企業会計が必要とされる社会的・経済的理由

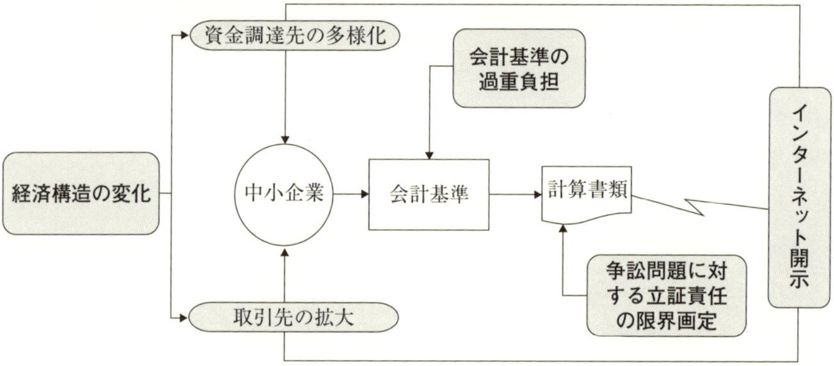

（出典）武田［2003a］，21頁「図Ⅰ－4」を一部修正して示している。

2　中小企業会計のスケルトン（理論的骨格）

また，「研究会報告書（2002）」では，会計行為の「インプット→プロセス→アウトプット」に則して，中小企業会計のスケルトン（理論的骨格）を次のように示している。

(1)　第1は，会計行為のインプット面における「記帳」の要請である。この要請は，中小企業経営者に会計記録の重要性（自己管理責任）を認識させるとともに，不正発生を事前に防止するねらいがある。

(2)　第2は，会計行為のプロセス面における「確定決算主義」を前提とした会計処理の要請である。中小企業では，会計行為に多くのコストを負担することはできないことから，税法をベースとした計算書類の作成が合理的である。したがって，この要請は，コスト・効果的なアプローチによる中小企業の負担軽減をねらいとするものである。

(3)　第3は，会計行為のアウトプット面における「限定されたディスクロージャー」の要請である。中小企業の情報開示は，大企業（公開企業）と異なり，「債権者（特に，金融機関），取引先にとって有用な情報を表すこと」が課題とされる。

3　「研究会報告書（2002）」公表後の制度的混乱

「研究会報告書（2002）」の公表後，中小企業会計（中小企業会計基準）の制度化は，わが国の会計職業団体（日本公認会計士協会および日本税理士会連合会）の議論に委ねられることとなった。しかし，「研究会報告書（2002）」に対して，わが国の会計職業団体の立場には，明確な相違がみられた。「研究会報告書（2002）」の公表を受けて，日本税理士会連合会は，2002年12月に，「中小会社会計基準の設定について」を公表する一方，日本公認会計士協会は，2003年6月に，「『中小会社の会計のあり方に関する研究報告』について」（会計制度委員会研究報告第8号）を公表した。**図表2－3**は両報告書の要点を対比して示したものである（図表中の下線は筆者）。

この図表から分かるように，日本公認会計士協会は「シングル・スタンダード論」（中小企業に固有の会計基準を容認しない立場）であるのに対し，日本税理士会連合会は「ダブル・スタンダード論」（中小企業に固有の会計基準を容認する立場）であった。そのため，中小企業会計の具体的な内容が定まらないまま，ある種の制度的混乱に陥ることとなった。

このような状況を打開するため，2005年8月に，日本公認会計士協会，日本税理士会連合会，日本商工会議所および企業会計基準委員会（ASBJ）の4団体によって公表されたのが中小指針であった。

図表２－３　日本公認会計士協会と日本税理士会連合会の見解の相違

	日本公認会計士協会	日本税理士会連合会
(1) 現状認識と中小会社会計基準に対する基本的見解	・中小会社の会計処理は，一般に公正妥当と認められる企業会計の基準に準拠するだけでなく，法人税法等が定めた計算方法など多様な実務が混在しており，必ずしも統一されているとは言えない。 ・電磁的方法による計算書類の公開が商法（現：会社法）上の開示として認められるようになったことから，‥‥今後は中小会社の開示が積極的に行われることが期待される。 ・国際会計士連盟（IFAC）の「中小監査・会計事務所及び中小会社に関する会議」の報告では，中小会社に対する特別な会計基準を作成すべきではなく，「一般に公正妥当と認められる会計基準はあくまでも一つである」という認識の下で，中小会社向けの簡便的な例外を設けるべきであるとしている。	・証券取引法（現：金融商品取引法）の規定の適用を受けない中小会社に対して，証券取引法における複雑で手数のかかる会計基準を強制させることは，中小会社に過重な負担を強いることになり，結果的に経営を阻害することにもなりかねない。 ・中小会社が商法（現：会社法）に準拠した会計処理を具体的に行うに当たっては，‥‥中小会社の経営実態を明らかにし，適時・適切な情報開示を行いつつ，資金調達の多様化や取引先の拡大に対応していくための具体的な会計基準を設定することが必要である。
(2) 税法基準との関係	・税法基準は，あくまでも課税所得算定のための計算規定であって，‥‥会計基準としての規範にはなり得ない。 ・税法基準が中小会社の会計実務に広く浸透している事実や，ある面では現行の個別の会計基準以上に細かく計算規定を定めている点などには配慮すべきである。	・中小会社の会計基準は，できるだけ負担のかからないものであることが望ましいから，法人税法における計算規定も，それに合理性があれば，公正なる会計慣行に該当することに留意する必要がある。

(3)　商法（現：会社法）との関係	・商法第32条第２項は，「商業帳簿ノ作成ニ関スル規定ノ解釈ニ付テハ公正ナル会計慣行ヲ斟酌スベシ」としていることから，中小会社の場合であっても，一般に公正妥当と認められる企業会計の基準に準拠すべきことが求められている。	・商法に基づく会計処理を行う際には，商法及び関連諸則の規定の趣旨等を考慮しながら，証券取引法，法人税法等の規定も参考にしつつ，その処理を行っていくことになる。
(4)　検討主体	・中小会社の会計のあり方を明確にする場合は，財団法人財務会計基準機構・企業会計基準委員会が行うべきものと考えられる。	－（特に，記載なし）

第４節　中小指針の公表

1　中小指針の意義

中小指針は，会社法上，「一般に公正妥当と認められる企業会計の慣行」（会社法431条）の１つとされ，その目的は，次の２つであるとされる。

(1)　中小企業が，計算書類を作成するに当たり，拠ることが望ましい会計処理や注記等を示すものであること

(2)　会計参与が取締役と共同して計算書類を作成するに当たり，拠ることが適当な会計のあり方を示すものであること

このように，中小指針は，「拠ることが望ましい」または「拠ることが適当な」会計処理のガイドラインであり，必ずしも，法的な強制力を伴うものではない。

また，中小指針の適用対象は，会社法上の株式会社であるが，以下を除く株式会社とされる。

①　金融商品取引法の適用を受ける会社並びにその子会社および関連会社

②　会計監査人を設置する会社（任意で会計監査人を設置する株式会社を含む）およびその子会社

上記①と②の株式会社は，公認会計士または監査法人の監査を受けるため，企業会計基準に準拠して計算書類（財務諸表）を作成する必要があることから，中小指針の適用対象から除外されるものである。

2 中小指針の構成と性格

図表2－4をみられたい。これは中小指針の構成とその根拠を示したものである。この図表から分かるように，中小指針は，４つの「総論」と20の「各論」から構成されており，各論の内容は，わが国の企業会計原則，企業会計基準および会計制度委員会報告などがその基礎となっている。つまり，端的にいって，中小指針は，わが国の「大企業（公開企業）向け会計基準」を簡素化し要約したものであるといってよい。そのことを裏付けるように，中小指針は，企業会計基準の改正にあわせる形で，その内容が毎年改訂されている。

図表2－4 中小指針の構成

	内　容	会計基準等
総　論	目　的	
	対　象	
	作成に当たっての方針	
	記載範囲及び適用に当たっての留意事項	
各論１	金銭債権	・企業会計基準第10号「金融商品に関する会計基準」第14項，（注５），第25項，第29項～第34項
各論２	貸倒損失・貸倒引当金	・「企業会計原則」第三・四，注解17 ・企業会計基準第10号「金融商品に関する会計基準」第27項，第28項 ・会計制度委員会報告第14号「金融商品会計に関する実務指針」第122項～第125項
各論３	有価証券	・企業会計基準第10号「金融商品に関する会計基準」第15項～第23項 ・会計制度委員会報告第14号「金融商品会計に関する実務指針」第47項～第96項
各論４	棚卸資産	・「企業会計原則」第三・五，注解21 ・企業会計基準第９号「棚卸資産の評価に関する会計基準」
各論５	経過勘定等	・「企業会計原則」第二・一，注解５
各論６	固定資産	・「企業会計原則」第一・五，第三・五，注解３ ・「固定資産の減損に係る会計基準」 ・「研究開発費等に係る会計基準」三，四 ・会計制度委員会報告第14号「金融商品会計に関する実務指針」第12項，第135項，第223項，第311項

各論7	繰延資産	・「研究開発費等に係る会計基準」三 ・実務対応報告第19号「繰延資産の会計処理に関する当面の取扱い」
各論8	金銭債務	・企業会計基準第10号「金融商品に関する会計基準」第25項，第26項，（注5），第29項～第34項
各論9	引当金	・「企業会計原則」第三・四，注解18 ・企業会計基準第4号「役員賞与に関する会計基準」第3項，第13項 ・企業会計基準第15号「工事契約に関する会計基準」第19項，第20項
各論10	退職給付債務・退職給付引当金	・企業会計基準第26号「退職給付に関する会計基準」 ・企業会計基準適用指針第25号「退職給付に関する会計基準の適用指針」
各論11	税金費用・税金債務	・監査・保証実務委員会実務指針第63号「諸税金に関する会計処理及び表示に係る監査上の取扱い」
各論12	税効果会計	・「税効果会計に係る会計基準」 ・会計制度委員会報告第10号「個別財務諸表における税効果会計に関する実務指針」 ・監査委員会報告第66号「繰延税金資産の回収可能性の判断に関する監査上の取扱い」
各論13	純資産	・「企業会計原則」第一・三，第三・四(三)，注解2，注解19 ・企業会計基準第5号「貸借対照表の純資産の部の表示に関する会計基準」第4項～第8項，第36項等 ・企業会計基準第1号「自己株式及び準備金の額の減少等に関する会計基準」第7項～第14項，第20項，第21項 ・企業会計基準第6号「株主資本等変動計算書に関する会計基準」 ・企業会計基準適用指針第9号「株主資本等変動計算書に関する会計基準の適用指針」
各論14	収益・費用の計上	・「企業会計原則」第二・一，三，第三・五，注解6 ・企業会計基準第15号「工事契約に関する会計基準」
各論15	リース取引	・企業会計基準第13号「リース取引に関する会計基準」 ・企業会計基準適用指針第16号「リース取引に関する会計基準の適用指針」
各論16	外貨建取引等	・「外貨建取引等会計処理基準」一 ・企業会計基準第10号「金融商品に関する会計基準」第29項～第34項 ・会計制度委員会報告第4号「外貨建取引等の会計処理に関する実務指針」 ・会計制度委員会報告第14号「金融商品会計に関する実務指針」
各論17	組織再編の会計	・企業会計基準第21号「企業結合に関する会計基準」 ・企業会計基準第7号「事業分離等に関する会計基準」 ・企業会計基準適用指針第10号「企業結合会計基準及び事業分離等会計基準に関する適用指針」
各論18	個別注記表	
各論19	決算公告と貸借対照表及び損益計算書並びに株主資本等変動計算書の例示	
各論20	今後の検討事項（資産除去債務）	

3 中小指針の見直し

中小指針の認知度は，徐々に高まってきてはいるものの，中小指針に準拠して計算書類を作成している中小企業はそれほど多くない。中小企業庁の「中小企業の会計に関する実態調査」（中小企業庁［2010］，24・36頁）によれば，中小指針への準拠度については，「準拠している（一部準拠を含む）」企業は45.1％であり，そのうち，「完全に準拠している」企業は15.9％にすぎない。

また，同調査では，中小指針に対する要望として，「税務と一致した会計基準」を望む企業が21.7％，「税務会計で十分である」とする企業が14.7％，「極力簡便な会計処理」を望む企業が34.4％であり，約７割超（70.8％）の中小企業が中小指針に不満を示していた。

このような現状とともに，中小企業会計へのIFRSの影響に対する懸念から，2010年２月に，中小企業庁は中小企業の会計に関する研究会を再開する一方，同年３月に，企業会計基準委員会（ASBJ）は非上場会社の会計基準に関する懇談会を設置した。両者の議論のなかで，特に問題となったのが，次の３つの項目であった。

⑴ 有価証券（従来の分類基準と時価評価を適用すべきか否か）

⑵ 棚卸資産（減損処理を行うべきか否か）

⑶ 税効果会計（原則的な適用とすべきか否か）

議論の結果，これらの問題を解決するには，「中小企業のために新しい会計ルールを策定すべきである」というのが両報告書の結論であった。

第５節 中小会計要領の公表

中小企業庁が2010年９月に公表した「中間報告書（2010）」では，新しい会計ルールの策定にあたり，４つの基本方針と５つの留意事項が示された。**図表２－５**はそれらを要点的にまとめて示したものである（河﨑［2011b］，39-46頁）。

図表２－５　４つの基本方針と５つの留意事項

基本方針	留意事項
(1) 「中小企業の会計慣行の整理」：中小企業の会計実務の中で慣習として行われている会計処理のうち，会社法の「一般に公正妥当と認められる企業会計の慣行」といえるものを整理すること（具体的には，法人税法や企業会計原則に基づく会計処理が中心になる。）	① 「会社法上の適法性」：新しい会計ルールに適切に準拠している場合には，当該会計処理は会社法上適法であると事実上推定が及ぶものであること ② 「上位の会計基準へのスムーズな移行」：企業会計基準や中小指針へのスムーズな移行に留意すべきであること
(2) 「実態に応じた幅のある会計基準」：新しい会計ルールが，企業の実態に応じた会計処理を選択できる幅のあるものであること（企業会計基準や中小指針の適用も当然に認められる。）	③ 「経理体制・会計慣行・法人税法への配慮」：「中小企業の経理体制」，「実務における会計慣行」および「法人税法で定める処理との親和性」に配慮し，これらを適切な会計処理として認めるべきであること
(3) 「経営者の理解を促進する簡潔かつ平易な表現」：中小企業の経営者が理解できるよう，できる限り専門用語や難解な書きぶりを避け，簡潔かつ平易で分かりやすく書かれたものとすること	④ 「改訂の頻度」：改訂作業は数年に１回とし，安定的なものとすべきであること ⑤ 「企業会計基準との関係」：企業会計基準とは，一線を画して，取りまとめや改訂作業を行うべきであること
(4) 「記帳の重視」：記帳についても，重要な構成要素として取り入れたものとすること	

これらの基本方針と留意事項は，2011年２月に設置された中小企業の会計に関する検討会に受け継がれ，2012年２月に，中小会計要領として結実することとなった。中小会計要領は中小企業の会計慣行をルール化したものであり，中小指針で問題とされた３つの項目は，取得原価主義を基礎とし，税法との親和性を尊重することで，その解決が図られた。

第6節 むすび

わが国の中小企業会計の原点は，2002年に公表された「中小企業の会計に関する研究会報告書」(「研究会報告書（2002)」）である。したがって，中小会計要領の公表は，端的にいって，「研究会報告書（2002)」への原点回帰であるといってよい。中小会計要領が指向しているのは，中小企業の実態に即した身の丈に合った会計ルールであり，中小企業の属性に即して，取得原価主義，企業会計原則および法人税法等を尊重した会計基準である。

これは，会計基準編成の方法論からみれば，「大企業（公開企業）向け会計基準」を簡素化するアプローチ（トップダウン・アプローチ）から，中小企業の会計慣行をルール化するアプローチ（ボトムアップ・アプローチ）へのパラダイム転換として特徴づけることができる。

Column 1 「大人の服装」と「子供の服装」

なぜ，中小企業会計基準が必要なのであろうか？

本書では，その理論的根拠を大企業と中小企業の属性の相違に求めている。このことについて，武田隆二教授は，2002年に開催された中小企業の会計に関する研究会において，「大人の服装」と「子供の服装」に例えて，次のように説明された。

「子供に，大人と同じ服装をさせて，本当に子供らしい服装といえるでしょうか？　ブカブカの上着を着て，ズボンの裾をズルズルひき摺りながら歩く姿が，本当に子供らしい姿でしょうか?　子供のラフな服装は，大人の目から見れば，納得できないかもしれません。しかし，そのような服装こそが真に子供らしさを表しているのではないでしょうか。大企業の会計基準と中小企業の会計基準の関係も同じことのように思います。」

会計基準が企業の実態を忠実に写像する手段（服装）であるとすれば，中小企業らしさは，中小企業に固有の会計基準（子供らしい服装）によって表現できるとする理解が重要である。

第3章

中小企業会計の淵源
—中小企業簿記要領の現代的意義—

第1節 はじめに

中小企業会計の近代化の歴史は，1949年に経済安定本部企業会計制度対策調査会（現：企業会計審議会）が公表した「中小企業簿記要領」に遡ることができる（中小企業簿記要領のより深い理解のためには，次の文献を参照されたい。河﨑［2009b］，1-12頁；神森［2010］，293-314頁。なお，1953年には，法人形態の中小企業向けに「中小会社経営簿記要領」が公表されている（中小企業庁［1953］））。この要領は，「中小商工業者のよるべき簿記の一般的基準を示すもの」であって，記帳方法，帳簿組織を改善合理化することを通じて，「課税の合理化」，「中小企業金融の円滑化」および「事業経営の合理化」を目的とするものである。そこでは，今日の中小企業会計に対する問題意識の萌芽が見て取れる。

本章の目的は，わが国の中小企業会計の淵源を中小企業簿記要領に求め，その現代的意義を論じることにある。本章の主要な論点は，次の３点である。

⑴　中小企業会計における記帳の意義と役割を闡明にすること

⑵　中小企業簿記要領と企業会計原則の目的および一般原則を比較し，中小企業会計と大企業会計の共通点および相違点を浮き彫りにすること

⑶　中小企業簿記要領が提示する簿記の基本的特質を摘記し，簡易性と正確性を調和させた複式簿記の試みを概説すること

第2節　中小企業会計における記帳の意義と役割

1　記帳の重要性

中小会計要領では，総論の規定として，「記帳の重要性」を次のように定めている。

「本要領の利用にあたっては，適切な記帳が前提とされている。経営者が自社の経営状況を適切に把握するために記帳が重要である。」（総論8；傍点は筆者）

この規定については，次の2点に注目する必要がある。

(1)「適切な記帳」が中小会計要領の利用の前提であること。記帳は中小企業経営者に簿記・会計の重要性を認識させ，記帳（正確な会計帳簿）を自社の経営に役立てさせるとともに，中小企業経営者に会計行為の自己管理責任を自覚させ，不正発生を事前に防止するねらいがある。そのため，中小会計要領では，会計帳簿の作成にあたって，適時性，整然性，明瞭性，正確性および網羅性という，5つの記帳要件を定めている。

(2)「記帳の重要性」（正規の簿記の原則）が真実性の原則よりも上位に（先に）位置づけられていること。中小会計要領では，総論8で正規の簿記の原則が規定され，その後，総論9の「本要領の利用上の留意事項」で真実性の原則を含む他の一般原則が示されている。つまり，真実性の原則を含む他の一般原則は，正規の簿記の原則を支える原則として位置づけられている。このことからも，中小企業会計にとって，記帳（正確な会計帳簿）がいかに重要な意味をもっているかが理解できる。

2　記帳の役割

適切な記帳の要請は，中小企業の次の2つの企業属性に由来する。

(1)所有者管理の企業（所有者＝経営者）であること。つまり，所有と経営が未分離であることから，虚偽表示リスクの可能性が高いこと

(2)内部統制機構が未整備であること。つまり，従業員の数が少数であるこ

とから，明確な職務分掌が行われないため，統制リスクの可能性が高いこと

これらのリスクを回避し，中小企業の計算書類の信頼性を確保する手段が，適切な記帳とされる。つまり，適切な記帳の要請は，大企業と異なる中小企業の属性に由来するものであり，記帳の重要性を中小企業経営者に認識させることにより，自社の経営状況の適切な把握に役立てる役割が期待されている。

第３節　中小企業簿記要領の現代的意義

このような記帳の重要性や正規の簿記の原則の位置づけは，1949年に経済安定本部企業会計制度対策調査会が公表した中小企業簿記要領に，その萌芽がみられる。

1　中小企業簿記要領の目的

わが国では，1950年に，青色申告制度を導入する目的から，その前提として，「正確な会計帳簿」の必要性が認識され，1949年に，大企業向けには企業会計原則，中小企業向けには中小企業簿記要領が公表された。この中小企業簿記要領は，中小商工業者がよるべき簿記の一般的基準を示すものであり，次の３点がその目的とされる（経済安定本部企業会計制度対策調査会［1950］，1-2頁；下線は筆者）。

「(1)　正確なる所得を自ら計算し課税の合理化に資すること
(2)　融資に際し事業経理の内容を明らかにすることによって中小企業金融の円滑化に資すること
(3)　事業の財政状態及び経営成績を自ら知り，経理計数を通じて事業経営の合理化を可能ならしめること」

このように，中小企業簿記要領の目的は，「課税の合理化」，「中小企業金融の円滑化」および「事業経営の合理化」にあり，そのためには，中小企業経営者が正確な会計帳簿に基づき，「正確なる所得を自ら計算」（自ら計算）し，「融

資に際し事業経理の内容を（自ら）明らかに」（自ら説明）し，「事業の財政状態及び経営成績を自ら知（る）」（自ら理解する）ことが期待されている。このことを図示したのが**図表３－１**である。

図表３－１　中小企業簿記要領の目的

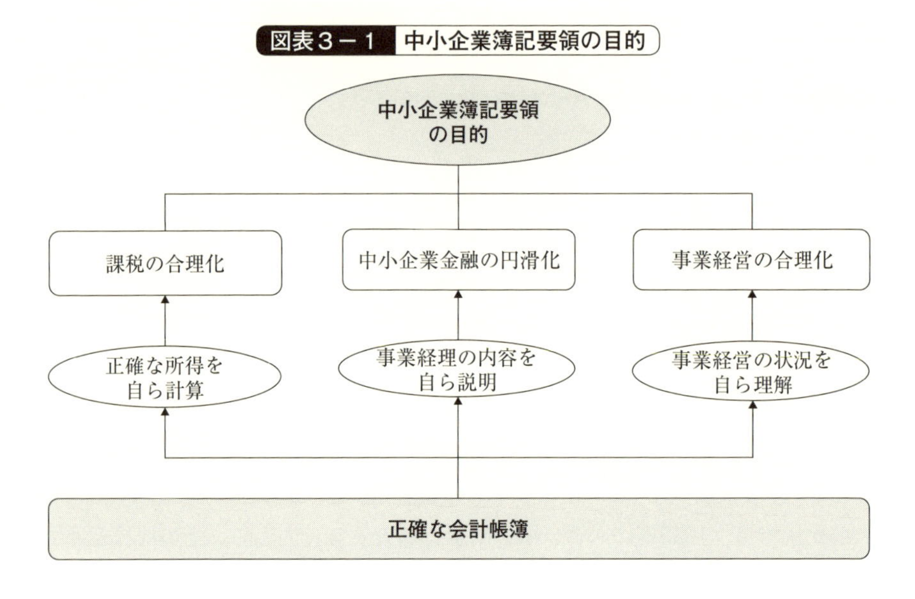

これに対し，企業会計原則は，その設定目的について，わが国の企業会計制度が，欧米のそれに比較して改善の余地が多く，また，甚だしく不統一であることから，わが国の企業の健全な進歩発達のためにも，その弊害は速やかに改める必要があるとし，次のように述べている（企業会計原則「設定について」；下線は筆者）。

「我が国経済再建上当面の課題である外資の導入，企業の合理化，課税の公正化，証券投資の民主化，産業金融の適正化等の合理的な会計のためにも，企業会計制度の改善統一は緊急を要する問題である。

仍って，企業会計の基準を確立し，維持するため，先ず企業会計原則を制定して，我が国国民経済の民主的で健全な発達のための科学的基礎を与えようとするものである。」

上記の記述から分かるように，中小企業簿記要領の目的と企業会計原則の設定目的とはほぼ共通しており，課税の合理化，金融の円滑化および事業経営の合理化が，当時の大企業と中小企業の双方にとって，わが国経済の再建における重要な課題であったことが理解できる。そのため，大企業に対しては，企業会計原則によって企業会計の科学的基礎を与える一方，中小企業に対しては，中小企業簿記要領によって，正確な会計帳簿（複式簿記）の基礎を与えることが喫緊の課題とされた。

２　中小企業簿記要領の一般原則

中小企業簿記要領では，企業会計原則と同様に，７つの一般原則が示されている。両者の一般原則を比較形式で示したのが，**図表３－２**である。

図表３－２　企業会計原則と中小企業簿記要領の一般原則の比較

企業会計原則	中小企業簿記要領
⑴企業会計は，企業の財政状態及び経営成績に関して，真実な報告を提供するものでなければならない（真実性の原則）。	⑴簿記は，事業の資産，負債及び資本の増減に関するすべての取引につき，正規の簿記の原則に従って正確な会計帳簿を作成するものでなければならない（正規の簿記の原則）。
⑵企業会計は，すべての取引につき，正規の簿記の原則に従って，正確な会計帳簿を作成しなければならない（正規の簿記の原則）。	⑵簿記は，事業の財政状態及び経営成績に関して真実な報告を提供するものでなければならない（真実性の原則）。
⑷企業会計は，財務諸表によって，利害関係者に対し必要な会計事実を明瞭に表示し，企業の状況に関する判断を誤らせないようにしなければならない（明瞭性の原則）。	⑶簿記は，財務諸表により，利害関係人に対して必要な会計事実を明瞭に表示し，事業の状況に関する判断を誤らせないようにしなければならない（明瞭性の原則）。
⑶資本取引と損益取引とを明瞭に区別し，特に資本剰余金と利益剰余金とを混同してはならない（資本・損益区分の原則）。	⑷簿記は，事業に関する取引を明瞭に記録するものとし，家計と区別して整理しなければならない（事業会計・家計区分の原則）。
⑸企業会計は，その処理の原則及び手続を毎期継続して適用し，みだりにこれを変更してはならない（継続性の原則）。	⑸簿記は，一たん定めた会計処理の方法を継続して適用し，みだりに変更してはならない（継続性の原則）。

—	(6)仕入，売上等重要なる費用及び収益は，その支出及び収入にもとづいて計上し，その発生した期間に正しく割当てられるように処理しなければならない（収支的評価の原則・発生主義の原則）。
—	(7)簿記は，前各号の要請を満たす限り，会計処理の方法及び帳簿組織をできるだけ簡単平易ならしめ，記帳の能率化，記帳負担の軽減をはからなければならない（記帳の能率化・負担軽減の原則）。
(6)企業の財政に不利な影響を及ぼす可能性がある場合には，これに備えて適当に健全な会計処理をしなければならない（保守主義の原則）。	—
(7)株主総会提出のため，信用目的のため，租税目的のため等種々の目的のために異なる形式の財務諸表を作成する必要がある場合，それらの内容は，信頼しうる会計記録に基づいて作成されたものであって，政策の考慮のために事実の真実な表示をゆがめてはならない（単一性の原則）。	—

（注1）本図表は，中小企業簿記要領の一般原則に企業会計原則の一般原則を対比する形で示しており，各原則の頭の番号は一般原則の順番を示している。例えば，(1)は第一原則，(2)は第二原則を意味する。

（注2）中小企業簿記要領の各原則の末尾に付している原則の名称は筆者が付したものである。

中小企業簿記要領の一般原則の特徴を，企業会計原則のそれと比較して摘記すれば，次のとおりである（経済安定本部［1950］，6-7頁；沼田［1951］，175-251頁）。

(1) 中小企業簿記要領の「簿記」の文言を「企業会計」に置き換えれば，企業会計原則とほぼ同じ内容となる。

(2) 企業会計原則では，第一原則が真実性の原則であるのに対し，中小企業簿記要領では，第一原則が正規の簿記の原則である。これは「簿記要領」であることによるものであり，真実性の原則をはじめとする他の一般原則は，正確な会計帳簿を作成するための一般原則として位置づけられている。

(3) 中小企業簿記要領では，企業会計原則にある保守主義の原則と単一性の原則がないのに対し，企業会計原則の「損益計算書原則」一Ａに示されている収支的評価の原則・発生主義の原則が，一般原則として示されている。

(4)　企業会計原則にない一般原則が，事業会計・家計区分の原則および記帳の能率化・負担軽減の原則である。これらが一般原則とされるのは，次のような理由によるものと考えられる。

①　事業会計・家計区分の原則は，企業会計原則の資本・損益区分の原則に匹敵するものであり，中小企業（個人企業）では所有と経営が未分離（所有者＝経営者）であることから，その分離を要請する必要があったこと

②　記帳の能率化・負担軽減の原則は，中小企業の場合，経営者や従業員は会計知識が乏しいこと，また，会計知識を有する従業員を雇用する経済的コスト負担に限界があることから，会計処理や帳簿組織の簡易化を要請する必要があったこと

このように，中小企業簿記要領では，中小企業の属性が明確に意識されており，そのための特別な配慮（会計処理や簿記組織の簡易化）が要請されている。

第４節　中小企業簿記要領の簿記処理の特徴

中小企業簿記要領では，中小企業における簿記の難しさについて，「中小企業簿記は(1)できるだけ手数のかからぬ簡易なものでなければならないということと(2)税務当局や金融当局という第三者が帳簿をみて，容易に監査もできその数字が正しいということが実証されるような帳簿であるということ，要するに正確な会計帳簿であるということ，この２点をどう調和さすかが問題なのである」（経済安定本部［1950］，5頁；下線は筆者）と述べている。この「簡易性」と「正確性」を調和させた結果，中小企業簿記要領が提示する簿記は，次の３点を基本的特質としている（経済安定本部［1950］，8-9頁）。

(1)　仕訳帳と総勘定元帳を省略し，帳簿としてはいわゆる補助簿だけの組織とし，「伝票から直接的に各帳簿への記帳」を認めていること。その理由として，中小企業における簿記は，「簡易を旨とし記帳者は複式簿記の理

くつを心得なくても記帳することができ記帳ことに転記の手数を省くため」としている。

⑵ 各帳簿から，月末に収支総括表または日計表を作成し，それを基礎として計算書類が作成されること

⑶ 現金収支を基礎とした複式記入を指示していること。その理由として，「中小企業の取引が現金取引を主とする点にかんがみて現金収支の取引を重視したため」としている。

第5節 むすび

本章で明らかにしたように，中小企業会計に関する今日の問題意識は，1949年に公表された中小企業簿記要領にその萌芽をみることができる。中小企業簿記要領では，「中小企業の属性が大企業とは異なる」とする認識のもとで，中小企業簿記の簡易性と正確性を調和させた試みが中小企業簿記要領であった。

しかし，中小企業簿記要領が提示する簿記処理は，通常の複式簿記の手続とはかなり異なっていたが，そこで取り上げられていた中小企業に対する問題意識と中小企業の属性に即した記帳の重要性の議論は，今日の中小企業会計をめぐる問題意識や議論と本質的に異なることはない。

第4章

中小企業会計の理論的基盤

第1節　はじめに

会計理論は，会計公準を基礎構造とし，会計基準（具体的な会計処理の原則・手続）を上部構造とした多段的な構造によって組み立てられている。つまり，会計公準は，会計理論を成立させる基礎的要件であり，企業環境（企業の社会的・経済的環境）などの事実認識から導出され，会計基準が成立する理論的基盤を形作るものである。

ところで，わが国で中小企業会計に関する本格的な議論が開始されたのは，中小企業庁が2002年３月に設置した中小企業の会計に関する研究会においてである。2002年６月に公表された報告書「中小企業の会計に関する研究会報告書」（以下では，「研究会報告書（2002）」という）では，中小企業における社会的・経済的環境の変化とそれへの対応をめぐって，中小企業会計のあり方が論じられている。その意味では，「研究会報告書（2002）」は，わが国の中小企業会計の原点ともいえる報告書であり，そこで提示された「判断の枠組み等」（記帳と５つの命題）は，中小企業会計が理論として成立するための基礎的要件（会計公準）であるといってよい。

本章の目的は，中小企業会計の理論的基盤について論じることにある。本章の主要な論点は，次の３点である。

(1) 会計理論の下部構造を形作る会計公準について，武田隆二教授の会計公準論に依拠し，その全体系と具体的内容を概説すること
(2) 中小企業会計の理論的前提を大企業と中小企業の属性の相違に求め，両者の相違点を具体的に明らかにすること
(3) 「研究会報告書（2002）」の判断の枠組み等（記帳と５つの命題）を中小企業会計の基礎的要件（会計公準）とみなし，その内容を概説すること

第２節 会計公準の体系

会計公準とは，会計理論が成立するための基礎的要件をいう。**図表４－１**は，武田隆二教授の会計公準論に依拠し，企業会計における会計公準の全体系とその具体的内容を要点的に一覧表示したものである（武田［2008a］，78-92頁；武田［2008b］，46-55頁）。

図表４－１ 会計公準の体系と要点

公準の体系	会計公準の具体的内容			
基本的会計公準	**会計主体の公準**	**会計期間の公準**	**貨幣的評価（測定）の公準**	**勘定系統の公準**
	・会計的判断の主体 ・例えば，株主，企業体など	・計算期間の特定化 ・例えば，１年，半年など	・会計計算の内容的同質性の保証 ・共通尺度としての貨幣による評価（測定）	・勘定のグループ化の要件 ・例えば，損益計算書系統，貸借対照表系統など
会計制度の公準	**会計単位の公準**	**計算期間の公準**	**貨幣的表示の公準**	**勘定公準**
	・会計の場所的限定 ・例えば，法的実体，セグメント，経済的実体など	・会計の時間的限定 ・連続する時間を人為的に切断すること	・会計計算の形式的同質性の保証 ・共通尺度としての貨幣による表示	・計算対照性 ・包括可能性
企業環境（事実認識）	**出資と経営の分離**	**営業の継続性**	**貨幣資本経済制度**	**経済的ポラリティー**
	・企業が出資者から別個独立の存在であるという認識	・市場形態の変化：定期的なメッセから定住的なマーケットへ ・事業形態の変化：口別商業から継続企業（ゴーイング・コンサーン）へ	・交換手段としての貨幣が経済財の共通尺度として最適であるとの認識	・ある事象の生起により１つの価値が常に他の価値に移るという相対立する運動の認識

この図表では，次のことが示されている。

⑴　会計公準の前提となっているのは，企業環境（会計が制度として成立する企業環境に関する事実認識）であり，これに基づき，会計公準は「会計制度の公準」と「基本的会計公準」の２つが区分される。会計制度の公準とは，どのような会計目的観や理論構成をとる場合でも必要とされる前提要件であるのに対し，基本的会計公準とは，特定の会計目的観に立脚して会計理論を成立させる前提要件をいう。

⑵　会計制度の公準は，「会計単位」，「計算期間」，「貨幣的表示」および「勘定」の４つの公準から構成される。他方，基本的会計公準は，会計制度の公準から導出され，「会計主体」，「会計期間」，「貨幣的評価（測定）」および「勘定系統」の４つの公準から構成される。

⑶　会計単位の公準は，会計が行われる場所的限定に関する公準である。これは「出資と経営の分離」（企業は出資者から別個独立の存在である）という企業環境に関する事実認識がその基礎にある。通常，会計単位としての企業主体は法的実体（法人）を指すが，今日，会計単位の概念はその内包が細分化（例えば，セグメントしての本支店，事業体など）し，その外延が拡大化（例えば，企業集団としての経済的実体）している。この会計単位の公準は特定の会計目的観を介して特定の会計理論の前提となる「会計的判断の主体はだれか」という会計主体の公準に発展する。例えば，会計的判断の主体が出資者であるとすれば資本主理論が成立し，また，企業それ自体であるとすれば企業体理論が成立することになる。

⑷　計算期間の公準は，会計が行われる時間的限定に関する公準である。これは「営業の継続性」（営業活動が継続して行われる）という企業環境に関する事実認識がその基礎にある。このような事実認識は，歴史的には，①市場形態の変化（定期的なメッセ＜定期市場＞から定住的なマーケットへの発展），また，②事業形態の変化（口別（くちべつ）商業から継続企業＜ゴーイング・コンサーン＞への発展）という企業環境の変化を背景としている。今日の会計計算は，連続する時間を人為的に切断して行われる期間損益計算として特徴づけられる。この計算期間の公準が特定の会計目的観を介して，例えば１年や半年といった計算期間に特定化されると，それらが会計期間の公準

と称される。

(5) 貨幣的表示の公準は，会計計算の形式的同質性を保証する公準である。これは「貨幣資本経済制度」（経済財の交換手段として貨幣が利用される経済制度）という企業環境に関する事実認識がその基礎にある。その結果，交換手段としての貨幣が共通尺度として最適であるとする認識が一般化されるに至った。この貨幣的表示の公準は特定の会計目的観を介して特定の会計理論の前提となる「ある会計事実に対してどの程度の貨幣量を与えるか」という貨幣的評価（測定）の公準に発展する。この公準は会計計算の内容的同質性を保証するものであり，例えば，測定尺度として原価を選択すれば原価主義会計の理論が，また，測定尺度として時価を選択すれば時価主義会計の理論が成立することになる。

(6) 勘定公準は，会計計算の勘定に関する公準であり，会計的操作の前提となる公準である。これは「経済的ポラリティー（両極性）」（ある事象の生起により１つの価値が常に他の価値に移るという相対立する運動）という企業環境に関する事実認識がその基礎にある。勘定公準では，勘定は，①計算対照性と②包括可能性の２つの要件を含んでいることが要請される。「計算対照性」とは，勘定の両側に並列された概念の論理的関連性が対照性ある内容であることを要請するのに対し，「包括可能性」とは，対照性ある内容が１つの共通概念のもとに包括されることを要請する。この勘定公準は，特定の会計目的観を介して特定の会計理論の前提となる勘定系統の公準に発展する。例えば，勘定は，損益計算書系統の勘定や貸借対照表系統の勘定にグループ化（系統化）されることになる。

上記の会計公準の体系は，大企業の会計理論であれ，中小企業の会計理論であれ，それらの会計理論が成立するための基礎的前提とみなされるものである。

第３節　中小企業会計の理論的前提

中小企業会計の理論的前提は，大企業と中小企業の「企業属性」の相違に求められる。これについて，中小企業庁が2010年９月に公表した「中小企業の会計に関する研究会・中間報告書」では，次のように述べている（中小企業の会計に関する研究会［2010b］，5頁；下線は筆者）。

「中小企業は，多種多様な業種・業態の事業活動を行っており，その規模や経済取引等の実態は個々の企業で異なり，大企業と比べて生産性，収益性等のばらつきが大きいなど，総じて，大企業とは異なる属性を有している。」

大企業と中小企業の属性の相違について，それらを要点的に示したのが**図表4－2**である。

図表4－2　大企業と中小企業の属性の相違

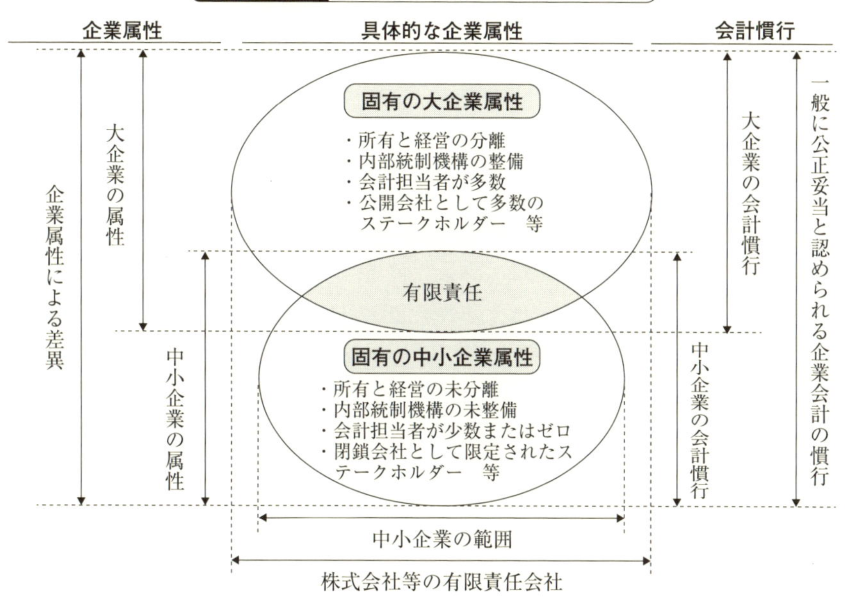

図表4－2に示すように，大企業と中小企業では，少なくとも次の4点で，その属性が異なっている。

(1)　大企業では，所有と経営の分離がみられるのに対し，中小企業では，それが未分離（所有者＝経営者）である。例えば，大企業では，所有者（株主）と経営者（取締役）は基本的に分離されており，企業経営は専門的経営者が担当するのが一般的であるのに対し，中小企業では，所有者＝経営者の場合が多く，家族経営・同族経営のケースが多くみられる。

⑵　大企業では，内部統制機構が整備されているのに対し，中小企業では，それが未整備である。例えば，大企業では，通常，入出金と記帳の担当者は別であるのに対し，中小企業ではそれらを一人で担当するケースが多くみられる。

⑶　大企業では，会計担当者が多数であるのに対し，中小企業では，それが少数かゼロである。大企業では会計担当者が多数存在し，会計部門（経理部）が独立の部門として機能しているのに対し，中小企業では会計担当者が少数であり，中小企業経営者は会計担当者を雇用するのであれば，営業担当者や現場作業者を採用したいと考える傾向が強い。

⑷　大企業では，ステークホルダー（利害関係者）の範囲が広いのに対し，中小企業では，その範囲が債権者（金融機関）や取引先に限定されている。大企業の情報利用者（計算書類の利用者）は広く一般投資大衆であるのに対し，中小企業の情報利用者は銀行等の金融機関かせいぜい取引先くらいである。

このような企業属性の相違は，企業で営まれる会計慣行に相違をもたらすことになる。会計慣行が異なれば，それをルール化した会計基準も必然的に異なるとみるのが論理的な帰結であろう。その結果，中小企業の属性に見合った会計基準を制度化するほうが，大企業と同一の会計基準を適用するよりも，計算書類の社会的信頼性を高めることになるとする認識が，中小企業会計（中小企業会計基準）の理論と制度化の基底に位置づけられている。

第4節　会計公準としての判断の枠組み等

1　判断の枠組み等の意義

「研究会報告書（2002）」では，中小企業の属性に即した「判断の枠組み等」が提示されている。この判断の枠組み等は，中小企業会計基準の基礎的要件ともいえるものであり，会計公準に相当するものとみてよい。この判断の枠組み等で提示された命題（要請）は，中小会計要領の「総論１（目的)」に受け継がれ，中小会計要領を成立させる基礎的前提を形作っている。

２　中小企業の属性と判断の枠組み等の関係

図表４－３は，中小企業の属性と判断の枠組み等（記帳と５つの命題）との関係を対応表示したものである。この図表では，判断の枠組み等が中小企業の属性から導出されたものである点に注目されたい。

図表４－３　中小企業の属性と判断の枠組み等の関係

中小企業の属性		判断の枠組み等
①所有者管理の会社（所有者＝経営者） →虚偽表示リスクの可能性	導出	◇「Ⅲ記帳」（記帳の基本的考え方） ・【記帳の重要性】：会計帳簿の信頼性の確保のため，信頼ある記帳が重要である。 ・【記帳要件】：記帳は，整然かつ明瞭に，正確かつ網羅的に行わなければならない。また，記帳は，適時に行わなければならない。
②内部統制機構の未整備 →統制リスクの可能性		
③株式公開を目指さない，株式譲渡制限のある閉鎖会社 →限定されたステークホルダー		(1)【ディスクロージャーの限定】：計算書類の利用者，特に債権者，取引先にとって有用な情報を表すこと
④経営者・従業員の限られた会計的知識 →会計に対する低い理解度		(2)【理解可能性と自社の経営への役立ち】：経営者にとって理解しやすいものであるとともに，それに基づいて作成される計算書類が自社の経営状況の把握に役立つこと
⑤会計的知識を有する従業員を雇用できないし，その必要性もないとする経営者意識 →経済的コスト負担の限界		(3)【過重負担のない実行可能性】：対象となる会社の過重負担にならないこと（現実に実行可能であること） (4)【現行実務への配慮】：現行の実務に配慮したものであること
⑥業種・業態・規模等の多様性 →多様な事業内容・事業形態		(5)【適用の弾力性】：会計処理の方法について，会社の環境や業態に応じた，選択の幅を有するものであること。簡便な方法で代替可能な場合，その選択が認められること

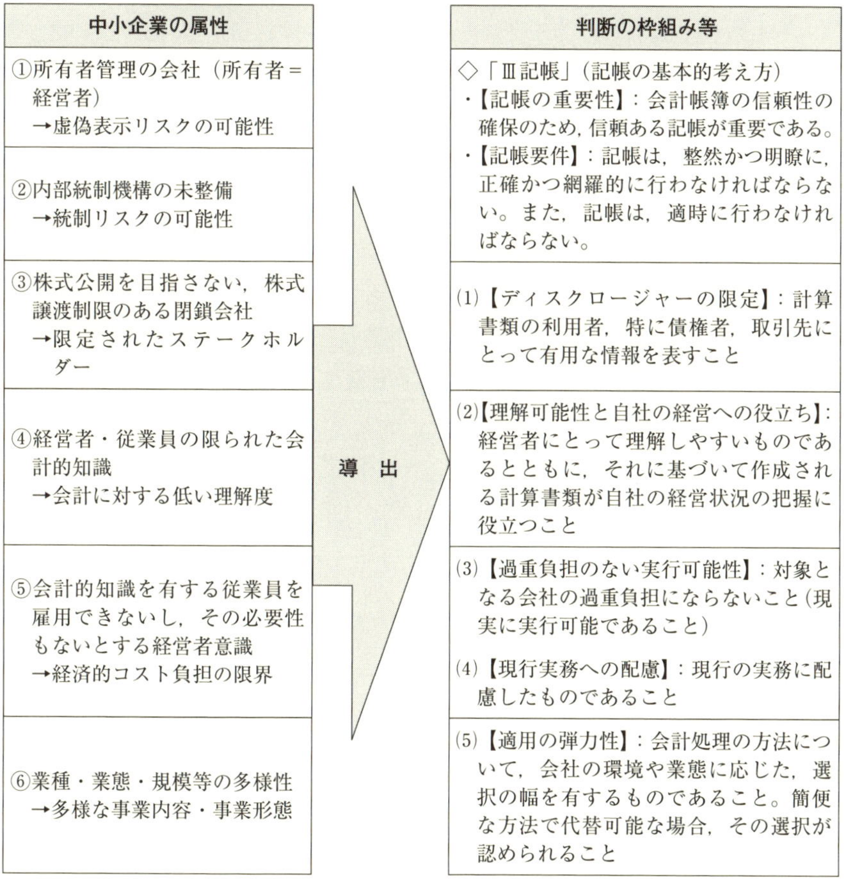

図表４－３に示された中小企業の属性と判断の枠組み等の関係は，次のように説明できる。

⑴ 基本命題は「記帳」（図表の◇）の要請である。「研究会報告書（2002）」では，「会計帳簿の信頼性の確保のため，信頼ある記帳が重要である」とし，５つの記帳要件（整然性，明瞭性，正確性，網羅性，適時性）を示している。この命題（要請）は，中小企業が，大企業と比較して，次のようなリスクの可能性が高いという属性（事実認識）から導出されている。

① 中小企業は「所有者管理の会社であること」（図表の①）。つまり，中小企業では「所有者＝経営者」であることから，経営者は企業を自己の所有物であるかのように考えがちである。そのため，大企業と比較して，計算書類の虚偽表示リスク（粉飾決算等）の可能性が高い。

② 中小企業は「内部統制機構が未整備であること」（図表の②）。つまり，中小企業では従業員が少数であるため，会計担当者が一人で入出金と記帳を担当するケースが多くみられる。そのため，大企業と比較して，統制リスク（不正発生）の可能性が高い。

記帳は会計行為の出発点であるとともに，不正が最も起こりやすい局面である。この命題（要請）は，中小企業経営者に会計記録の重要性（自己管理責任）を認識させるとともに，不正発生を事前に防止するねらいがある。

⑵ 第１命題は，「ディスクロージャーの限定」（図表の⑴）である。この命題（要請）は，中小企業が「株式公開を目指さない，株式譲渡制限のある閉鎖会社」（図表の③）であるという属性（事実認識）から導出されている。閉鎖会社としての中小企業のステークホルダー（利害関係者）は，専ら債権者（金融機関）や取引先に限られることから，中小企業では，これらの利害関係者にとって有用な計算書類の作成が要請されることとなる。

⑶ 第２命題は，「理解可能性と自社の経営への役立ち」（図表の⑵）である。この命題（要請）は，中小企業の「経営者・従業員は，限られた会計知識しか持っていない」（図表の④）という属性（事実認識）から導出されている。中小企業の経営者・従業員は事業活動には熱心であるものの，会計の重要性に対する意識は極めて乏しい。例えば，中小企業庁の実態調査では，会

計は「税理士等に一任しているため分からない」と回答した企業が調査対象企業の５割弱（47.7％）を占めている（中小企業庁［2010］，24頁）。しかし，近年，中小企業の金融環境や経営環境が一層厳しくなる中で，①会計数値を利用した計数分析による自社の経営状況の把握や，②計算書類に裏付けられた事業計画の作成が，中小企業の経営にとってますます重要性を増してきている。

⑷　第３命題は，「過重負担のない実行可能性」（図表の⑶）であり，第４命題は，「現行実務への配慮」（図表の⑷）である。これらの命題（要請）は，中小企業の「経営者は，会計知識を有する従業員を雇用できないし，また，その必要性もないと考えている」（図表の⑤）という企業属性（事実認識）から導出されている。中小企業の場合，大企業と比較して，事業規模が小さく，会計にかけられる人的負担や経済的コストには限界がある。この「経済的コスト負担の限界」から，中小企業では，現実に即した実行可能で，コスト・効果的な会計基準が要請される。

⑸　第５命題は，「適用の弾力性」（図表の⑸）である。この命題（要請）は，中小企業の「業種・業態・規模等の多様性」（図表の⑥）という属性（事実認識）から導出されている。一口（ひとくち）に中小企業といっても，その事業内容，事業形態および事業規模は著しく異なることから，画一的な会計処理を要求することは，かえって事業活動の実態を反映しないことになる。そのため，中小企業では，ある程度選択の幅のある弾力的な会計基準が要請される。

第５節　むすび

本章では，会計が成立する理論的基盤（会計公準）について検討した。大企業の会計理論であれ，中小企業の会計理論であれ，それらが前提とする会計公準の体系として，⑴会計単位（会計主体）の公準，⑵計算期間（会計期間）の公準，⑶貨幣的表示（貨幣的評価）の公準，⑷勘定（勘定系統）の公準という４つの公準体系を解説した。

また，本章では，中小企業会計が制度として成立する理論的前提は，大企業と中小企業の属性が異なるとする認識が重要であることを主張した。これは，大人と子供は同じ人間でありながら，その属性（考え方や行動様式）が異なるのと類似している。両者の属性が異なれば，両者に対する規律（遵守すべき規則）のあり方も異なることになる。同様に，大企業と中小企業は同じ有限責任会社でありながら，その属性（事業形態や経済活動の実態）は異なっている。企業属性が異なれば，そこで営まれる会計慣行も異なり，会計慣行が異なれば，会計基準も異なるとする認識が，中小企業会計（中小企業会計基準）が理論として成立する前提をなしている。

このような認識のもとで，「研究会報告書（2002）」は中小企業会計に対する要請（命題）として判断の枠組み等（会計公準）を提示し，中小会計要領ではそれらが総論1（目的）で再確認されている。

第5章 中小企業会計の概念的枠組みと方法論

第1節 はじめに

中小企業会計の前提は，大企業と中小企業の属性の相違である。企業属性が異なれば，そこで営まれる会計慣行も異なり，会計慣行が異なれば会計基準も異なるとする認識が，中小企業会計の理論的前提となっている。

中小企業庁が2002年6月に公表した「中小企業の会計に関する研究会報告書」(以下では，「研究会報告書（2002)」という）は，このような認識に立ち，中小企業会計の概念的枠組みについて，会計行為の「インプット →プロセス→アウトプット」の3つの局面に則して，その特徴を描き出している。

また，現在，わが国では，中小企業の「一般に公正妥当と認められる企業会計の慣行」(会社法431条）として，「中小企業の会計に関する指針」(以下では，中小指針という）と「中小企業の会計に関する基本要領」(以下では，中小会計要領という）の2つが併存している。両者はともに中小企業の会計基準でありながら，その方法論には明確な相違がみられる。

本章の目的は，中小企業会計の概念的枠組みと方法論を検討することにある。本章の主要な論点は，次の3点である。

(1) 中小企業会計の概念的枠組みについて，「研究会報告書（2002)」に依拠し，その内容を概説すること

(2) 会計基準の設定方法について，異なる２つのアプローチ（機能論的アプローチと機械論的アプローチ）を提示し，中小企業会計基準の設定方法における機械論的アプローチの意義を論じること

(3) 中小企業会計基準の編成方法について，異なる２つのアプローチ（トップダウン・アプローチとボトムアップ・アプローチ）を提示し，トップダウン・アプローチからボトムアップ・アプローチへの転換の必要性を論じること

第２節 中小企業会計の概念的枠組み

「研究会報告書（2002）」は，会計行為の「インプット→プロセス→アウトプット」の３つの局面に則して，中小企業の属性に応じた概念的枠組みを提示している。これを示したのが**図表５－１**である。この図表に示すように，中小企業会計の概念的枠組みは，次の３つの要請から構成される。

(1) 会計行為のインプット面で，「記帳」の要請

(2) 会計行為のプロセス面で，「確定決算主義」を前提とした会計処理の重視

(3) 会計行為のアウトプット面で，「限定されたディスクロージャー」の要請

図表５－１ 中小企業会計の概念的枠組み

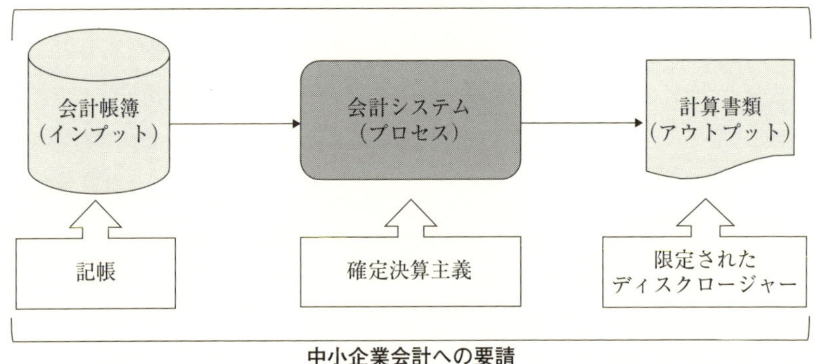

１　記帳の要請

記帳は会計行為の出発点であるとともに，不正が最も起こりやすい局面でもある。記帳の要請は，中小企業経営者に会計記録の重要性（自己管理責任）を認識させるとともに，不正発生を事前に防止するねらいがある。そのため，「研究会報告書（2002）」では，計算書類を「適時かつ正確に」作成することを要請し，記帳の要件として，次の５点をあげている。

⑴　「整然かつ明瞭に」（【整然性と明瞭性】）：利害関係者が，計算書類の内容を明解に理解できるように記載することの要請であり，具体的には，計算書類の様式，記載の区分，項目の名称や配列の順序などの表示について，理解しやすい方法を採用することが求められる。

⑵　「正確かつ網羅的に」（【正確性と網羅性】）：事実を歪めることなく，また，記録すべき事象について余すところなく記帳を行うことの要請である。

⑶　「適時に」（【適時性】）：記録すべき事実（日常の取引）が発生した後，即座に記帳することの要請であり，記録が遅延すればするほど，記載を誤る可能性が高まることから，事実を速やかに記帳すべきことが求められる。

２　確定決算主義を前提とした会計処理の重視

中小企業では，会計行為に多くのコストを負担することはできないことから，税法基準をベースとした計算書類の作成が合理的な場合がある。確定決算主義の要請は，コスト・ベネフィットの観点から，中小企業の負担軽減をねらいとするものである。「研究会報告書（2002）」では，確定決算主義の効果として，次の点を指摘している。

⑴　課税当局にとっては，課税所得が不当に減少する事態を防ぐことができること。つまり，会社法上の計算書類と税法上の申告書類が分離されている場合，会社法上の企業利益はより大きく，税法上の課税所得はより小さくなるような会計処理を選ぶ可能性があることから，確定決算主義の採用によってそのような事態を回避できること

⑵　確定決算主義の採用により，中小企業にとっては，作成する計算書類が１つで済むこと

3 限定されたディスクロージャーの要請

情報開示は，不特定多数の一般大衆に向けてなされるものであるが，大企業と中小企業では，それぞれの企業属性に応じて，その目的が次のように異なる。

⑴ 大企業の情報開示は，企業の財産および損益の状況を投資情報として開示することが課題となる。つまり，情報の受け手は多数の広範囲な利害関係者（投資者）であり，その投資意思決定に対する有用な情報を提供することが課題となる。

⑵ これに対し，中小企業の情報開示は，「債権者，取引先にとって有用な情報を表すこと」が課題とされる。情報の受け手は債権者（金融機関）や取引先という限定された利害関係者であり，それぞれの利用者にとって，次のような役立ちが期待されている。

① 債権者にとっては，中小企業の信用リスクの判断に役立つこと

② 取引先にとっては，中小企業の事前調査の負担（取引コスト）を軽減し，その取引リスクの判断に役立つこと

このように，中小企業の情報開示は，大企業のそれに比べて，かなり限定されたものとなっている。

第3節 中小企業会計基準の設定方法

一般に，会計基準の設定方法については，次の２つのアプローチに区別できる（武田［2008a］，157-158頁）。

⑴ 機能論的アプローチ（functional approach）

⑵ 機械論的アプローチ（mechanical approach）

機能論的アプローチとは，思考対象（ここでは，会計基準）が一定の目的をもって全一体として機能しているとみて，「機能」の面から対象を解明する立場をいう。これに対し，機械論的アプローチとは，思考対象を解析的に分解し，分解された「部分」の性質を明らかにするとともに，その部分を集めて再び対象を再構成する立場をいう。

図表５−２に示すように，会計行為を「帳簿（インプット）→会計システム（認識・測定：プロセス）→計算書類（アウトプット）」の一連の流れとみた場合，機能論的アプローチは「計算書類」（アウトプット）から「会計システム」のあり方を考察する思考法である。したがって，機能論的アプローチでは，計算書類の機能の観点から認識・測定基準（会計システム）が定まれば，認識・測定対象（インプット）のさらなる分析は必要とされず，会計基準の設定プロセスはそこでストップすることになる。これに対し，機械論的アプローチは「帳簿」（インプット）から「会計システム」のあり方およびその機能を考察する思考法とみることができる。

図表５−２　機能論的アプローチと機械論的アプローチ

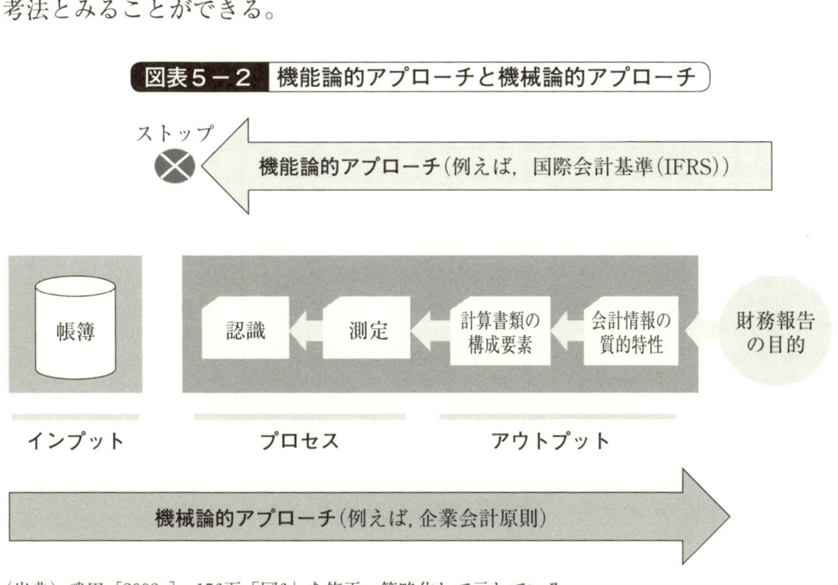

（出典）武田［2008a］，156頁「図6」を修正・簡略化して示している。

機能論的アプローチに基づいているのがIFRS（完全版IFRSや中小企業版IFRS）であり，計算書類の果たすべき機能（意思決定有用性）の観点から，会計基準のあり方を議論するものである。これに対し，機械論的アプローチに基づいているのが企業会計原則や中小会計要領であり，正規の簿記の原則の重要性を強調した会計基準の体系となっている。

内部統制機構が未整備である中小企業の場合は，会計行為の基点である「帳簿」（記録の証拠性）を重視する観点が重要であることから，会計基準の設定方法については，機能論的アプローチよりも機械論的アプローチが適しているといってよい。

第4節 中小企業会計基準の編成方法

中小企業会計基準の編成方法については，次の２つのアプローチに区別できる（ASB［2001］，pars.6.3-6.7；河﨑［2006］，38-39頁）。

⑴ トップダウン・アプローチ（top-down approach）

⑵ ボトムアップ・アプローチ（bottom-up approach）

これらのアプローチの相違を示したのが**図表５−３**である。

図表５−３ トップダウン・アプローチとボトムアップ・アプローチ

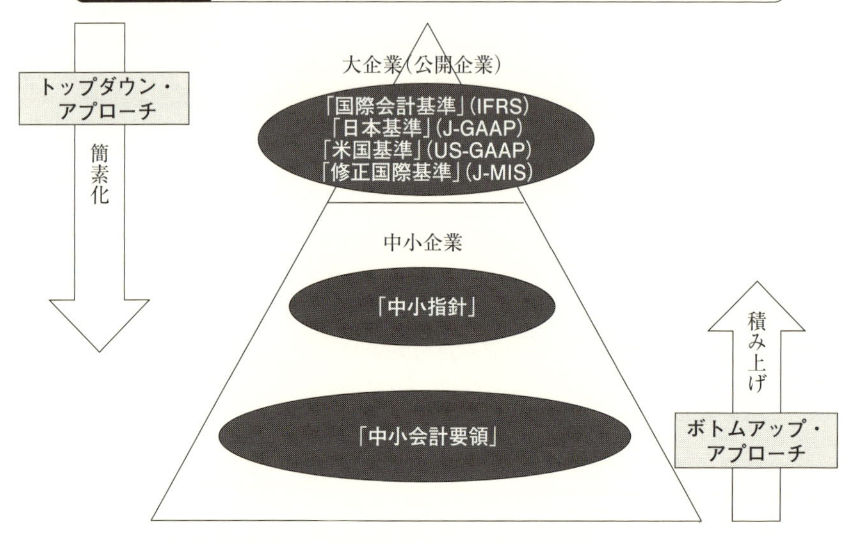

この図表に示すように，トップダウン・アプローチとは，大企業会計基準から出発し，その簡素化によって中小企業会計基準を編成するアプローチをいう。これに対し，ボトムアップ・アプローチとは，中小企業の属性を検討することから出発し，中小企業に固有の会計基準を生成するアプローチをいう（図表の

矢印は両アプローチの編成方法の方向性を示している）。両アプローチは，具体的には，次の点で相違する。

① 編成方式について，トップダウン・アプローチは，大企業会計基準のうち中小企業に「適切な」基準を選別する方式であるのに対し，ボトムアップ・アプローチは，中小企業に「最適な」基準を生成する方式である。

② 基本思考について，トップダウン・アプローチは，大企業会計基準との「一貫性」を重視するのに対し，ボトムアップ・アプローチは「独自性（企業属性）」を重視する。

③ 例外処理について，トップダウン・アプローチは，中小企業に固有の会計処理（例えば，簡便な会計処理）を例外とみるのに対し，ボトムアップ・アプローチは，大企業に固有の会計処理（例えば，連結会計や退職給付会計）を例外とみる。

トップダウン・アプローチを指向しているのは，IASBの中小企業版IFRS（IFRS for SMEs）やわが国の中小指針などである。例えば，中小企業版IFRSは，35のセクションから編成されているが，各セクションの基礎には，その源泉となった基準書（IASまたはIFRS）が存在しており，中小企業版IFRSは完全版IFRSの圧縮版としての特徴を有している。また，中小指針は，企業会計基準（大企業向け会計基準）を簡素化したものであり，例外的に，コスト・ベネフィットの観点から，税法基準の適用が認められている。

これに対し，ボトムアップ・アプローチを指向しているのは，米国の中小企業版FRFやわが国の中小会計要領である。例えば，中小会計要領では，中小企業に必要最小限の会計基準が定められており，よりハイレベルな会計処理（例えば，税効果会計や組織再編会計等）は，中小指針や企業会計基準等を参照する形で，会計基準の積み上げが企図されている。

したがって，中小企業会計基準の編成は，「会計実務の慣行をルール化し，制度的定着化を図るべきである」との見解に立てば，ボトムアップ・アプローチが推奨されることになる。

第5節 むすび

本章では，わが国の中小企業会計について，その概念的枠組みと方法論的特質を浮き彫りにすることを通じて，そのあり方を検討した。本章での議論は次のように総括できる。

⑴　中小企業会計の理論的前提は，中小企業と大企業の属性の相違であり，中小企業会計は，中小企業の属性に即して，「最小限（ミニマムレベル）の会計基準」を検討する必要がある。例えば，ミニマムレベルの会計基準として，税法基準や企業会計原則を尊重した会計基準が考えられる。

⑵　中小企業会計基準の設定と編成に関する方法論は，「記帳」（会計行為のインプット）を重視した機械論的思考法に基づき，中小企業の属性に即して会計基準を積み上げるボトムアップ・アプローチが適している。

⑶　わが国の中小企業会計は，わが国の中小企業の属性に深く根ざしたものであり，基本的には，ローカル性（地域性）を有している。そのため，中小企業会計は，わが国固有の会計文化である確定決算主義を堅持し，中小企業の実務慣行を尊重した制度設計を指向すべきである。

第6章 中小企業会計と国際会計基準(IFRS)

第1節 はじめに

今日の経済社会では，グローバリゼーション（globalization）の名のもとに，「国際文化」と称する「ローカルな文化」が「世界文化」として，全世界を席巻しようとしている。会計分野では，国際会計基準（IFRS：International Financial Reporting Standards）を各国の会計基準として国内化する動き（IFRSのアドプション）がこれである。

そもそも，「文化」は，各国の民族的・風土的特質，特有の教条（宗教）・習慣等を反映したものであり，文化の特徴は，それが有する「ローカル（地域）性」にあるといってよい。例えば，米国文化は米国という「ローカルな地域」の民族的・風土的特質，特有の教条（宗教）・習慣等に根ざしたものであり，日本文化とは明らかに異なっている。しかし，近年のグローバリゼーションの波は，あるローカルな文化（IFRS）を世界文化（統一的な会計文化）の地位に高めることにより，それに従うことが，あたかも近代化（先進性）であるかのような錯覚をもたらしているように思える。

かかる認識に基づき，本章の目的は，「文化のローカル（地域）性」の観点から，国際会計基準（IFRS）と中小企業会計の関係を論じることにある。本章の主要な論点は，次の4点である。

⑴ 西洋文化と東洋文化の相違を比較文化論の観点から浮き彫りにすること
⑵ IFRSがわが国の会計制度に導入される制度的構図を明らかにすること
⑶ IFRSとわが国の伝統的な会計文化との特徴的な相違点を浮き彫りにすること
⑷ 中小企業におけるIFRS導入のメリットと問題点を検討すること

第2節 西洋文化と東洋文化の相違

「西洋人と東洋人の文化は本質的に異なる」というのは，比較文化論の定説である。リチャード・ニスベット（Nisbett, R. E.）の所説に従って，このことを明らかにしてみたい（Nisbett［2003］（村本［2004］））。

そこで，次の質問を考えてみよう。

> いま，「鶏」と「草」の２つの絵が示され，次に「牛」の絵が示されたとする。「牛」と一緒にするとすれば，あなたは，「鶏」と「草」のどちらを選びますか？

もし，あなたが「牛と鶏を一緒にする」と答えたとすれば，あなたの思考態度は西洋人のそれと同じである。これに対し，もし，あなたが「牛と草を一緒にする」と答えたとすれば，あなたは明らかに東洋人である。リャンファン・チウ（Chiu, L.-H.）によれば，中国人と米国人の子供たちに同様の質問（実験）をしたところ，中国人（東洋人）の子供たちは，「牛と草が仲間」であるとし，その理由は「牛は草を食べるから」と答えたそうである。これに対し，米国人（西洋人）の子供たちは，「牛と鶏が仲間」であるとし，その理由は「牛と鶏は動物だから」と答えたそうである。この実験結果から，チウは，東洋人は「関係性」から世界を体系化するのに対し，西洋人は「カテゴリー」（規則性）から世界を体系化する傾向が強いとしている（Nisbett［2003］（村本［2004］，159-160頁））。

いうまでもなく，このような実験は，どちらの考え方が正しいとか，間違っているとかを問題にしているのではない。西洋人と東洋人では，対象に対する見方や考え方が，基本的に異なっているのである。つまり，西洋と東洋の「文化は異なっている」のである。

第3節　国際会計基準（IFRS）の影響の構図

各国の文化は異なっているにもかかわらず，今日，国際文化と称するIFRSが，わが国の会計制度を席巻し，その波は，中小企業会計にまで押し寄せている。

このようなわが国におけるIFRSの影響の構図を示したのが**図表6－1**である。この図表では，IFRSがわが国の大企業（公開企業）への影響を通じて，その影響が中小企業にまで及ぶ可能性を示している。

図表6－1　国際会計基準（IFRS）の影響の構図

金融商品取引法関係
金融商品取引法の会計領域
国際会計基準
金融商品取引法
193条
一般に公正妥当と認められるところ
＜一般に公正妥当と認められる企業会計の基準＞
日本公認会計士協会各種指針
企業会計基準委員会（企業会計審議会）
企業会計基準（企業会計原則等）
準拠
財務諸表等規則等（内閣府令）
財務諸表

会社法関係
一般に公正妥当と認められる企業会計の慣行
会社法の会計領域
会社法431条
会社法の「会計帳簿」に係る規定（会社法432条～434条）
記帳条件等，帳簿の証拠性に係る規定
会社法の「計算書類等」に係る規定（会社法435条以下）
会社計算規則（法務省令）
＜一般に公正妥当と認められる企業会計の基準＞
＜その他の企業会計の慣行（中小指針・中小会計要領）＞
計算書類

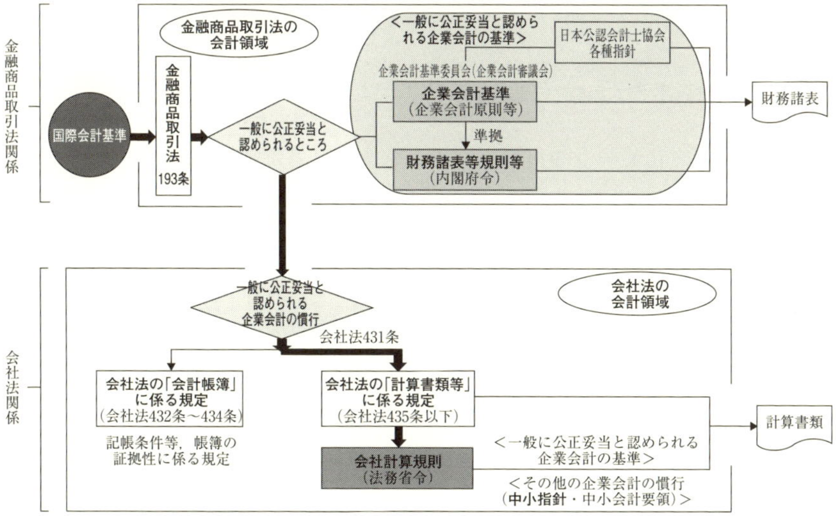

（出典）武田［2008a］，178頁「図2」を加筆・修正して示している。

わが国では，大企業（公開企業）は，金融商品取引法の規定に従って，「一般に公正妥当と認められる企業会計の基準」に準拠して会計処理しなければならない。ここでいう「企業会計の基準」とは，企業会計基準委員会（ASBJ）が制定する企業会計基準をいう。現在，企業会計基準は，IFRSとのコンバージェンスによって，毎年のように，それが改訂されている。

これに対し，中小企業は会社計算規則の規定に従って，「一般に公正妥当と認められる企業会計の基準およびその他の企業会計の慣行」を斟酌することになっている。ここでいう「その他の企業会計の慣行」とは，具体的には，中小指針や中小会計要領を意味する。ここで問題となるのは，中小指針の中身である。既に指摘したように，中小指針は，わが国の企業会計基準を簡素化し，要約したものである。そのため，中小指針は，企業会計基準の改訂に歩調を合わせて，毎年のように改訂されている。このように，わが国の中小企業会計基準（中小指針）は，間接的ながら，IFRSの影響を受ける構造となっている。

第4節 国際会計モデルと日本型会計モデルの相違

1 国際会計モデルと日本型会計モデル

会計制度が文化的制度の１つであるとすれば，各国の会計制度は固有の文化性を有しているはずである。つまり，会計制度（会計基準）は，各国の固有の文化に根ざしており，本来，地域性（ローカル性）を有している。したがって，国際文化としてのIFRS（国際会計モデル）は，地域文化としての各国の会計基準（例えば，日本型会計モデル）とは調和できない性質を有している。このことを示したのが**図表６－２**である。この図表では，三角形が国際会計モデルを示し，円形が日本型会計モデルを示している。両者はその多くが共通しているものの，次の点で相違がみられる（武田［2006b］，6-7頁）。

(1) 企業集団に係る「連結財務諸表」を主要財務諸表としていること。従来，わが国では，各企業の「個別財務諸表」が原則的な財務諸表であり，企業集団に係る連結財務諸表はその補足的な役割を担うにすぎなかった。しか

図表６－２　国際会計モデルと日本型会計モデルの相違

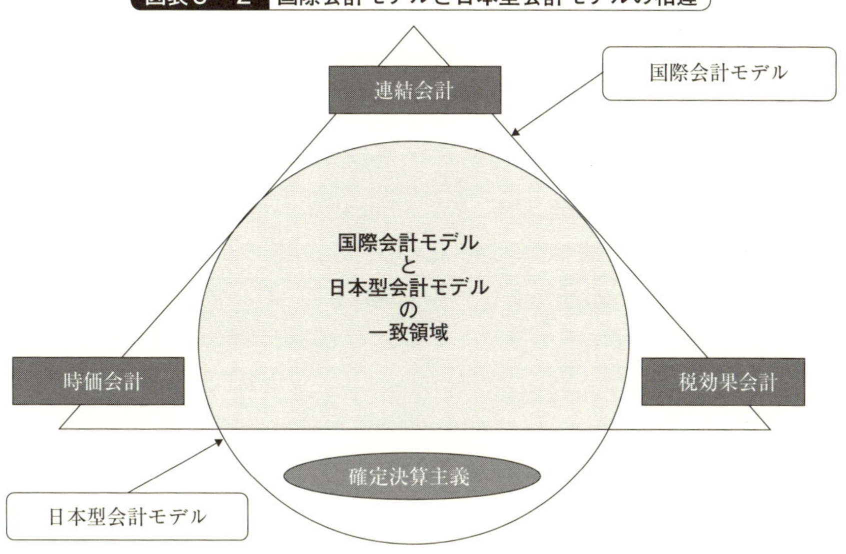

（出典）武田［2006b］，7頁「図2」を一部修正して示している。

し，現在では，IFRSとのコンバージェンスにより，連結財務諸表が原則的な財務諸表となっている。

(2)　フロー面では，「税効果会計」がその特徴となっていること。従来から，わが国では，確定決算主義が維持されており，確定した決算（企業利益）をベースに，課税所得が計算される構造となっていることから，税効果会計（会計上の利益額と課税金額との調整計算）は必要とされていなかった。これに対して，欧米諸国では会計上の利益計算と課税上の所得計算とが分離されていることから，IFRSでは税効果会計が要請されている。

(3)　ストック面では，「時価会計」がそれを支える仕組みとして特徴づけられること。IFRSでは，資産・負債の時価評価を通じて企業価値全体を把握するアプローチ（資産負債アプローチ）が重視されているのに対し，従来のわが国の会計思考は取得原価による評価を基礎として，収益・費用計算により業績評価を行うアプローチ（収益費用アプローチ）が重視されていた。

2 日本型会計モデルとしての確定決算主義

上記の３つは，従来の日本型会計モデルにはなかった仕組みである。これに対し，図表６－２に示したように，日本型会計モデルは，「確定決算主義」がその特徴の１つをなしている。これは，国際会計モデルにはない仕組みであることから，IFRS導入の阻害要因とみなされている。

しかし，確定決算主義は，国際文化としてのIFRSには馴染みのない制度であるとしても，地域文化であるわが国の会計制度では，十分な理論的根拠を有している。税法が会社法上の確定決算に基づき課税所得を計算するのは，わが国の会計制度における「法」の性格に由来する。会社法と税法では，法律上の性質が次のように異なっている（武田［2005a］，41-46頁；坂本［2011］，460-461頁）。

⑴ 会社法は，対等の私人間の関係を規制する法規範（私法）の系統に属すること

⑵ 税法は，公権力の把持者（国）とその服従者に対する関係を規制する法規範（公法）の系統に属すること

このように，会社法と税法は法律上の性質は異なるが，その適用される対象が同一であることから，会社法は税法に対して基本法的な性格を帯びることとなる。その結果，税法上の課税所得計算は，会社法上の利益計算に原則的に依存して決定されなければならないこととなる。

第５節 IFRS導入のベネフィットと問題点

IFRSは中小企業にとって真に必要な会計基準であろうか。この問題を論じるにあたり，IFRS導入が中小企業にもたらすベネフィットと問題点について検討してみたい。

1 IFRS導入のベネフィット

一般に，IFRS導入は，企業に次のようなベネフィットをもたらすと期待されている。

⑴　財務諸表の比較可能性が向上し，投資者の意思決定効率が改善されること
⑵　財務諸表の信頼性が高まり，企業経営の効率化が促進されること
⑶　資金調達コストが低減し，国際資本市場での多様な資金調達が可能になること

また，IASB（国際会計基準審議会）は，中小企業版IFRS（IFRS for SMEs）の必要性を論じるなかで，中小企業におけるIFRS導入のベネフィットについて，次の点を指摘している（IASB［2009b］, BC37；河﨑［2009a］, 219-226頁；下線は筆者）。

①　金融機関は，国境を越えて貸付業務に参入していること
②　仕入先は，信用取引の前に，海外の買い手の財務的健全性を評価する必要があること
③　格付機関は，国境を越えて統一的な格付けを試みていること
④　中小企業は，海外の供給業者との長期的な業務関係の見通しを評価するために，財務諸表を利用すること
⑤　ベンチャーキャピタルは，国境を越えて中小企業に投資していること
⑥　中小企業には，企業経営に関与しない外部の投資者が海外にもいること

要するに，IFRS導入のベネフィットを享受できるのは，主として，国際資本市場での資金調達とグローバルな事業展開を図る企業，およびその利害関係者であるにすぎない。

２　IFRS導入の問題点

しかし，国内資本市場での資金調達と国内のみで事業展開を図る中小企業の観点から眺めた場合，中小企業へのIFRS導入については，次のような問題点を指摘できる。

⑴　第１は，IFRSの高度な内容（認識・測定原則）と「原則主義」の問題である。中小企業では，経営者や従業員の会計的知識はかなり限られている。そのため，IFRSの高度な認識・測定原則についての理解や原則主義の適用に必要な会計的判断には，かなりの負担と困難を伴うことになる。
⑵　第２は，「コンプライアンス・コスト」の問題である。中小企業の経営

者は，会計的知識を有する従業員を雇用できないし，また，その必要性もないと考えている。そのため，IFRS適用によって，高度な会計的知識を有する従業員の雇用や教育・訓練が必要となれば，中小企業に対して，相当のコストと労力を強いることになる。

⑶　第３は，「税務（確定決算主義）」の問題である。IFRS導入を契機として，会計と税務を明確に区別し，確定決算主義の廃止を提唱する論調が散見される。しかし，確定決算主義は，コスト・ベネフィットの観点から，中小企業会計を特徴づける仕組みである。その廃止は，中小企業への膨大なコスト負担を強いることになり，実務的には，相当の混乱をもたらすことが予想される。

このようにみると，わが国の中小企業にとって，IFRS導入のニーズ（メリット）はかなり低いといわざるを得ない。

第６節　むすび

本来，各国の会計制度は各国の文化（会計文化）に深く根ざしており，とりわけ，中小企業の会計制度（企業会計の慣行）は，その色彩がきわめて強い。IFRSを導入した先進諸国であっても，その多くが中小企業の会計基準として，伝統的な自国基準を簡素化して適用する傾向にあることが，何よりの証左であろう。

しかし，本章での議論は中小企業にIFRSへの対応がまったく不要であることを主張するものではない。国際資本市場での資金調達やグローバルな事業展開を図る中小企業，および親会社がIFRS適用企業である中小企業にとって，IFRSへの対応が不可欠であることはいうまでもない。

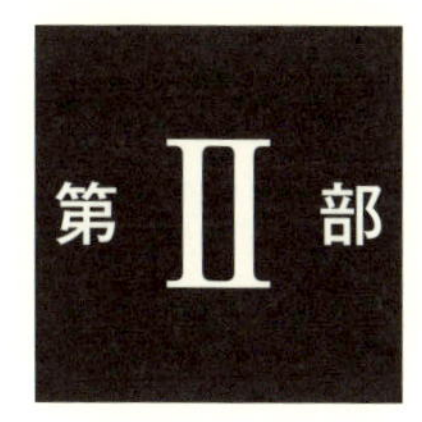

中小企業会計基準

Point

① 中小会計要領は，企業会計原則や税法基準を尊重し，中小企業の会計慣行をルール化した，身の丈に合った会計基準であること
② 中小会計要領は，収益費用アプローチを基本的考え方とし，資産評価については，取得原価主義が採用されていること
③ 中小会計要領の「総論」は9項目であり，わが国の中小企業会計の概念フレームワークに相当するものであること
④ 中小会計要領の「各論」は14項目であり，中小指針と異なり，税効果会計等の規定がないなど，中小企業にとって必要最小限の会計処理を規定したシンプルな会計基準であること

第7章

中小企業会計基準の原点回帰
—なぜ，中小会計要領が必要とされたのか—

第1節　はじめに

わが国で，中小企業会計が重要な検討課題として認識され，中小企業庁から「中小企業の会計に関する研究会報告書」（以下では，「研究会報告書（2002）」という）が公表されたのは，2002年６月であった。その後，2005年８月に，日本公認会計士協会，日本税理士会連合会，日本商工会議所および企業会計基準委員会の４団体から，「中小企業の会計に関する指針」（以下では，中小指針という）が公表された。しかし，2012年２月に，「中小企業の会計に関する基本要領」（以下では，中小会計要領という）が公表され，わが国では，現在，中小企業の「一般に公正妥当と認められる企業会計の慣行」（会社法431条）として，２つの会計基準が併存していることになる。

本章の目的は，中小指針が公表されたにもかかわらず，中小企業会計の見直しが「なぜ」必要となり，「どのような」対応が図られたかを明らかにすることにある。本章では，中小企業庁が2010年９月に公表した「中小企業の会計に関する研究会・中間報告書」（以下では，「中間報告書（2010）」という）に依拠して，中小会計要領の公表に至る背景とその基本方針を検討してみたい（河﨑［2011］，39-46頁）。本章の主要な論点は，次の４点である。

⑴　中小指針の見直しが「なぜ」必要とされるようになったのか，その理由

を明らかにすること

⑵　中小指針に内在する問題性について，基本的な問題点と個別的な問題点に区別し，その具体的内容を明らかにすること

⑶「中間報告書（2010）」に則して，新たな会計ルール（中小会計要領）を策定するための基本方針を闡明にすること

⑷　中小会計要領の構成と内容を要約することを通して，中小会計要領の全体像を浮き彫りにすること

第２節　中小企業会計の見直しの背景

「中間報告書（2010）」では，中小企業会計の見直しが必要とされる理由として，次の２点が指摘されている（中小企業の会計に関する研究会［2010b］，3-4頁）。

⑴　第１の理由は，IFRS（国際会計基準）の導入と中小企業への影響である。経済のグローバル化の進展を背景として，わが国では，IFRSと企業会計基準とのコンバージェンスが加速化しており，中小企業に対するその影響が懸念されていた。

⑵　第２の理由は，中小指針の問題性である。中小指針に対しては，中小企業経営者の多くから，「高度かつ複雑である」，「経営者が理解しにくい」，「会計処理の選択の幅が限定的である」，「中小企業の商慣行や会計慣行の実態に必ずしも即していない」等の指摘がなされていた。

上記２つの理由は決して無関係ではない。中小指針は，「大企業（公開企業）向け会計基準」（企業会計基準）を要約・簡素化したものである。しかも，企業会計基準とIFRSとのコンバージェンスの結果を受けて，毎年のように改訂されている。つまり，中小指針は，企業会計基準の要約・簡素化を通じてIFRSの影響を受け，結果的に，中小企業の実態に即さない会計基準であるとの認識が高まっていた。

第3節 中小指針の問題性

1 中小指針の基本問題

中小指針の基本的な考え方は,「取引の経済実態が同じなら会計処理も同じになるよう,会社の規模に関係なく会計基準が適用されるべきである」とされ,コスト・ベネフィットの観点から,「会計処理の簡便化や法人税法で規定する処理の適用が,一定の場合には認められる」とされる。このように,中小指針では,原則として,大企業と中小企業の属性を区別することなく,同一の会計処理を適用することとしているが,例外としてコスト・ベネフィットの観点から,簡便な会計処理や税法基準の適用を容認している。中小指針では,税法基準の適用が認められる場合として,次のようなケースをあげている。

(1) 会計基準がなく,かつ,「法人税法で定める処理に拠った結果が,経済実態をおおむね適正に表している」と認められるとき

(2) 会計基準は存在するものの,「法人税法で定める処理に拠った場合と重要な差異がない」と見込まれるとき

このように,中小指針では,例外を認めるにあたり,中小指針を基準値とし,それに照らして経済実態が「おおむね適正に表している」とか,「重要な差異がない」とかの判断を求めている。このような適用方法は,中小企業に過重な負担を求めるものであり,「なんら簡便法でもなければ,『コスト・ベネフィット』基準の適用でもない」(武田［2006a］,25頁)ように思われる。

2 中小指針の個別問題

「中間報告書(2010)」では,中小指針で特に問題となる個別項目として,次の3つをあげていた。

(1) 有価証券(分類基準と時価評価が妥当か否か)

(2) 棚卸資産(減損処理をすべきか否か)

(3) 税効果会計(原則的な適用とすべきか否か)

図表7－1は,これらの項目の問題点(中小指針の処理)と「中間報告書

(2010)」の見解を要点的に示したものである（中小企業の会計に関する研究会[2010b]，26-28頁)。中小会計要領では，「中間報告書（2010)」の見解を受け入れる形で，これらの個別問題に対する対応が図られている。

図表７－１　中小指針の個別問題

個別項目	中小指針の処理	「中間報告書（2010）」の見解
(1)　有価証券	・原則として，企業会計基準と同じ分類基準・評価方法を採用する。	・法人税法による区分と比較すると中小企業の事務負担が大きい。 ・市場価格のある有価証券については，商取引上の付き合いで株式を保有するケースがあり，必ずしも短期的に利益を得ようとするものではない。 ・その他有価証券の時価評価による未実現損益の計上は，中小企業者に本業の経営実態を分かりにくくする。
(2)　棚卸資産	・期末の時価が簿価より下落し，かつ，金額的重要性がある場合，時価をもって貸借対照表価額としなければならない。	・中小企業に対して，時価で算定をした上で，重要性の判断をするという二重の事務負担が発生する。
(3)　税効果会計	・原則として，税効果会計を適用する。 ・繰延税金資産を計上する場合は，その回収可能性について厳格かつ慎重に判断する。	・原則として，税効果会計を適用することは，現実的ではない。 ・中小企業では，回収可能性の見積もりは困難である。

第4節 中小企業の属性と新たな会計ルール（中小会計要領）の基本方針

中小企業会計を検討する場合，その重要な前提は，大企業と中小企業との属性の相違である。これについて，「中間報告書（2010）」は，次のように述べている（中小企業の会計に関する研究会［2010b］，5頁；下線は筆者）。

「中小企業は，多種多様な業種・業態の事業活動を行っており，その規模や経済取引等の実態は個々の企業で異なり，大企業と比べて生産性，収益性等のばらつきが大きいなど，総じて，大企業とは異なる属性を有している。」

このような認識のもとで，「研究会報告書（2002）」では，中小企業の属性に基づいた判断の枠組み等が提示されており，これが，中小企業会計の基礎的要件（会計公準）を形作っている。同様に，「中間報告書（2010）」では，中小企業の属性に基づいた「基本方針」が提示されており，これが，新たな会計ルール（中小会計要領）の基礎的要件（会計公準）とみなされる。

図表7－2は，両者の基礎的要件を対比して示したものである。この図表では，中央の欄に中小企業の属性を示しており，「研究会報告書（2002）」の判断の枠組み等を右の欄に，「中間報告書（2010）」の基本方針を左の欄に示している。この図表に示すように，判断の枠組み等と基本方針は，それぞれ中小企業の属性から導出されたものであり，しかも，両者はほぼ等しい内容であることが理解できる。新たな会計ルール（中小会計要領）が「研究会報告書（2002）」への原点回帰であるといわれる所以（ゆえん）がここにある。

図表7－2　中小企業の属性と基礎的要件

「中間報告書（2010）」（基本方針） ⇦	中小企業の属性	⇨ 「研究会報告書（2002）」（判断の枠組み等）
(1) 記帳についても，重要な構成要素として取り入れたものであること（【記帳の重要性】）	① 所有者管理の会社（所有者＝経営者）（【虚偽表示リスクの可能性】） ② 内部統制機構の未整備（【統制リスクの可能性】）	◇「記帳」：記帳は，整然かつ明瞭に，正確かつ網羅的に行わなければならない。また，記帳は，適時に行わなければならない。
(2) 中小企業の経営者が理解でき，簡潔かつ平易で分かりやすいものであること（【理解可能性と容易性】）	③ 経営者・従業員の限られた会計的知識（【会計に対する低い理解度】）	(1) 経営者にとって理解しやすいものであるとともに，それに基づいて作成される計算書類が自社の経営状況の把握に役立つこと（【理解可能性と自社の経営への役立ち】） (2) 現行の実務に配慮したものであること（【現行実務への配慮】）
(3) 中小企業の会計実務の中で慣習として行われている会計処理であること（【実務上の実行可能性】）	④ 会計的知識を有する従業員を雇用できないし，その必要性もないとする経営者意識（【経済的コスト負担の限界】）	(3) 対象となる会社の過重負担にならないこと（現実に実行可能であること）（【過重負担のない実行可能性】）
(4) 企業の実態に応じた幅のある会計基準であること（【適用の弾力性】）	⑤ 業種・業態・規模等の多様性（【多様な事業内容・事業形態】）	(4) 会計処理の方法について，会社の環境や業態に応じた，選択の幅を有するものであること。簡便な方法で代替可能な場合，その選択が認められること（【適用の弾力性】）
—	⑥ 株式公開を目指さない，株式譲渡制限のある閉鎖会社（【限定されたステークホルダー】）	(5) 計算書類の利用者，特に債権者，取引先にとって有用な情報を表すこと（【ディスクロージャーの限定】）

第5節　新たな会計ルール(中小会計要領) 策定の論点

「中間報告書（2010）」では，新たな会計ルール（中小会計要領）を策定するうえで，その前提要件となる6つの論点について，次のような整理がなされている（中小企業の会計に関する研究会［2010b］，28-33頁）。

(1)　第1の論点は，「金融機関の視点」である。計算書類の主要な利用者である金融機関は，融資審査にあたり，中小企業が採用する会計処理の方法の如何にかかわらず，提出される財務情報等がそのまま用いられることは少ない。例えば，時価評価にしても，再度，金融機関で評価が行われるのが実態であるとされ，中小企業に対して時価評価を強制することの意義は乏しいとされる。

(2)　第2の論点は，「国際会計基準の影響」である。これについては，その影響を遮断または回避すべきとする見解が大勢であった。諸外国においても，非上場企業（中小企業）に対してIFRSの適用を強制している国は少ない。そのため，新たな会計ルール（中小会計要領）の策定は，IFRSへのコンバージェンスが加速化している企業会計基準とは，一線を画して検討が行われるべきである。

(3)　第3の論点は，「確定決算主義の維持」である。「研究会報告書（2002）」では，中小企業における確定決算主義の意義について，次の2点を指摘していた（中小企業の会計に関する研究会［2002］，35頁）。

①　課税当局にとっては，課税所得が不当に減少する事態を防ぐこと。つまり，会社法上の計算書類と税法上の計算書類が分離されている場合，商事上の利益はより大きく，税務上の所得はより小さくなるような会計処理を選ぶ可能性があることから，確定決算主義によってそれを回避できること

②　中小企業にとっては，作成する計算書類が1つで済むこと。つまり，確定決算主義は中小企業にとってはコスト・効果的なアプローチであること

「中間報告書（2010）」も「研究会報告書（2002）」と同様の理解に立ち，

中小企業の会計処理と法人税法で定める会計処理との親和性を強調し，確定決算主義が維持されることを強く要請している。

⑷　第４の論点は，「記帳の重要性」である。記帳は，会計処理の前段階のものであり，会計帳簿や計算書類の信頼性を確保するうえで，その前提条件となるものである。会社法もそのことを認識し，「適時に，正確な会計帳簿」（会社法432条１項）の作成を要請している。これらを踏まえて，「中間報告書（2010）」では，「中小企業については，内部統制や外部監査が制度上義務づけられていないことも鑑みれば，自らの経営の確実性を示していくうえで，適時に，整然かつ明瞭に，正確かつ網羅的に，信頼性のある記帳を行い，会計帳簿の信頼性を確保することが重要である」としている。

⑸　第５の論点は，「分配可能額の差異」の問題である。中小企業に複数の会計基準を認めることは，複数の分配可能額を認めることになり，企業間の比較や課税所得の計算で不都合が生じるとみる主張がある。これに対し，「中間報告書（2010）」は，「会計処理の方法が，『一般に公正妥当と認められる企業会計の慣行』に該当し，会社法上適法なものである限り，分配可能額の差異は，会社法上問題とはならない」としている。

⑹　第６の論点は，「管理会計」への配慮である。中小企業会計の目的の１つは，中小企業経営者の「自らの経営に役立つ会計」である。その意味でも，新たな会計ルール（中小会計要領）は，中小企業の経営戦略の策定や経営の意思決定に役立てる管理会計に配慮したものである必要がある。

このような論点整理が中小会計要領の前提条件となっている。

第６節　新たな会計ルール（中小会計要領）の全体像

上記に示した基本方針に基づき，2012年２月に，「中小企業の会計に関する基本要領」（中小会計要領）が公表されるに至った。その構成と内容の全貌を要点的に示したのが**図表７－３**である。この図表の具体的かつ詳細な内容は，第Ⅱ部の各章（第８章～第23章）で解説される。

図表7－3　中小会計要領の全体像（構成と内容）

項　目		内　容
総論	1　目的	・中小企業が会社法上の計算書類を作成する際に，参照するための会計処理や注記等を示すものであること
	2　適用対象	・金融商品取引法の適用会社および会社法上の会計監査人設置会社を除く会社
	3　処理方法が複数の場合	・会計処理の方法は，毎期継続して適用。変更の場合は合理的な理由が必要
	4「各論」にない処理	・会社法の「一般に公正妥当と認められる企業会計の慣行」（法人税法，企業会計基準等）から選択適用
	5　企業会計基準等との関係	・企業会計基準や中小指針の適用を妨げない。
	6　国際会計基準との関係	・国際会計基準の影響を遮断
	7　改訂	・必要と判断される場合に限って改訂
	8　記帳	・記帳はすべての取引につき，正規の簿記の原則に従って行い，適時に，整然かつ明瞭に，正確かつ網羅的に会計帳簿を作成
	9　その他の留意事項	①真実性の原則，②資本・損益区分の原則，③明瞭性の原則，④保守主義の原則，⑤単一性の原則，⑥重要性の原則
各論	1　収益・費用の処理	①　収益は実現主義，費用は発生主義により計上 ②　費用収益対応の原則と総額主義の原則を要請
	2　資産・負債の処理	・資産は取得価額，負債は債務額で計上
	3　金銭債権・金銭債務	①　金銭債権は取得価額，金銭債務は債務額で計上 ②　受取手形割引額および裏書譲渡額の注記を要請
	4　貸倒損失・貸倒引当金	①　法的に消滅した債権および回収不能債権は，貸倒損失として計上 ②　回収不能のおそれのある債権は，貸倒引当金として計上 ③　法定繰入率，個別債権ごとまたは過去の貸倒実績率を容認
	5　有価証券	①　取得原価で計上 ②　法人税法上の売買目的有価証券を保有する場合に，時価で計上 ③　強制的な評価減の適用

<table>
<tr><td rowspan="9">各論</td><td>6　棚卸資産</td><td>①　取得原価で計上
②　評価基準は原価法または低価法。評価方法は，個別法，先入先出法，総平均法，移動平均法，最終仕入原価法，売価還元法等
③　強制的な評価減の適用</td></tr>
<tr><td>7　経過勘定</td><td>①　前払費用および前受収益は，当期の損益計算から除去
②　未払費用および未収収益は，当期の損益計算に反映</td></tr>
<tr><td>8　固定資産</td><td>①　取得原価で計上
②　相当の減価償却を実施。耐用年数は，法人税法に定める期間など，適切な利用期間
③　災害等による著しい資産価値の下落は，評価損を計上</td></tr>
<tr><td>9　繰延資産</td><td>①　費用処理または繰延資産計上
②　繰延資産は，その効果の及ぶ期間にわたって償却</td></tr>
<tr><td>10　リース取引</td><td>①　借手は，賃貸借取引または売買取引に準じた処理
②　賃貸借取引に準じた処理の場合，未経過リース料の注記を要望</td></tr>
<tr><td>11　引当金</td><td>①　賞与引当金，退職給付引当金，返品調整引当金が代表例
②　賞与引当金では，賞与の支給見積額のうち，当期の負担に属する金額を計上
③　退職一時金制度では，自己都合要支給額の一定割合等を計上し，追加的負担がない制度では，毎期の掛金を費用処理</td></tr>
<tr><td>12　外貨建取引等</td><td>①　取引発生時の為替相場による円換算額で記録
②　金銭債権債務は，取得時または決算時の為替相場による円換算額</td></tr>
<tr><td>13　純資産</td><td>①　純資産は，資産の合計額から負債の合計額を控除した額
②　株主資本は，資本金，資本剰余金，利益剰余金等から構成</td></tr>
<tr><td>14　注記</td><td>①　重要な会計方針等，会社計算規則に基づく項目の注記を要請
②　中小会計要領に拠った場合は，「その旨」を注記</td></tr>
</table>

第7節 むすび

本章では，「中間報告書（2010）」に依拠して，中小企業会計の見直し（新たな会計ルールの策定）が「なぜ」必要となり，「どのような」対応が図られたかを明らかにした。本章の説明から理解できるように，新たな会計ルール（中小会計要領）の公表は，「研究会報告書（2002）」への原点回帰であるといってよい。「研究会報告書（2002）」が提示した判断の枠組み等と新たな会計ルール（中小会計要領）の基本方針は，それぞれ中小企業の属性から導出された同じ内容であることが，何よりの証左である。

中小会計要領（総論：その１）

―「目的」,「本要領の利用が想定される会社」,「企業会計基準・中小指針の利用」,「複数ある会計処理方法の取扱い」および「各論で示していない会計処理等の取扱い」―

第１節　はじめに

本章から，中小会計要領について，その具体的な内容を解説することとする（中小会計要領のより深い理解のためには，次の文献を参照されたい。中島［2012］；品川［2013］；河﨑・万代［2012］；Kawasaki & Sakamoto［2014］）。中小会計要領は，「総論」９項目，「各論」14項目，合計23項目から構成されており，中小企業の会計慣行をルール化したシンプルな会計基準である。中小会計要領の総論は，中小企業会計の概念フレームワークともいえるものであり，各論は，中小企業会計の個別的・具体的な会計処理の原則・手続を内容とする。

本章以降の各章（第８章～第23章）では，まず，中小会計要領の規定を記載し，当該規定に対応する，中小指針，会社法（会社計算規則），企業会計原則および法人税法等の規定を要点的に比較形式で一覧表示する。次に，中小会計要領について，特に中小指針との相違点を意識しながら，その内容を解説する。

本章では，中小会計要領の「総論１」～「総論５」の５項目を解説する。具体的には，⑴目的（総論１），⑵本要領の利用が想定される会社（総論２），⑶企業会計基準・中小指針の利用（総論３），⑷複数ある会計処理方法の取扱い（総論４），⑸各論で示していない会計処理等の取扱い（総論５）がこれである。本章の主要な論点は，次の４点である。

(1) 「総論1（目的）」は，中小企業会計基準の基礎的要件（会計公準）ともいえる内容であること
(2) 「総論2（本要領の利用が想定される会社）」と「総論3（企業会計基準・中小指針の利用）」から，中小会計要領と中小指針は，中小企業にとってともに会社法上の「一般に公正妥当と認められる企業会計の慣行」ではあるものの，その想定される適用対象は異なっていること
(3) 「総論4（複数ある会計処理方法の取扱い）」は，企業会計原則の一般原則である継続性の原則を要請するものであること
(4) 「総論5（各論で示していない会計処理等の取扱い）」では，中小会計要領は会計処理のすべてを包括した会計基準ではなく，必要最小限の会計処理を規定した会計基準であることを明示していること

第2節 目 的

総論1：目的

(1) 「中小企業の会計に関する基本要領」（以下「本要領」という。）は，中小企業の多様な実態に配慮し，その成長に資するため，中小企業が会社法上の計算書類等を作成する際に，参照するための会計処理や注記等を示すものである。
(2) 本要領は，計算書類等の開示先や経理体制等の観点から，「一定の水準を保ったもの」とされている「中小企業の会計に関する指針」（以下「中小指針」という。）と比べて簡便な会計処理をすることが適当と考えられる中小企業を対象に，その実態に即した会計処理のあり方を取りまとめるべきとの意見を踏まえ，以下の考えに立って作成されたものである。
・中小企業の経営者が活用しようと思えるよう，理解しやすく，自社の経営状況の把握に役立つ会計
・中小企業の利害関係者（金融機関，取引先，株主等）への情報提供に資する会計
・中小企業の実務における会計慣行を十分考慮し，会計と税制の調和を図った上で，会社計算規則に準拠した会計

・計算書類等の作成負担は最小限に留め，中小企業に過重な負担を課さない会計

中小指針	・中小企業が，計算書類の作成に当たり，拠ることが望ましい会計処理や注記等を示すものである。（指針３）
会社法（会社計算規則）	・会社の計算に関する事項その他の事項について，必要な事項を定める。（計規１）
企業会計原則	・我が国国民経済の民主的で健全な発達のための科学的基礎を与えようとするものである。（原則「設定について」一）
法人税法等	・法人税について，納税義務者，課税所得等の範囲，税額の計算の方法，申告，納税及び還付の手続並びにその納税義務の適正な履行を確保するため必要な事項を定める。（法法１）

１　計算書類等の作成と中小会計要領の目的

中小会計要領の「総論１」は，中小会計要領の目的について規定している。中小会計要領の目的は，中小企業の「成長に資するため，中小企業が会社法上の計算書類等を作成する際に，参照するための会計処理や注記等を示すものである」とされる。

会社法では，「株式会社は，法務省令で定めるところにより，各事業年度に係る計算書類及び事業報告並びにこれらの附属明細書を作成しなければならない」（会社法435条２項）とされている。「計算書類」とは，貸借対照表，損益計算書，その他株式会社の財産および損益の状況を示すために必要かつ適当なものとして法務省令で定めるものをいい，「その他法務省令で定めるもの」とは，株主資本等変動計算書および個別注記表がこれに該当する（会社計算規則59条）。

また，会社法では，計算書類の作成にあたっては，「一般に公正妥当と認められる企業会計の慣行に従うものとする」（会社法431条）としており，中小会計要領は，中小企業にとって会社法が規定する「一般に公正妥当と認められる企業会計の慣行」の１つとされる。

２　中小会計要領の基本的な考え方

中小会計要領は，次の４つの考え方に立って策定されている。

⑴　自社の経営状況の把握に役立つ会計

(2)　利害関係者への情報提供に資する会計

(3)　税制と調和し会社計算規則に準拠した会計

(4)　過重な負担を課さない会計

ここで，上記(1)～(4)について付言しておきたい。

①「自社の経営状況の把握に役立つ会計」とは，中小会計要領が中小企業の利害関係者（債権者や取引先など）に対する役立ちとともに，中小企業の経営者自身（自社の経営管理）に役立つものでなければならないことをいう。

②「利害関係者への情報提供に資する会計」とは，中小企業では，計算書類の開示先は，債権者である金融機関，取引先や株主，従業員などに限定されていることから，中小会計要領はそのような限定された利用者に役立つ会計ルールである必要があることをいう。

③「税制と調和し会社計算規則に準拠した会計」とは，多くの中小企業では，確定決算主義に基づく税務申告が計算書類作成の目的の大きな割合を占めていることから，中小会計要領は，税法基準の適用を尊重することを要請している。しかし，中小会計要領は，会社法上の計算書類の作成に関する会計ルールを明文化したものであることから，会社計算規則を逸脱することは許されない。

④「中小企業に過重な負担を課さない会計」とは，中小企業の会計ルールの策定にあたっては，コスト・ベネフィットを考量する必要があることをいう。多くの中小企業は会計担当者の人数が少なく，経営者や従業員の会計に関する知識も十分ではないため，中小会計要領は，このような中小企業の実情を考慮したうえで，中小企業の経営実態を明らかにするために必要最小限の会計ルールを定めたものである。

第３節　本要領の利用が想定される会社

総論２：本要領の利用が想定される会社

⑴　本要領の利用は，以下を除く株式会社が想定される。
- ・金融商品取引法の規制の適用対象会社
- ・会社法上の会計監査人設置会社

（注）　中小指針では，「とりわけ，会計参与設置会社が計算書類を作成する際には，本指針に拠ることが適当である。」とされている。

⑵　特例有限会社，合名会社，合資会社又は合同会社についても，本要領を利用することができる。

中小指針	・以下を除く株式会社とする。（指針４） ⑴　金融商品取引法の適用を受ける会社並びにその子会社及び関連会社 ⑵　会計監査人を設置する会社及びその子会社
会社法 （会社計算規則）	—
企業会計原則	—
法人税法等	—

（注）図表中の「—」は特に該当する規定がないことを示している。中小企業会計基準（第Ⅱ部）の各章（第８章～第23章）の規定の図表においても同様である。

１　中小会計要領の利用対象

⑴「中小企業」概念の不確定性

中小企業基本法では「中小企業者」の範囲を次のように定義している（中小企業基本法２条）。

①　製造業，建設業，運輸業その他の業種の場合，資本金の額または出資の総額が３億円以下の会社並びに常時使用する従業員の数が300人以下の会社および個人であって，

②　卸売業の場合，資本の額または出資の総額が１億円以下の会社並びに常時使用する従業員の数が100人以下の会社および個人

③ サービス業の場合，資本の額または出資の総額が5,000万円以下の会社並びに常時使用する従業員の数が100人以下の会社および個人

④ 小売業の場合，資本の額または出資の総額が5,000万円以下の会社並びに常時使用する従業員の数が50人以下の会社および個人

また，日本政策金融公庫法（政令指定）では，次のような特例が認められている（日本政策金融公庫法施行令３条２項）。

(ア) ゴム製品製造業の場合，資本金３億円以下または従業員900人以下の会社および個人

(イ) 旅館業の場合，資本金5,000万円以下または従業員200人以下の会社および個人

(ウ) ソフトウエア業・情報処理サービス業の場合，資本金３億円以下または従業員300人以下の会社および個人

さらに，法人税法では，業種に関係なく，資本金の額が１億円以下の企業が中小企業者と定義されている（法人税法57条11項）。

このように，中小企業という概念は明確な規定がなく，法律によって中小企業の定義（規模基準）がさまざまに異なっている。

(2) 中小会計要領の対象会社

そこで，中小会計要領および中小指針では，それらが計算書類の作成に係る会計基準であることから，会社法の規定に則して，適用対象を規定している。

中小会計要領の「総論２」によれば，その利用対象は会社法上の株式会社であるが，以下の株式会社は除かれる。

① 金融商品取引法の規制の適用会社

(ア) 金融商品取引法の規制を受ける会社（金融商品取引法24条１項）

(a) 上場有価証券の発行会社

(b) 店頭売買有価証券（証券業協会登録銘柄）の発行会社

(c) 有価証券の届出書の提出会社

(d) 株券等の所有者が1,000名以上の会社

(イ) 上記(ア)の会社の子会社および関連会社

②　会社法の規定に従い会計監査人を設置する会社

㈠　会社法上の大会社（会社法328条１項）

(a)　資本金の額が５億円以上の株式会社

(b)　負債の部に計上した額の合計額が200億円以上の株式会社

㈡　監査等委員会設置会社（会社法327条５項）

㈢　指名委員会等設置会社（会社法327条５項）

㈣　上記㈠～㈢以外の会社であっても会計監査人を設置した株式会社（会社法326条２項）

㈤　上記㈠～㈣の会社（会計監査人設置会社）の子会社

このように，会社法上，「会計監査人を置かなければならない株式会社」は大会社，監査等委員会設置会社および指名委員会等設置会社であり，また，これらの会社以外の株式会社であっても，定款の定めにより，任意に会計監査人を設置することができる。したがって，「会計監査人を置かなければならない株式会社」および任意に「会計監査人を置く株式会社」が，会社法上の「会計監査人設置会社」とされる。

以上から，中小会計要領の適用対象とならない株式会社は，「金融商品取引法上の公認会計士監査を受けなければならない株式会社」，「会社法上の会計監査人監査を受ける会計監査人設置会社」であり，これらの会社は，大企業会計基準（企業会計基準）に従い，金融商品取引法上の会計監査あるいは会社法上の会計監査を受ける必要があることから，企業会計基準に準拠した会計処理を行う必要がある。したがって，これらの会社は中小会計要領の利用が想定される会社からは除外されることになる。

ここで，中小会計要領で「想定」されているという表現が用いられているのは，法令等によって強制されるものではないこと，また，中小会計要領が唯一の「一般に公正妥当と認められる企業会計の慣行」というわけではないことを考慮したものである。

２　中小指針との関係

中小会計要領では，企業の規模等によって，その利用が想定される企業を規定していない。また，中小指針では，「とりわけ，会計参与設置会社が計算書類を作成する際には，本指針に拠ることが適当である」とされていることから，特に会計参与設置会社については，中小指針に従うことが推奨されている。

しかし，中小指針と中小会計要領は，会社法上の「一般に公正妥当と認められる企業会計の慣行」であることに変わりはないことから，会計参与設置会社が中小指針を利用するか，あるいは中小会計要領を利用するかは，当該企業の判断に任される。

第4節　企業会計基準・中小指針の利用

総論３：企業会計基準・中小指針の利用

・本要領の利用が想定される会社において，金融商品取引法における一般に公正妥当と認められる企業会計の基準（以下「企業会計基準」という。）や中小指針に基づいて計算書類等を作成することを妨げない。

中小指針	・企業の規模に関係なく，取引の経済実態が同じなら会計処理も同じになるべきである。しかし，専ら中小企業のための規範として活用するため，コスト・ベネフィットの観点から会計処理の簡便化や法人税法で規定する処理の適用が，一定の場合には認められる。（指針６，指針７）
会社法（会社計算規則）	―
企業会計原則	―
法人税法等	―

会社法では，「株式会社の会計は，一般に公正妥当と認められる企業会計の慣行に従うものとする」（会社法431条）とされている。この規定は，計算書類の作成にあたり，中小企業が会社法上の「一般に公正妥当と認められる企業会計の慣行」として，次の３つが適用できることを示している。

⑴　企業会計基準（金融商品取引法における「一般に公正妥当と認められる企業会計の基準」）

⑵　中小指針

⑶　中小会計要領

企業会計基準，中小指針および中小会計要領は，それらが本来適用される対象の企業属性が異なるものの，会社法上の「一般に公正妥当と認められる企業会計の慣行」である点に相違はない。企業会計基準や中小指針の利用が想定される会社は，中小会計要領の利用が想定される会社と比較して，一般に企業規模や事業活動の範囲が大きいことから，会計基準の規定はより複雑かつ詳細である。そのため，中小会計要領の適用が想定される会社であっても，企業会計基準または中小指針を適用することは，何ら妨げられるものではない。

第5節　複数ある会計処理方法の取扱い

総論4：複数ある会計処理方法の取扱い

⑴　本要領により複数の会計処理の方法が認められている場合には，企業の実態等に応じて，適切な会計処理の方法を選択して適用する。

⑵　会計処理の方法は，毎期継続して同じ方法を適用する必要があり，これを変更するに当たっては，合理的な理由を必要とし，変更した旨，その理由及び影響の内容を注記する。

中小指針	・収益及び費用の計上について複数の会計処理の適用が考えられる場合，取引の実態を最も適切に表す方法を選択する。選択した方法は，毎期，継続して適用し，正当な理由がない限り，変更してはならない。（指針72）
会社法（会社計算規則）	・会計方針の変更に関する注記は，一般に公正妥当と認められる会計方針を他の一般に公正妥当と認められる会計方針に変更した場合における次に掲げる事項とする。（計規102の２） （事項は省略） ・表示方法の変更に関する注記は，一般に公正妥当と認められる表示方法を他の一般に公正妥当と認められる表示方法に変更した場合における次に掲げる事項とする。（計規102の３） （事項は省略）

企業会計原則	・企業会計は，その処理の原則及び手続を毎期継続して適用し，みだりにこれを変更してはならない。（原則第一・五）
法人税法等	・内国法人は，新たな評価の方法を採用しようとする事業年度開始の日の前日までに，その旨，変更しようとする理由その他財務省令で定める事項を記載した申請書を納税地の所轄税務署長に提出しなければならない。（法令30②）

企業会計原則では，「企業会計は，その処理の原則及び手続を毎期継続して適用し，みだりにこれを変更してはならない」（一般原則五）としている。「総論４」は，この企業会計原則上の継続性の原則の適用を中小企業会計に要請するものである。

図表８－１は，継続性の原則の理論的構図を示したものである。

図表８－１　継続性の原則の理論的構図

一般に認められた２つ以上の会計処理の原則・手続
１つの会計事実
自主的選択
選択された会計処理の原則・手続
正当な理由による変更
注記
(ア)変更の内容
(イ)変更の理由
(ウ)変更による影響額
継続適用
計算書類の期間比較性の確保
利益操作の排除（経営者の恣意的操作の抑制）
相対的真実性の保証
継続性の原則の前提条件
経理自由の原則
継続性の原則の目的

この図表では，次のことが示されている。

(1)　継続性の原則の前提は，「経理自由の原則」である。中小企業はその業種・業態がさまざまに異なるため，画一的な会計処理の方法（原則・手続）の適用は，かえって企業会計の真実性を損なうことになる。そこで，１つの会計事実について，２つ以上の会計処理の原則・手続の選択適用が容認される。

⑵　継続性の原則の目的は，①計算書類の期間比較性を確保し，②経営者の恣意的な会計処理（利益操作）を排除することによって，企業会計における相対的真実性を保証することにある。会計処理の原則・手続がみだりに変更された場合，計算書類の比較の基礎が異なることになるため，正確な期間比較が不可能となる。また，みだりに（「正当な理由」なしに）会計処理の原則・手続の変更を認めることは，経営者の恣意的意図（利益操作）の手段として利用される可能性がある。そのため，いったん採用した会計処理の原則・手続は，継続適用が要請されることになる。

⑶　しかし，正当な理由がある場合は，「継続性の変更」が容認される。具体的には，次のような場合がこれである。

①　会計基準等の改正に伴う場合

②　企業の事業内容や経営環境の変化に対応し，取引や事象の影響を計算書類により適切に反映する場合

⑷　正当な理由（合理的な理由）によって会計方針（会計処理の原則・手続）または表示方法を変更した場合は，次の事項を計算書類（個別注記表）に注記しなければならない（会社計算規則102条の2，102条の3）。

①　会計方針の変更の場合

㋐　変更の内容

㋑　変更の理由

㋒　遡及適用をした場合は，純資産に対する影響額

㋓　遡及適用をしなかった場合は，次の事項を注記しなければならない。

(a)　計算書類の主な項目に対する影響額

(b)　遡及適用をしなかった理由・変更の適用方法・適用開始時期

(c)　変更が翌事業年度以降の財産または損益に影響を及ぼす場合，当該影響に関する事項

②　表示方法の変更の場合

㋐　変更の内容

㋑　変更の理由

第6節 各論で示していない会計処理等の取扱い

総論5：各論で示していない会計処理等の取扱い

・本要領で示していない会計処理の方法が必要になった場合には，企業の実態等に応じて，企業会計基準，中小指針，法人税法で定める処理のうち会計上適当と認められる処理，その他一般に公正妥当と認められる企業会計の慣行の中から選択して適用する。

中小指針	・本指針に記載のない項目の会計処理を行うに当たっては，「本指針の作成に当たっての方針」に示された考え方に基づくことが求められる。（指針８）
会社法（会社計算規則）	—
企業会計原則	—
法人税法等	—

1 基本的な対応

中小会計要領が示していない会計処理の方法が必要になった場合には，企業の実態等に応じて，企業会計基準，中小指針，法人税法で定める処理のうち適当と認められる処理，その他一般に公正妥当と認められる企業会計の慣行の中から選択して適用する。

しかし，企業会計基準，中小指針および法人税法は，それぞれの目的を有していることから，個別の会計処理において，必ずしもその適用が適切とはいえない場合もありうる。したがって，中小会計要領において，本要領で示していない会計処理の方法が必要になった場合には，基本的な考え方（「総論１」の⑵）に立ち戻るのが適切であろう。

2 法人税法との親和性

法人税法で定める処理を適用する場合，中小会計要領は中小指針よりも簡素な判断基準となっている。中小指針では，法人税法で定める処理を会計処理として適用できるのは，厳格な要件が付されており，⑴会計基準がなく，かつ，法人税法で定める処理に拠った結果が，経済実態をおおむね適正に表していると認められる場合，⑵会計基準は存在するものの，法人税法で定める処理に拠った場合と重要な差異がないと見込まれる場合とされる。このような中小指針の要件を充足することは，中小企業にとってはかなり負担である。

これに対し，中小会計要領の場合，法人税法で定める処理を適用する場合は，⑴企業の実態等に応じたものであること，⑵会計上適当と認められる処理であることの２点を確認すれば足りるとされる。

第9章

中小会計要領（総論：その２）

―「国際会計基準との関係」，「本要領の改訂」，「記帳の重要性」および「本要領の利用上の留意事項」―

第1節 はじめに

本章では，中小会計要領の「総論６」～「総論９」の４項目を解説する。具体的には，⑴国際会計基準との関係（総論６），⑵本要領の改訂（総論７），⑶記帳の重要性（総論８），⑷本要領の利用上の留意事項（総論９）がこれである。本章の主要な論点は，次の４点である。

⑴ 「総論６（国際会計基準との関係)」では，わが国の中小企業会計基準が国際会計基準（IFRS）の影響を受けない旨を明言していること

⑵ 「総論７（本要領の改訂)」では，上記⑴との関連で，中小会計要領は中小指針と異なり，その改訂が必要な場合に限られること

⑶ 「総論８（記帳の重要性)」は，企業会計原則の一般原則である正規の簿記の原則を要請するものであり，しかも，真実性の原則よりも上位の原則として位置づけられていること

⑷ 「総論９（本要領の利用上の留意事項)」では，利用上の留意事項として，企業会計原則の一般原則のうち，継続性の原則と正規の簿記の原則を除くその他の一般原則が規定されていること

第2節　国際会計基準との関係

総論6：国際会計基準との関係

・本要領は，安定的に継続利用可能なものとする観点から，国際会計基準の影響を受けないものとする。

中小指針	—
会社法（会社計算規則）	—
企業会計原則	—
法人税法等	—

1　国際会計基準（IFRS）の影響の構図

中小会計要領の「総論6」では，中小会計要領は国際会計基準（IFRS）の影響を受けないことが明示されている。この規定の背景には，中小指針がIFRSの影響を受け，その内容が中小企業の会計処理としてはかなり高度な内容であることから，その普及が決して芳しいものではないとする認識が基礎にある。

本書の第6章「中小企業会計と国際会計基準（IFRS）」で論じたように，わが国では，「大企業（公開企業）向け会計基準」である企業会計基準は，IFRSとのコンバージェンスによって随時改訂が行われており，IFRSの直接的な影響を受けている。しかも，中小指針は，企業会計基準を簡素化し，要約して策定されたものであることから，IFRSの影響は大企業会計基準（企業会計基準）にとどまらず，間接的ではあるものの，中小企業会計基準（中小指針）にまで及んでいる。

2　中小企業会計におけるIFRSの影響の遮断

このような状況を踏まえ，中小企業会計のあり方を再検討するため，中小企業庁は2010年2月に，中小企業の会計に関する研究会を再開する一方，企業会計基準委員会（ASBJ）は同年3月に，非上場会社の会計基準に関する懇談会を設置した。そして，中小企業庁は同年９月に，「中小企業の会計に関する研究会・中間報告書」（以下では，「中間報告書（2010）」という），また，ASBJはそれに先立つ同年８月に，「非上場会社の会計基準に関する懇談会・報告書」を，それぞれ公表するに至った。

両報告書の結論は，「新たに中小企業の会計処理のあり方を示すもの」（新しい会計ルール）を策定すべきであるというものであった。例えば，「中間報告書（2010）」では，⑴「企業会計基準のIFRSへのコンバージェンスによって，中小指針にも間接的にその影響が及んでいること」，⑵「IFRSを中小企業に適用させる意義は乏しく，現実的とはいえないこと」，⑶「世界各国において，非上場企業（中小企業）に対してIFRSの適用を強制している国は少ないこと」を根拠として，「中小企業の会計処理のあり方について，IFRSを適用する必要はない。また，IFRSへのコンバージェンスが進む会計基準とは，一線を画して検討が行われるべきである」としている（中小企業の会計に関する研究会［2010b］，29-30頁）。

これら両報告書の結論を踏まえ，中小会計要領では，中小企業会計基準を安定的に継続利用可能なものとする観点から，「国際会計基準の影響を受けないものとする」とされた。

しかし，この規定は，グローバルに事業活動を展開している中小企業や上場を計画している中小企業に対して，IFRSに配慮した対応を否定するものではないことはいうまでもない。

第３節 本要領の改訂

総論７：本要領の改訂

・本要領は，中小企業の会計慣行の状況等を勘案し，必要と判断される場合に，改訂を行う。

中小指針	―（規定はないが，企業会計基準に歩調を合わせて毎年改訂）

会社法 （会社計算規則）	—
企業会計原則	—
法人税法等	—

中小会計要領の「総論7」では，中小企業の会計慣行の状況を勘案し，改訂が必要と判断される場合，改訂を行うとされている。一方，IFRSおよびIFRSとのコンバージェンスを模索する企業会計基準は，必要に応じて随時改訂が実施されており，また，それを反映する形で，中小指針は，毎年のように改訂が行われる。

中小会計要領が，実質的には改訂をしないということは，中小企業にとって次のようなメリットがある。

(1)　企業会計基準の改訂が行われた場合，それを利用する企業はその改訂の内容を理解し，かつ自社に必要なのかどうかを判断し，必要であればそれを取り込んでいくという極めて専門的な知識と時間が要求されること

(2)　会計に関する専門的な知識が乏しい中小企業にとって，このような改訂にタイムリーに対応することはかなり困難なことであり，頻繁な改訂は中小企業にとって過重な負担となるおそれがあること

このようなことから，できる限り改訂はしないという方向性が中小会計要領で採用された。

第4節　記帳の重要性

総論8：記帳の重要性

・本要領の利用にあたっては，適切な記帳が前提とされている。経営者が自社の経営状況を適切に把握するために記帳が重要である。記帳は，すべての取引につき，正規の簿記の原則に従って行い，適時に，整然かつ明瞭に，正確かつ網羅的に会計帳簿を作成しなければならない。

中小指針	・会社計算規則の定めるところにより，適時に正確な会計帳簿の作成と計算書類（株式会社にあっては，貸借対照表，損益計算書，株主資本等変動計算書及び個別注記表）の作成が義務付けられている。（指針１）
会社法（会社計算規則）	・株式会社は，法務省令で定めるところにより，適時に，正確な会計帳簿を作成しなければならない。（会法432①）
企業会計原則	・企業会計は，すべての取引につき，正規の簿記の原則に従って，正確な会計帳簿を作成しなければならない。（原則第一・二）
法人税法等	・普通法人等は帳簿を備え付けてこれにその取引を記録し，かつ，当該帳簿を保存しなければならない。（法法126①，150の２①） ・青色申告法人は，その資産，負債及び資本に影響を及ぼす一切の取引につき，複式簿記の原則に従い，整然と，かつ，明りょうに記録し，その記録に基づいて決算を行わなければならない。（法規53）

1　記帳の意義と位置づけ

企業会計原則によれば，会計行為の形式的側面を支えるのが正規の簿記の原則とされる。すなわち，会計行為のインプット段階である「記帳」が正しく行われ，適切なプロセスを通過すればアウトプット段階である「会計数値」（計算書類）に高い信頼性が付与されることになる。中小会計要領は企業会計原則のこのような考え方を基盤としている。

しかし，ここで注目すべき点は，中小会計要領と企業会計原則における正規の簿記の原則の位置づけの相違である。中小会計要領では，正規の簿記の原則を「記帳の重要性」として，「総論８」で単独の要請として謳い，真実性の原則を含む他の一般原則を「総論９」で規定することにより，それらの諸原則よりも上位の概念（原則）として位置づけている。

2　適切な記帳の内容

2005年の商法改正（会社法の制定）によって，記帳条件が明文化された。「株式会社は，法務省令で定めるところにより，適時に，正確な会計帳簿を作成しなければならない」（会社法432条１項；傍点は筆者）とする規定がこれである。これを受け，中小会計要領は，「適切な記帳」の要件として，適時性，整然性，明瞭性，正確性および網羅性を掲げ，商法および会社法が求める適時性と正確性に加えて，整然性，明瞭性，網羅性を求めている（武田［2008b］，180-182頁）。

⑴　記帳の適時性

適時性とは「通常の期間内に」と同義であり，その意味内容は，次のように解される。

① 現金取引であれば，現金出納管理者の交代時に，または，日々の取引終了時に現金残高を確認した後，速やかに記帳すること
② 信用取引であれば，日計表・集計表・月計表等が作成される適切な時期に記帳すること

⑵　記帳の整然性と明瞭性

整然性と明瞭性は，会計帳簿が整然かつ明瞭に記帳されることで，債権者等の関係者が，計算書類の内容を明解に理解できるよう記載すべきであるという要請である。具体的には，次の要請を意味する。

① 記帳の整然性とは，記帳に当たり，(ア)正確な帳簿を備え，(イ)適切な勘定計画に基づき，(ウ)取引を発生順に，(エ)組織的に記帳するとともに，(オ)勘定間の関連が跡づけられるような仕組みを維持することをいう。
② 記帳の明瞭性とは，記帳の識別可能性，つまり取引の性格，金額などが容易に識別できる記帳のことをいう。

⑶　記帳の正確性と網羅性

正確性と網羅性は，取引事実を「歪めることなく」，また，「あますところなく」記帳しなければならないという要請である。具体的には，次の要請を意味する。

① 記帳の正確性とは，取引事実を「歪めることなく」記帳し，その計算が正確でなければならないことをいう。
② 記帳の網羅性とは，すべての取引事実を証拠書類に基づき，「あますところなく」（網羅的に）記帳しなければならないことをいう。そのためには，(ア)取引の範囲については，「すべての取引」を対象とすること，(イ)取引の内容については，「証拠なくして記帳なし」の原則を厳守することが要請

される。

第5節　本要領の利用上の留意事項

総論9：本要領の利用上の留意事項

・本要領の利用にあたっては，上記１～８とともに以下の考え方にも留意する必要がある。

① 企業会計は，企業の財政状態及び経営成績に関して，真実な報告を提供するものでなければならない。（真実性の原則）

② 資本取引と損益取引は明瞭に区別しなければならない。（資本取引と損益取引の区分の原則）

③ 企業会計は，財務諸表によって，利害関係者に対し必要な会計事実を明瞭に表示し，企業の状況に関する判断を誤らせないようにしなければならない。（明瞭性の原則）

④ 企業の財政に不利な影響を及ぼす可能性がある場合には，これに備えて適当に健全な会計処理をしなければならない。（保守主義の原則）

⑤ 株主総会提出のため，信用目的のため，租税目的のため等種々の目的のために異なる形式の財務諸表を作成する必要がある場合，それらの内容は，信頼しうる会計記録に基づいて作成されたものであって，政策の考慮のために事実の真実な表示をゆがめてはならない。（単一性の原則）

⑥ 企業会計の目的は，企業の財務内容を明らかにし，企業の経営状況に関する利害関係者の判断を誤らせないようにすることにある。このため，重要性の乏しいものについては，本来の会計処理によらないで，他の簡便な方法により処理することも認められる。（重要性の原則）

中小指針	―
会社法 （会社計算規則）	―

企業会計原則	・真実性の原則（原則第一・一） ・資本・損益区分の原則（原則第一・三） ・明瞭性の原則（原則第一・四） ・保守主義の主義（原則第一・六） ・単一性の原則（原則第一・七） ・重要性の原則（原則注解1）
法人税法等	—

1　本規定の意義

「総論9」の「考え方」は，企業会計原則の一般原則および同注解1の重要性の原則をその内容としている。ただし，一般原則のうち，継続性の原則は，「総論4」において，また，正規の簿記の原則は「総論8」において，それぞれの考え方が示されている。

中小会計要領における総論の留意事項として一般原則の考え方が取り上げられているのは，中小会計要領が基本的に企業会計原則を基盤としていることから，中小会計要領の利用にあたってもそれらが有用であると考えられたことによるものである。以下では，各原則の要点を簡単に解説してみたい。

2　真実性の原則

真実性の原則は，企業会計の最高規範とされ，企業会計原則における他のすべての一般原則，損益計算書原則および貸借対照表原則の遵守を要請する原則とされる。この原則における「真実」とは，1つの会計事実について唯一の結果しかないという「絶対的真実」ではなく，「相対的真実」を意味する。企業会計が相対的真実を主張せざるを得ない理由として，次の点が指摘されている。

⑴　真実性は，その時々の社会的・経済的意味状況における会計目的観に依存しながら，相対的に変化する概念であること

⑵　企業会計では，①期間損益計算は本質的に暫定計算であること，②複数の会計処理の原則および手続が容認されていること，③慣習と判断が介入することなどにより，唯一の絶対的な会計数値を算出できないこと

3　資本取引と損益取引の区分の原則

資本取引と損益取引の区分の原則（資本・損益区分の原則）では，「資本取引」と「損益取引」，および「資本剰余金」と「利益剰余金」の区分が要求される。各概念は次のように異なる。

(1)　資本取引とは，資本自体の直接的変動に関する取引をいい，自己資本それ自体の増減変化と自己資本内部での構成変化を内容とする。これに対し，損益取引とは，資本の運用に関する取引をいい，資産の利用または負債の処理に基づく自己資本の増減変化を内容とする。

(2)　資本剰余金とは，資本取引から生じた剰余金をいい，具体的には，払込剰余金（株式払込剰余金，減資差益，合併差益），贈与剰余金（国庫補助金，工事負担金，債務免除益），評価替剰余金（固定資産評価差益，保険差益）をいう。これに対し，利益剰余金とは，損益取引から生じた剰余金，つまり，利益の留保額をいい，具体的には，処分済利益（利益準備金，任意積立金），および未処分の利益（繰越利益剰余金）をいう。

4　明瞭性の原則

明瞭性の原則は，次の２つの意味を有している。

(1)　実質的明瞭性（会計方針等の開示）

(2)　形式的明瞭性（明瞭表示の原則）

「実質的明瞭性」とは，計算書類に表示された項目や金額が，どのような会計処理の原則および手続に準拠して決定されたものであるかを，注記によって開示することをいう。中小会計要領では，重要な会計方針に係る事項に関する注記について，次の事項を例示している。

(1)　資産の評価基準および評価方法（①有価証券の評価基準および評価方法，②棚卸資産の評価基準および評価方法）

(2)　固定資産の減価償却の方法（①有形固定資産，②無形固定資産）

(3)　引当金の計上基準（①貸倒引当金，②賞与引当金，③退職給付引当金）

(4)　その他計算書類作成のための基本となる重要な事項（①リース取引の処理方法，②消費税等の会計処理）

また，「形式的明瞭性」とは，明瞭表示の原則をいい，計算書類の様式，科目名，配列の順序等の表示方法について，理解しやすい方法を採用すべきであることをいう。**図表９－１**は，貸借対照表および損益計算書について，明瞭表示に関する具体的な基準等を示したものである。

図表９－１　明瞭表示の原則

	貸借対照表	損益計算書
(1)　科目分類	①　営業循環基準 ②　１年基準	①　発生源泉別分類 ②　対応表示
(2)　科目配列	①　流動性配列法 ②　固定性配列法	①　区分計算表示
(3)　報告様式	①　勘定式 ②　報告式	

５　保守主義の原則

保守主義の原則は，「企業の財政に不利な影響を及ぼす場合」には，「適当に健全な会計処理」を要請する原則である。この原則でいう企業の財政に不利な影響を及ぼす可能性とは，企業を取り巻く環境の変化により，当該企業に「予測される将来の財務的な危険」をいい，また，適当に健全な会計処理とは，予測される将来の危険に備えて，「慎重な判断に基づく会計処理」を行うことをいう。つまり，将来の危険が予測される場合，その危険から企業を守るため，企業財政の安全性を図る会計処理が要請される。かかる要請は，一般に，「予想の利益の計上を禁止し，予想の損失の計上を促進する会計処理」として具体化されるが，形式的には費用処理によりながら，実質的には利益留保となるような「過度に保守的な会計処理」は真実性の原則に反するものとして否定される。

６　単一性の原則

単一性の原則は，「実質一元・形式多元」と称され，計算書類の作成目的に応じて形式の異なる計算書類を作成する必要があるとしても，各計算書類の実質的な内容は信頼できる正確な会計帳簿に基づいている必要があることを要請するものである。

企業は，法令や利害関係者の要請により，種々の計算書類を作成することがあり，これらの作成目的は必ずしも同じではない。例えば，株主総会提出のためであれば，分配可能額の算定が主たる目的となり，また，資金調達の目的のためであれば，支払能力の評価に重点がおかれる。そのため，信頼できる会計帳簿に基づいて作成された計算書類であれば，計算書類の形式が相違することも容認されることになる。

7 重要性の原則

重要性の原則は，企業会計の目的は，企業の財務内容を明らかにし，利害関係者の判断を誤らせないようにすることにあるため，重要性の乏しいものについては，簡便な方法によることを容認するものである。**図表９－２**は，企業会計原則「注解１」で示されている重要性の原則の具体的な適用例を要点的に示したものである。

図表９－２ 重要性の原則の適用例

適用領域	例　示	簿外の性格
会計処理	(1) 重要性の乏しい消耗品等の簿外処理	簿外資産
	(2) 重要性の乏しい経過勘定項目の簿外処理 ・前払費用，未収収益 ・未払費用，前受収益	 簿外資産 簿外負債
	(3) 重要性の乏しい引当金の非計上	簿外負債
	(4) 棚卸資産に係る重要性の乏しい付随費用の原価外処理	簿外資産
財務諸表表示	(5) 期限が一年以内に到来した，重要性の乏しい分割返済の定めのある長期の債権・債務を，固定資産・固定負債として表示	

第6節　中小会計要領の総論のまとめ

前章（第8章）と本章（第9章）の2章にわたり，中小会計要領の「総論」を解説した。中小会計要領の総論は，わが国の中小企業会計の「概念フレームワーク」に相当するものであるといってよい。その場合，中小会計要領の総論については，特に次の3点に着目する必要がある。

(1)　第1は，中小企業の会計慣行の重視である。中小会計要領が中小企業の身の丈に合った会計基準といわれる所以がここにある。

(2)　第2は，国際会計基準（IFRS）の影響の遮断である。中小企業会計基準は各国の中小企業の会計文化（企業文化）を反映した，安定的な会計基準でなければならない。

(3)　第3は，記帳の重視である。記帳は，会計行為の出発点であり，正確な会計帳簿の作成は計算書類の信頼性を確保する前提要件とされる。

このような総論の特徴は，わが国のみならず，各国の中小企業会計にも共通するフレームワークとなりうるものである。

第10章

中小会計要領
(各論1：収益・費用の基本的な会計処理)

第1節　はじめに

本章から，中小会計要領の各論について，その具体的な内容を解説する。本章では，中小会計要領の「各論1」を解説する。各論1は，「収益・費用の基本的な会計処理」である。収益・費用の基本的な会計処理は，収益・費用の認識基準（期間帰属基準）と測定基準をその内容とする。

本章の主要な論点は，次の4点である。

⑴　中小会計要領では，収益・費用の基本的な会計処理（各論1）が，資産・負債の基本的な会計処理（各論2）より上位に（先に）位置づけられており，会計観として収益費用中心観が採用されていること

⑵　収益の認識基準は実現主義を原則とし，その測定基準は収入基準であること

⑶　費用の認識基準は発生主義を原則とし，その測定基準は支出基準であること

⑷　中小会計要領では，期間損益計算の観点から，費用収益対応の原則や総額主義の原則が重視されていること

第２節　収益費用中心観と資産負債中心観

企業会計の利益観（会計観）については，次の２つの中心観（アプローチ）を区別できる。

(1)　収益費用中心観

(2)　資産負債中心観

「収益費用中心観」とは，一定期間における企業の収益と費用との差額（収益余剰）を利益とみるアプローチであるのに対し，「資産負債中心観」とは，一定期間における企業の正味資産の増加額（純資産余剰）を利益とみるアプローチをいう。つまり，収益費用中心観では，利益の計上にあたり，収益と費用の定義および対応概念を重視するのに対し，資産負債中心観では，資産と負債の定義を重視することになる。このような会計観の相違は，結果的に，貸借対照表能力（貸借対照表に計上される項目の範囲）に相違をもたらすことになる。

資産負債中心観では，資産を経済的資源，負債を経済的義務と定義し，これらの定義を充足する項目が貸借対照表に計上されるのに対し，収益費用中心観では，期間損益計算の正確性の観点から，一会計期間における収益と費用の合理的な対応を図る結果，資産と負債の定義を必ずしも充足しない計算擬制的資産（繰延費用等）や計算擬制的負債（繰延収益・債務性のない引当金等）が貸借対照表に計上されることになる。産業構造の変化を背景として，今日の大企業（公開企業）会計は，収益費用中心観から資産負債中心観へ，その重点が大きくシフトしている。

これに対し，中小企業会計については，中小会計要領の各論１と各論２の順序に注目されたい。中小会計要領では，「収益・費用の基本的な会計処理」（各論１）が「資産・負債の基本的な会計処理」（各論２）より上位に（先に）規定されている。このことは，中小企業会計の重点が収益費用中心観（損益法）にあることを示している。

第3節 収益・費用の基本的な会計処理の規定

各論1：収益・費用の基本的な会計処理

(1) 収益は，原則として，製品，商品の販売又はサービスの提供を行い，かつ，これに対する現金及び預金，売掛金，受取手形等を取得した時に計上する。(要領各論1(1))

(2) 費用は，原則として，費用の発生原因となる取引が発生した時又はサービスの提供を受けた時に計上する。(要領各論1(2))

(3) 収益とこれに関連する費用は，両者を対応させて期間損益を計算する。(要領各論1(3))

(4) 収益及び費用は，原則として，総額で計上し，収益の項目と費用の項目とを直接相殺することによってその全部又は一部を損益計算書から除去してはならない。(要領各論1(4))

①収益の認識基準	・収益のうち，企業の主たる営業活動の成果を表す売上高は，製品，商品の販売又はサービスの提供を行い，かつ，これに対する対価（現金及び預金，売掛金，受取手形等）を受け取った時（売掛金の場合には，発生した時）に認識するのが原則的な考え方です（一般に「実現主義」といいます。)。(要領各論1解説)
②費用の認識基準	・費用については，現金及び預金の支払いではなく，費用の発生原因となる取引が発生した時又はサービスの提供を受けた時に認識するのが原則的な考え方です(一般に「発生主義」といいます。)。(要領各論1解説)

中小指針	・企業の経営成績を明らかにするため，損益計算書において一会計期間に属するすべての収益とこれに対応するすべての費用を計上する。(費用収益の対応原則）(指針72) ・原則として，収益については実現主義により認識し，費用については発生主義により認識する。(指針72)

<table>
<tr><td rowspan="2"></td><td>①収益の認識基準</td><td>・収益は，商品等の販売や役務の給付に基づき認識され，企業は，各取引の実態に応じて，販売の事実を認識する時点を選択しなければならない。商品等の販売や役務の給付に基づく収益認識基準には，出荷基準，引渡基準，検収基準等がある。（指針73）</td></tr>
<tr><td>②費用の認識基準</td><td>・費用は，その支出（将来支出するものを含む。）に基づいた金額を，その性質により，収益に対応（個別対応又は期間対応）させ，その発生した期間に正しく計上する。（指針74）</td></tr>
<tr><td>会社法
（会社計算規則）</td><td colspan="2">—</td></tr>
<tr><td rowspan="3">企業会計原則</td><td colspan="2">・すべての費用及び収益は，その支出及び収入に基づいて計上し，その発生した期間に正しく割当てられるように処理しなければならない。ただし，未実現収益は，原則として，当期の損益計算に計上してはならない。（原則第二・一Ａ）
・前払費用及び前受収益は，これを当期の損益計算から除去し，未払費用及び未収収益は，当期の損益計算に計上しなければならない。（原則第二・一Ａ）
・費用及び収益は，総額によって記載することを原則とし，費用の項目と収益の項目とを直接に相殺することによってその全部又は一部を損益計算書から除去してはならない。（原則第二・一Ｂ）
・費用及び収益は，その発生源泉に従って明瞭に分類し，各収益項目とそれに関連する費用項目とを損益計算書に対応表示しなければならない。（原則第二・一Ｃ）</td></tr>
<tr><td>①収益の認識基準</td><td>・委託販売，試用販売，予約販売，割賦販売等特殊な販売契約について，収益認識の定めがある。（原則注解６）</td></tr>
<tr><td>②費用の認識基準</td><td>—</td></tr>
<tr><td rowspan="2">法人税法等</td><td colspan="2">・内国法人の各事業年度の所得の金額は，当該事業年度の益金の額から当該事業年度の損金の額を控除した金額とする。（法法22①）</td></tr>
<tr><td>①収益の認識基準</td><td>・内国法人の各事業年度の所得の金額の計算上当該事業年度の益金の額に算入すべき金額は，別段の定めがあるものを除き，資産の販売，有償又は無償による資産の譲渡又は役務の提供，無償による資産の譲受けその他の取引で資本等取引以外のものに係る当該事業年度の収益の額とする。（法法22②）</td></tr>
</table>

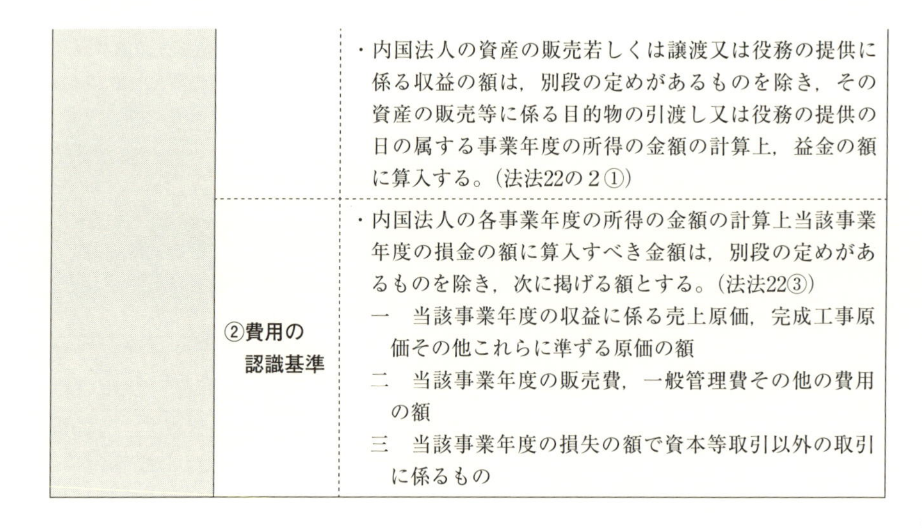

		・内国法人の資産の販売若しくは譲渡又は役務の提供に係る収益の額は，別段の定めがあるものを除き，その資産の販売等に係る目的物の引渡し又は役務の提供の日の属する事業年度の所得の金額の計算上，益金の額に算入する。（法法22の2①）
	②費用の認識基準	・内国法人の各事業年度の所得の金額の計算上当該事業年度の損金の額に算入すべき金額は，別段の定めがあるものを除き，次に掲げる額とする。（法法22③） 一　当該事業年度の収益に係る売上原価，完成工事原価その他これらに準ずる原価の額 二　当該事業年度の販売費，一般管理費その他の費用の額 三　当該事業年度の損失の額で資本等取引以外の取引に係るもの

第４節　現金主義会計と発生主義会計

中小会計要領が依拠している企業会計原則では，「すべての費用及び収益は，その支出及び収入に基づいて計上し，その発生した期間に正しく割当てられるように処理しなければならない」（企業会計原則第二・一A）としている。この文章には，次の２つのことが規定されている。

⑴　すべての費用および収益は，その支出および収入に基づいて計上しなければならないこと（収支的評価の原則）

⑵　費用および収益は，その発生した期間に正しく割当てられるように処理しなければならないこと（期間帰属原則）

上記⑴に示すように，「費用を支出」に基づいて，また，「収益を収入」に基づいて計上する会計処理の原則を「収支的評価の原則」という。この収支的評価の原則に従って，支出が生じた期に費用を認識し，また，収入が生じた期に収益を認識する会計制度を「現金主義会計」という。しかし，今日のように信用取引を前提とし，多額の固定資産を保有する近代経済社会にあっては，現金主義会計で適正な損益計算を行うことは困難である。例えば，機械（固定資産）の取得時に，当該機械の取得価額を全額費用に計上したとすれば，取得時の会計期間に多額の費用が計上され，機械の稼働によって収益が稼得される会計期間にはまったく費用が計上されないこととなる。そこで，期間的に正しい損益を算定するためには，上記(2)の適正な「期間帰属原則」（認識基準）が必要とされる。上記(1)と(2)の要件を備えた会計制度が「発生主義会計」といわれ，中小会計要領もこの会計制度に依拠している。

第５節　発生主義会計の認識・測定

発生主義会計は，認識基準（期間帰属原則）と測定基準に支えられている。

1　収益の認識・測定

(1)　収益の認識

一般に，収益の認識基準は「実現主義」（「販売の事実」と「対価の成立」を要件とする収益の認識基準）とされる。「実現」に関する会計上の証拠は資産の販売という事実に求められることから，これは「販売基準」ともいわれる。また，「販売」とは，一般に，資産の発送または引渡の事実をいうことから，「引渡基準」ともいわれる。しかし，「実現＝販売＝引渡」とはいっても，資産の種類，性質，販売契約の内容等により，その具体的な形態はさまざまである。

そこで，「財貨収益」（商製品の販売による収益）および「役務収益」（サービスの提供による収益）について，それらの販売形態に即して，収益の認識基準と計算原則を要点的に示したのが**図表10－１**である。

(2)　収益の測定

収益の測定基準は収入基準である。「収入」には，次の２つが含まれる。

①　即時的収入（現金収入）

②　将来的収入（債権の確定）

つまり，収益の測定は，財貨の引渡によって認識された収益と同じ時点で受領した現金または現金等価物（売掛債権）の大きさによって数量化される。

図表10－1 販売形態と収益認識基準

形態・基準 収益	販売形態		収益認識基準		計算原則
財貨収益	⑴ 一般販売	①現金販売	・引渡基準（販売基準）		実現主義
		②信用販売	・引渡基準（販売基準）		
	⑵ 特殊販売	①委託販売	㈠受託者が受託品を販売した日 ㈡仕切精算書の到着の日		
		②試用販売	・得意先が買取の意思表示をした日		
		③予約販売	㈠商品の引渡の日 ㈡役務の給付の完了の日		
		④割賦販売	㈠引渡基準（販売基準）		
			・割賦*基準	㈡履行期到来基準（割賦金の回収期限到来の日）	権利確定主義
				㈢回収基準（割賦金の回収の日）	現金主義
	⑶ 請負工事	・工事収益	㈠原則：工事進行基準		発生主義
			㈡例外：工事完成基準		実現主義
	⑷ 特殊財貨収益	①金鉱山の採金収益	・生産基準		発生主義
		②政府の買入価格の定まっている農作物	・収穫基準		
役務収益	⑴ 電気・ガス等の役務提供		・検針基準		実現主義
	⑵ 資金の貸付・不動産の賃貸		・時間基準（時間の経過）		発生主義
	⑶ 職業専門家の役務提供		・現金基準		現金主義

＊ 2018年法人税法改正により，割賦基準（長期割賦販売等における延払基準）は認められないこととされ，法人税法上，その選択制度が廃止された。

（出典）武田［2008a］，344頁「図2」を加筆・修正して示している。

2 費用の認識・測定

⑴ 費用の認識

一般に，費用の認識基準は「発生主義」とされる。「発生」とは「経済的価値の変化」をいい，財貨費用の発生は，「費用配分（原価配分）の原則*」によって把握される。つまり，費用配分（原価配分）は，発生主義の具体的な適用形態であり，**図表10－2**は資産の種類に即して，その具体的方法を要点的に示している。

＊配分される資産の取得原価に着目すれば「原価配分」とされ，配分された費用に着目すれば，「費用配分」とされる。企業会計原則では，費用配分とされているが，ドイツ会計学では原価配分とされる。

図表10－2　費用配分の原則と具体的方法

適用形態	対象資産	配分基準	具体的方法	費用の名称
費用配分法（発生主義）	⑴棚卸資産	①継続記録法 ②棚卸計算法	・先入先出法 ・平均法 ・売価還元法	売上原価
	⑵固定資産	・減価償却法	・定額法 ・定率法 ・生産高比例法	減価償却費
	⑶繰延資産	・繰延経理	・時間基準 ・その他合理的な方法	償却費

⑵　費用の測定

費用の測定基準は支出基準である。「支出」には，「収入」と同様に，次の2つが含まれる。

①　即時的支出（現金支出）

②　将来的支出（債務の確定）

つまり，費用の測定は，財貨の取得と同じ時点で引渡した現金または現金等価物（買掛債務）の大きさによって数量化される。

3　収益と費用の対応

発生主義会計では，実現収益に発生費用を合理的に対応させることにより適正な期間損益計算が達成される。費用は企業活動の努力（価値犠牲）であり，収益は企業活動の成果（価値創造）であることから，努力と成果の合理的な対応を図る必要がある。この要請が費用収益対応の原則である。その場合，費用収益の対応には，次の2つの形態が区別される。

⑴　個別対応。これは，売上高と売上原価との対応のように生産物（商製品）を媒介とした対応であり，直接対応または完全対応ともいわれる。

⑵　期間対応。これは，売上高と販売費・一般管理費または営業外費用との対応のように，会計期間を媒介とした対応であり，間接対応または不完全対応ともいわれる。

4　総額主義の原則

中小会計要領では，収益・費用の基本的な会計処理の要請として，総額主義の原則をあげている。しかし，この原則は計算原則ではなく，報告原則の１つである。

中小会計要領が損益計算書に総額主義を要請し，収益と費用の相殺表示（純額主義）を禁止しているのは，企業の取引総額または取引規模を明示することによって，企業の経営成績（収益性）の明瞭表示を図ることにそのねらいがある。同様に，貸借対照表に総額主義を要請するのは，企業の財政規模を明示することにより，財政状態の明瞭表示をねらったものである。

第６節　むすび

本章で指摘したように，中小会計要領の会計観（利益観）は，収益費用中心観であるといってよい。中小会計要領が収益・費用の基本的な会計処理（各論１）と題して，それを各論の冒頭に位置づけ，資産・負債の基本的な会計処理（各論２）よりも上位に（先に）位置づけていることが何よりの証左である。これに対し，中小指針では，発生主義会計の計算原則は，貸借対照表項目の各論のあとに位置づけられており，両者の間には，会計観（利益観）に明らかな相違があるとみてよい。

補　足

2018年３月，企業会計基準委員会（ASBJ）は，「顧客との契約から生じる収益」（IFRS第15号）をわが国に導入し，企業会計基準第29号「収益認識に関する会計基準」（収益認識基準）を公表した。また，2018年３月には，当該会計基準をすべて受け入れる形で，法人税法が改正され，返品調整引当金の損金算入や割賦基準（長期割賦販売等における延払基準）の選択制度が廃止された。

しかし，法人税基本通達の整備方針では，「中小企業については，引き続き従前の企業会計原則等に則った会計処理も認められることから，従前の取り扱いによることも可能とする」とされており，当面，収益認識基準の導入によって，直ちに，中小企業会計が大きく変化することはなかろう。

中小会計要領
(各論2：資産・負債の基本的な会計処理)

第1節 はじめに

本章では，中小会計要領の「各論２」を解説する。各論２は，「資産・負債の基本的な会計処理」である。資産・負債の基本的な会計処理は，資産・負債の分類と計上基準（評価基準）を内容とするが，中小会計要領では，原則として取得原価主義が採用されている。

本章の主要な論点は，次の３点である。

⑴　資産・負債の分類は，企業会計原則と同様に，流動項目・固定項目に分類され，基本的に，営業循環基準と１年基準に従って分類されること

⑵　資産は，原則として，取得価額で計上され，取得原価主義が原則的な評価基準であること

⑶　負債は，原則として，債務額で計上されること

第２節 資産・負債の基本的な会計処理の規定

各論２：資産・負債の基本的な会計処理	
①資産の分類	・資産には，金銭債権，有価証券，棚卸資産，固定資産等が含まれます。（要領各論２解説）
②資産の計上基準	・資産は，原則として，取得価額で計上する。（要領各論２⑴） ・資産を取得するために要した金額を基礎として，貸借対照表に計上します（一般に「取得原価主義」といいます。）。（要領各論２解説） ・「取得価額」とは資産の取得又は製造のために要した金額のことをいい，例えば，購入品であれば，購入金額に付随費用を加えた金額をいいます。（要領各論２解説） ・「取得原価」は取得価額を基礎として，適切に費用配分した後の金額のことをいい，例えば，棚卸資産であれば，総平均法等により費用配分した後の金額をいいます。（要領各論２解説）
③負債の分類	・負債には，金銭債務や引当金等が含まれます。（要領各論２解説）
④負債の計上基準	・負債のうち，債務は，原則として，債務額で計上する。（要領各論２⑵） ・債務を弁済するために将来支払うべき金額，すなわち債務額で貸借対照表に計上します。（要領各論２解説）

中小指針		―
会社法（会社計算規則）	①資産の分類	―
	②資産の計上基準	・資産は，別段の定めがある場合を除き，会計帳簿に取得価額を付さなければならない。（計規５①） ・事業年度の末日における時価が取得原価より著しく低い資産は，事業年度の末日における時価を付さなければならない。（計規５③一）

		・債権は，その取得価額が債権金額と異なる場合その他相当の理由がある場合には，適正な価格を付すことができる。（計規５⑤） ・次の資産は，事業年度の末日においてその時の時価又は適正な価格を付すことができる。（計規５⑥） 一　事業年度の末日における時価がその時の取得原価より低い資産 二　市場価格のある資産（子会社及び関連会社の株式並びに満期保有目的の債券を除く。） 三　上記一・二のほか事業年度の末日においてその時の時価又は適正な価格を付すことが適当な資産
	③負債の分類	—
	④負債の計上基準	・負債は，別段の定めがある場合を除き，会計帳簿に債務額を付さなければならない。（計規６①） ・次に掲げる負債は，事業年度の末日においてその時の時価又は適正な価格を付すことができる。（計規６②） 一　退職給付引当金ほか将来の費用又は損失の発生に備えて計上すべき引当金 二　払込みを受けた金額が債務額と異なる社債 三　上記一・二のほか事業年度の末日においてその時の時価又は適正な価格を付すことが適当な負債
企業会計原則	①資産の分類	・資産は，流動資産に属する資産，固定資産に属する資産及び繰延資産に属する資産に区別しなければならない。（原則第三・四(1)）
	②資産の計上基準	・貸借対照表に記載する資産の価額は，原則として，当該資産の取得原価を基礎として計上しなければならない。（原則第三・五）
	③負債の分類	・負債は流動負債に属する負債と固定負債に属する負債とに区別しなければならない。（原則第三・四(二)）
	④負債の計上基準	—
法人税法等	①資産の分類	・貸借対照表に記載する科目（資産の部）例示（法規別表21）：現金，当座預金，預金，受取手形，売掛金など
	②資産の計上基準	—

	③負債の分類	・貸借対照表に記載する科目（負債及び純資産の部）例示（法規別表21）：支払手形，買掛金など
	④負債の計上基準	—

第3節　資産の分類

資産は，一般に，次のように分類される。

⑴　流動資産と固定資産

⑵　貨幣性資産と費用性資産

伝統的会計では，分類の理論的基礎を上記⑵に求め，分類の表示思考を上記⑴に求めている。

1　流動資産・固定資産

流動資産・固定資産の分類は，資産を流動性（債務弁済能力または支払能力）の観点から分類するものであり，資産の形態的な属性に着目した分類である。この分類にあたり，次の２つの分類基準がある。

⑴　営業循環基準

⑵　１年基準

「営業循環基準」とは，企業の正常な営業循環過程を構成する「現金→棚卸資産（原材料，仕掛品，半製品，商製品等）→営業債権（受取手形，売掛金等）→現金」というサイクルのなかにある資産を流動資産とし，当該サイクルの外にある資産を固定資産とする分類基準である。これに対し，「１年基準」とは，貸借対照表日（決算日）の翌日から起算して，１年以内に回収または支払期限の到来するもの，または費用化もしくは収益化するものを流動資産とし，１年を超えるものを固定資産とする分類基準である。これらの分類基準は負債にも適用される。

企業会計原則では，営業循環基準を原則とし，それで分類できなかった項目について，１年基準が適用される。**図表11－１**は，資産・負債に対する両基準の適用について，企業会計原則に則して，具体的に示したものである。

図表11－1　営業循環基準と１年基準の適用

<table>
<tr><th>固定資産</th><th>流動資産</th><th colspan="2">適用基準</th><th>流動負債</th><th>固定負債</th></tr>
<tr><td rowspan="2">建物，構築物，機械，装置，船舶，車両運搬具，工具，器具，備品，土地，営業権（のれん），特許権，地上権，商標権</td><td rowspan="2">現金，預金，受取手形，売掛金，商品，製品，半製品，原材料，仕掛品，消耗品，前渡金</td><td colspan="2">(1)　営業循環基準</td><td rowspan="2">支払手形，買掛金，前受金</td><td rowspan="2">—</td></tr>
<tr><td>原則</td><td>・原則第三・四㈠AおよびB，「注解16」第１および第６パラグラフ</td></tr>
<tr><td>破産債権，更生債権</td><td>—</td><td rowspan="3">例外</td><td>・「注解16」第１パラグラフ但し書</td><td colspan="2">—</td></tr>
<tr><td>長期の預金</td><td>—</td><td>・「注解16」第３パラグラフ</td><td colspan="2">—</td></tr>
<tr><td>加工もしくは売却を予定しない財貨</td><td>—</td><td>・「注解16」第６パラグラフ</td><td colspan="2">—</td></tr>
<tr><td rowspan="2">長期貸付金，差入保証金</td><td rowspan="2">短期貸付金，未収金</td><td colspan="2">(2)　１年基準</td><td rowspan="2">短期借入金，未払金</td><td rowspan="2">社債，長期借入金，受入保証金</td></tr>
<tr><td rowspan="3">原則</td><td>・原則第三・四㈠・㈡AおよびB，「注解16」第２パラグラフ</td></tr>
<tr><td>子会社株式，投資有価証券，出資金</td><td>市場性ある一時的所有の有価証券</td><td>・原則第三・四㈠B，「注解16」第４パラグラフ</td><td colspan="2">—</td></tr>
<tr><td>長期前払費用（１年を超えて費用化する前払費用）</td><td>未収収益，短期前払費用（１年以内に費用化する前払費用）</td><td>・原則第三・四㈠A，「注解16」第５パラグラフ</td><td>未払費用，前受収益</td><td>—</td></tr>
<tr><td>耐用年数が１年以下となった固定資産</td><td>恒常在庫品，余剰品</td><td>例外</td><td>・「注解16」第７パラグラフ</td><td colspan="2">—</td></tr>
</table>

（出典）武田［2008a］，772頁「表4」を加筆・修正して示している。

２　貨幣性資産・費用性資産

貨幣性資産・費用性資産の分類は，資産を期間損益計算の観点から分類するものであり，資産の機能的な属性に着目した分類である。期間損益計算では，企業の設立から解散に至る全生命期間を人為的に区切って会計計算が行われることから，「収入と収益」および「支出と費用」並びに「収入と支出」の間に期間的なズレが生じることになる。動態論（動的貸借対照表観）では，このズレを期間的な未解消項目とし，それらを次期の損益計算に引き継ぐ「場(ば)」（損益計算の補助手段）が貸借対照表であると考える。このような観点からすれば，貸借対照表の借方（資産）は，**図表11－2**に示した４項目から構成されることになる。

図表11－2 貨幣性資産と費用性資産

	項 目	具体的内容	性 格
資産	(1) 貨幣	支払手段（現金）	貨幣性資産
	(2) 収益・未収入	回収過程にある収益の対価（売掛金，未収収益等）	
	(3) 支出・未収入	未回収の財務支出（貸付金等）	
	(4) 支出・未費用	将来の収益稼得の手段（商品，建物等）	費用性資産

この図表の「未収入」項目（図表の(2)と(3)）は次期以降に「収入」となって解消する項目であることから，これらを貨幣性資産と称する。これに対し，「未費用」項目（図表の(4)）は次期以降に「費用」となって解消する項目であることから，これらを費用性資産と称する。

第４節 負債の分類

負債は，一般に，次のように分類される。

(1) 流動負債と固定負債

(2) 債務と非債務

上記(1)は負債の弁済期限に着目した分類であるのに対し，上記(2)は負債の属性（債務性）に着目した分類である。伝統的会計では，分類の理論的基礎を上記(2)に求め，資産と同様に，分類の表示思考を上記(1)に求めている。**図表11－3**は各分類の要点と具体的項目を一覧表示したものである。

図表11－３　負債の分類基準

<table>
<tr><th colspan="2">弁済期限別分類</th><th colspan="3">属性別分類</th></tr>
<tr><td rowspan="2">⑴　流動負債</td><td rowspan="2">支払手形，買掛金，短期借入金，前受収益，未払費用，前受金，未払金，預り金
賞与引当金，工事補償引当金，修繕引当金</td><td rowspan="2">⑴　債　務</td><td colspan="2">①　確定債務（相手方，契約時期，金額が確定）</td></tr>
<tr><td>②　条件付債務</td><td rowspan="2">負債性引当金</td></tr>
<tr><td>⑵　固定負債</td><td>社債，長期借入金
退職給付引当金，特別修繕引当金</td><td>⑵　非債務</td><td>③　会計的負債</td></tr>
</table>

この図表の確定債務（図表の①）とは，支払の相手方，契約時期および金額が確定している債務をいう。これに対し，条件付債務（図表の②）とは，ある一定の条件を充足した場合に債務となるもの（例えば，賞与引当金は労働協約等によって特定の時期に賞与の支給が契約されている場合，当該支給時期の到来という条件を充足すれば，企業は賞与の支払義務が生じることになる）をいい，会計的負債（図表の③）とは，支払の相手方，契約時期および金額が未確定な債務をいう。これらはその多くが負債性引当金である。

第５節　資産の測定

資産の測定（評価）は，測定時点（過去，現在，将来）と測定の基礎となる流通市場（購入市場と販売市場）の組合せにより，**図表11－４**に示すように，４つの測定基準（評価基準）に区別できる。

この図表から分かるように，時価は，再調達原価と正味実現可能価額（正味売却価額）の２つが区別される。また，現在価値は，ある種の時価であるが，将来の見積キャッシュ・フローを約定利子率で割り引いた金額であり，評価の基礎が将来であるから，この図表では，評価時点の将来の欄に示している。

中小会計要領では，資産の測定（評価）は，原則として，「取得価額*」とさ

図表11－4 資産の測定基準（評価基準）

市場＼評価時点	過去	現在	将来
購入市場	取得価額 （歴史的原価）	再調達原価 （取替原価）	―
販売市場	―	正味実現可能価額 （正味売却価額）	現在価値

れ，資産評価の基礎を当該資産の取得時点（過去）における購入市場の価格に求める会計思考（取得原価主義）が採用されている。

＊中小会計要領では，「取得価額」と「取得原価」の用語が明確に区別されている。取得価額とは，「資産の取得又は製造のために要した金額のこと」をいうのに対し，取得原価とは，「取得価額を基礎として，適切に費用配分した後の金額のこと」をいう。

第6節 負債の測定

負債の測定については，一般に評価替が行われないことから，大きな問題は生じない。中小会計要領では，負債については，次のような測定が行われる。

⑴ 確定債務（買掛金，借入金等）は，契約によって金額が確定していることから原則として債務額で計上する。

⑵ 経過勘定項目（未払費用，前受収益）は，時間基準によってその金額が計上される。

⑶ 負債性引当金については，将来の費用または損失のうち，当期の負担に属する金額が計上される。

第7節 むすび

資産・負債の基本的な会計処理について，資産・負債の分類基準や測定基準に，中小指針と中小会計要領に明確な相違はみられない。しかし，資産の評価については，中小会計要領は原則として取得原価を採用し，時価評価に対して慎重であるのに対し，中小指針は企業会計基準を簡素化し要約したものであることから，時価評価を積極的に採用する点で，両者の間に評価思考の相違がみられる。

第12章

中小会計要領
（各論３：金銭債権・金銭債務）

第１節　はじめに

本章では，中小会計要領の「各論３」を解説する。各論３は，「金銭債権・金銭債務」である。金銭債権の評価は，原則として，取得価額であり，また，金銭債務の評価は，原則として，債務額である。しかし，社債を額面金額より低い価額で取得した場合，または，社債を額面金額より低い価額で発行した場合には，アキュムレーションといった例外的な処理も認められている。

本章の主要な論点は，次の４点である。

⑴　金銭債権の評価基準は，原則として，取得価額であり，金銭債務の評価基準は，原則として，債務額であること

⑵　金銭債権（例えば，所有する社債）について，債権金額（額面金額）より低い価額または高い価額で取得した場合，取得価額をもって貸借対照表価額とすることができる。この場合，その差額に相当する金額を弁済期に至るまで毎期一定の方法で逐次貸借対照表価額に加算（アキュムレーション）または減算（アモーチゼーション）することができること

⑶　金銭債務（例えば，発行した社債）について，債務額（額面金額）より低い価額または高い価額で発行した場合，発行価額をもって貸借対照表価額とすることができる。この場合，その差額に相当する金額を弁済期に至るまで

毎期一定の方法で逐次貸借対照表価額に加算（アキュムレーション）または減算（アモーチゼーション）することができること

(4) 受取手形割引額および受取手形裏書譲渡額は，貸借対照表に注記する必要があること

第２節　金銭債権・金銭債務の規定

各論３：金銭債権・金銭債務	
①金銭債権の意義と評価額	・受取手形，売掛金，貸付金等の金銭債権は，原則として，取得価額で計上します。（要領各論３解説） ・社債を額面金額未満で購入する場合には，決算において，額面金額と取得価額との差額を購入から償還までの期間で按分して受取利息として計上するとともに，貸借対照表の金額を増額させることができます。（要領各論３解説）
②金銭債務の意義と評価額	・支払手形，買掛金，借入金等の金銭債務は，原則として，債務額で計上します。（要領各論３解説） ・社債を額面金額未満で発行する場合，額面金額（債務額）と発行額が異なることとなります。この場合は，発行時に発行額で貸借対照表の負債に計上し，決算において，額面金額と発行額との差額を発行から償還までの期間で按分して支払利息として計上するとともに，貸借対照表の金額を増額させることができます。（要領各論３解説）
③金銭債権の譲渡	・受取手形割引額及び受取手形裏書譲渡額は，貸借対照表の注記とする。（要領各論３(3)） ・取得価額で計上した受取手形を取引金融機関等で割り引いたり，裏書きをして取引先に譲渡した場合は，この受取手形は貸借対照表に計上されなくなりますが，経営者や金融機関が企業の資金繰り状況を見る上で，受取手形の割引額や裏書譲渡額の情報は重要であるため，受取手形割引額及び受取手形裏書譲渡額は注記することになります。（要領各論３解説）

中小指針	①金銭債権の意義と評価額	・金銭債権とは，金銭の給付を目的とする債権をいい，これには，預金，受取手形，売掛金，貸付金等が含まれる。（指針10） ・金銭債権には，その取得価額を付す。（指針11） ・金銭債権の取得価額が債権金額と異なる場合その他相当の理由がある場合には，適正な価格で計上できる。（指針12） ・取得価額と債権金額との差額の性格が金利の調整と認められるときには，償却原価法に基づいて算定された価額とする。（指針12）
	②金銭債務の意義と評価額	・金銭債務とは，金銭の支払いを目的とする債務をいい，これには，支払手形，買掛金，借入金，社債等が含まれる。なお，金銭債務は，網羅的に計上する。（指針44） ・支払手形，買掛金，借入金その他の債務には，債務額を付さなければならない。（指針45⑴） ・払込みを受けた金額が債務額と異なる社債は，償却原価法に基づいて算定された価額をもって貸借対照表価額とする。（指針45⑵）
	③金銭債権の譲渡	・手形の割引又は裏書及び金融機関等による金銭債権の買取りは，金銭債権の譲渡に該当する。したがって，手形割引時に，手形譲渡損が計上される。（指針14）
会社法（会社計算規則）	①金銭債権の意義と評価額	・資産（金銭債権）は，別段の定めがある場合を除き，会計帳簿に取得価額を付さなければならない。（計規５①） ・取立不能のおそれのある債権は，事業年度の末日においてその時に取り立てることができないと見込まれる額を控除しなければならない。（計規５④） ・債権は，その取得価額が債権金額と異なる場合その他相当の理由がある場合には，適正な価格を付すことができる。（計規５⑤） ・金銭債権に市場価格がある場合は，事業年度の末日においてその時の時価又は適正な価格を付すことができる。（計規５⑥二）

	②金銭債務の意義と評価額	・負債（金銭債務）は，別段の定めがある場合を除き，会計帳簿に債務額を付さなければならない。（計規６①） ・払込みを受けた金額が債務額と異なる社債は，事業年度の末日においてその時の時価又は適正な価格を付すことができる。（計規６②二）
	③金銭債権の譲渡	—
企業会計原則	①金銭債権の意義と評価額	・貸借対照表に記載する資産の価額は，原則として，当該資産の取得原価を基礎として計上しなければならない。（原則第三･五） ・受取手形，売掛金その他の債権の貸借対照表価額は，債権金額又は取得価額から正常な貸倒見積高を控除した金額とする。（原則第三･五Ｃ） ・債権については，債権金額より低い価額で取得したときその他これに類する場合には，当該価額をもって貸借対照表価額とすることができる。この場合においては，その差額に相当する金額を弁済期に至るまで毎期一定の方法で逐次貸借対照表価額に加算することができる。（原則注解23）
	②金銭債務の意義と評価額	—
	③金銭債権の譲渡	・受取手形の割引高又は裏書譲渡高は，貸借対照表に注記しなければならない。（原則第三・一Ｃ）
法人税法等	—	

第３節　金銭債権

1　金銭債権の意義

金銭債権とは，金銭の給付を受けることを目的とする権利の総称であり，その回収によって権利は消滅する。具体的には，受取手形，売掛金，未収金，貸付金，立替金などがこれに該当する。これに対し，前渡金，前払金は代価に充当されることから金銭債権ではない。なお，所有する社債は，企業会計上，有価証券に含めて取り扱われるのが一般的であるが，会社法上，金銭債権とされる（会社法２条23号）ことから，中小会計要領では，金銭債権の項で取り扱われている。

金銭債権は，それが本来の事業活動に関連して発生した債権であるか否かにより，次の２つに区別される。

⑴　営業金銭債権

⑵　非営業金銭債権

「営業金銭債権」とは，本来の事業活動に関連して発生した金銭債権をいい，受取手形，売掛金等がこれに該当する。「非営業金銭債権」とは，資金の融通等を目的として発生した金銭債権をいい，未収金，貸付金等がこれに該当する。

なお，会計学上の概念として，売掛債権あるいは受取勘定という用語もあるが，これらは上記⑴の営業金銭債権と同義である。

2　金銭債権の評価

⑴　原則

金銭債権は，他の資産と同様に，会計帳簿にその取得価額を付さなければならない。

⑵　特則

金銭債権の取得価額が債権金額と異なる場合その他相当の理由がある場合には，適正な価格を付すことができる。これについて，企業会計原則では，「債権金額より低い価額で取得したときその他これに類する場合には，当該価額をもって貸借対照表価額とすることができる。この場合においては，その差額に相当する金額を弁済期に至るまで毎期一定の方法で逐次貸借対照表価額に加算することができる」（企業会計原則注解23）としている。

企業会計基準第10号「金融商品に関する会計基準」（以下では，金融会計基準という）によれば，金銭債権の取得価額が債権金額と異なる場合，その差額が金利の調整とみなされるときに，当該差額を毎期一定の方法で取得価額を増減する方法として償却原価法がある（金融会計基準14項）。これには，次の２つの方法がある。

① 利息法

② 定額法

「利息法」は利息総額を複利計算によって各期間に配分する方法であるのに対し，「定額法」は利息総額を各期間に均等に配分する方法をいう。償却原価法の適用については，利息法が原則とされるが，契約上，元利の支払いが弁済期限に一括して行われる場合，または規則的に行われることとなっている場合は，定額法を適用することができる（金融実務指針105項）。

なお，金銭債権について取立不能のおそれがある場合には，事業年度末日において取立不能見込額を控除しなければならない（会社計算規則５条４項）。

３　社債の取得価額と額面金額が異なる場合

企業会計原則では，所有する社債について，「社債金額より低い価額又は高い価額で買い入れた場合には，当該価額をもって貸借対照表価額とすることができる。この場合においては，その差額に相当する金額を償還期に至るまで毎期一定の方法で逐次貸借対照表価額に加算し，又は貸借対照表価額から控除することができる」（企業会計原則注解22）として，アキュムレーションやアモーチゼーションといった例外的な会計処理を認めている。

中小会計要領では，社債を額面金額未満で購入する場合を取り上げ，額面金額と取得価額との差額を，購入から償還までの期間で按分して受取利息として計上するとともに，同額を貸借対照表の金額に加算することができるとしている（アキュムレーション）。この場合，額面金額と取得価額との差額が金利の調整とみなされるとき，当該差額を毎期一定の方法で取得価額に加算する方法として，償却原価法が適用される。

なお，社債を額面金額より高い価額で購入する場合は，取得価額と額面金額との差額を購入から償還までの期間で按分し，その金額を逐次貸借対照表の金額から減算することになる（アモーチゼーション）。

４　金銭債権の貸借対照表における表示方法

中小会計要領は，金銭債権の貸借対照表における表示方法を特に規定していない。これに対し，中小指針はその表示方法を次のように規定している。

⑴ 営業上の金銭債権

「通常の取引」に基づいて発生した受取手形，売掛金等の営業金銭債権は，営業循環基準に基づき，流動資産の区分に表示される。ここで，通常の取引とは「当該会社の事業目的のための営業活動において，経常的にまたは短期間に循環して発生する取引」をいう。ただし，これらの金銭債権であっても，破産債権，再生債権，更生債権等で，１年内に弁済を受けることができないことが明らかなものは，固定資産（投資その他の資産）の区分に表示される。

⑵ 営業上の債権以外の金銭債権

営業上の債権以外の金銭債権については，１年基準に基づき，その履行時期が決算期後１年以内に到来するものは流動資産の区分に表示され，それ以外のものは固定資産（投資その他の資産）の区分に表示される。

⑶ 関係会社に対する金銭債権

関係会社（会社法で規定する親会社および子会社と会社計算規則で規定する関連会社および他の会社等）に対する金銭債権は，次のいずれかの方法によって表示する。

① 金銭債権の属する科目ごとに，他の金銭債権と区分して表示する。

図表12－1 金銭債権の表示方法

<table>
<tr><th colspan="2">金銭債権</th><th>表示方法</th></tr>
<tr><td rowspan="2">⑴</td><td>営業上の金銭債権</td><td>・流動資産</td></tr>
<tr><td>（例外）破産債権，再生債権，更生債権等</td><td>・固定資産（投資その他の資産）</td></tr>
<tr><td rowspan="3">⑵</td><td colspan="2">営業上の債権以外の金銭債権</td></tr>
<tr><td>① 履行時期が決算期終了後１年以内に到来するもの</td><td>・流動資産</td></tr>
<tr><td>② 上記①以外のもの</td><td>・固定資産（投資その他の資産）</td></tr>
<tr><td>⑶</td><td>関係会社に対する金銭債権</td><td>① 科目別に記載　または
② 注記（科目別または一括）</td></tr>
</table>

②　金銭債権の属する科目ごとに，または２以上の科目について一括して，注記する。

図表12－１は，金銭債権の表示方法を要点的にまとめて示したものである。

第４節　金銭債務

1　金銭債務の意義

金銭債務とは，金銭の支払いを行うことを目的とする義務の総称であり，その弁済によって義務は消滅する。具体的には，支払手形，買掛金，借入金，預り金などがこれに該当する。これに対し，前受金は決済に充当されることから金銭債務ではない。なお，社債は私募債も含めて，金銭債務に含まれる。

2　金銭債務の評価

(1)　原　則

金銭債務は，会計帳簿にその債務額を付さなければならない。

(2)　特　則

払込みを受けた金額が債務額と異なる社債については，事業年度末日において，その時点の時価または適正な価格を付すことができる。すなわち，負債に計上された社債等について，社債を社債金額（債務額）より低い価額または高い価額で発行した場合，収入に基づく金額（発行価額）と債務額とが異なるとき，償却原価法に基づいて算定された価額をもって貸借対照表価額としなければならない（金融会計基準26項）。

3　社債の発行価額と債務額が異なる場合

中小会計要領では，社債を額面金額（社債金額）未満で発行する場合を取り上げ，額面金額（債務額）と発行価額との差額を，購入から償還までの期間で按分して支払利息として計上するとともに，同額を貸借対照表の金額に加算することができるとしている（アキュムレーション）。この場合，所有する社債の場合と同様に，額面金額と発行価額との差額が金利の調整とみなされるとき，当該差額を毎期一定の方法で発行価額に加算する方法として，償却原価法が適用される。

なお，社債の購入の場合と同様に，額面金額より高い価額で発行する場合は，発行価額と額面金額との差額は発行から償還までの期間で按分し，その金額を逐次貸借対照表の金額から減算することになる（アモーチゼーション）。

4　金銭債務の貸借対照表における表示方法

中小会計要領は，金銭債権の場合と同様に，金銭債務の貸借対照表における表示方法を特に規定していない。これに対し，中小指針はその表示方法を次のように規定している。

⑴　営業上の金銭債務

通常の取引に基づいて発生した支払手形，買掛金等の金銭債務は，金銭債権の場合と同様に，営業循環基準に基づき，流動負債の区分に表示される。

⑵　営業上の債務以外の金銭債務

営業上の債務以外の金銭債務については，１年基準に基づき，その履行時期が決算期後１年以内に到来するものは流動負債の区分に表示され，それ以外のものは固定負債の区分に表示される。

⑶　関係会社に対する金銭債務

関係会社に対する金銭債務は，次のいずれかの方法によって表示する。

①　金銭債務の属する科目ごとに，他の金銭債務と区分して表示する。

②　金銭債務の属する科目ごとに，または２以上の科目について一括して，注記する。

図表12－２は，金銭債務の表示方法を要点的にまとめて示したものである。

図表12－２　金銭債務の表示方法

金銭債務		表示方法
(1)　営業上の金銭債務		・流動負債
(2)　営業上の債務以外の金銭債務		
	①　履行時期が決算期終了後１年以内に到来するもの	・流動負債
	②　上記①以外のもの	・固定負債
(3)　関係会社に対する金銭債務		①　科目別に記載　または ②　注記（科目別または一括）

第５節　受取手形割引額・受取手形裏書譲渡額の注記

中小会計要領では，取得価額で計上した受取手形を取引金融機関等で割り引いたり，裏書きをして取引先に譲渡した場合，「受取手形割引額」および「受取手形裏書譲渡額」の注記を要請している。その目的は，注記によって手形遡求義務の存在を明らかにすることにより，経営者や金融機関が企業の資金繰りの正しい状況を判断するのに役立てることにある。

第６節　むすび

金銭債権・金銭債務について，中小会計要領と中小指針の会計処理に基本的な相違はない。しかし，両者には，金銭債権・金銭債務の表示に関する解説の有無，およびデリバティブ（金融派生商品）の会計処理に関する規定の有無に相違がみられる。特に，デリバティブについては，中小指針がその時価評価を規定しているのに対し，中小会計要領はその会計処理について何も触れていない。デリバティブが，中小企業の重要な経済取引の対象であるか否か，および時価評価に対する認識の相違が，両者のこのような取扱いの相違となって現われているものと忖度（そんたく）される。

第13章

中小会計要領
（各論４：貸倒損失・貸倒引当金）

第１節　はじめに

本章では，中小会計要領の「各論４」を解説する。各論４は，「貸倒損失・貸倒引当金」である。貸倒損失・貸倒引当金の会計処理にあたり，債権については，債務者の財政状態および経営成績等に応じて，債権が３つに区分され，それぞれの貸倒見積高の算定方法が金融会計基準によって定められている。

本章の主要な論点は，次の３点である。

(1)　貸倒損失とは，金銭債権の回収が見込めなくなった場合に，その債権額を帳簿価額から償却することによって生じる損失をいうこと

(2)　取立不能のおそれのある債権については，取立不能見込額（貸倒見積高）を算定する必要があるが，その算定にあたっては，債務者の財政状態および経営成績等に応じて，①一般債権，②貸倒懸念債権，③破産更生債権等の３つに区分する必要があること

(3)　貸倒引当金の計算にあたり，中小会計要領は，税法との親和性を重視するとともに，貸倒実績率よりも法定繰入率の採用が多いという中小企業の実務を尊重した規定となっていること

第２節　貸倒損失・貸倒引当金の規定

各論４：貸倒損失・貸倒引当金	
①貸倒損失	・倒産手続き等により債権が法的に消滅したときは，その金額を貸倒損失として計上する。（要領各論４(1)） ・債務者の資産状況，支払能力等からみて回収不能な債権については，その回収不能額を貸倒損失として計上する。（要領各論４(2)） ・受取手形，売掛金，貸付金等の金銭債権については，決算時に，以下のように貸倒れの可能性について検討する必要があります。（要領各論４解説） ○破産など，倒産手続き等により債権が法的に消滅した場合 ○債務者の資産状況，支払能力等からみて債権が回収不能と見込まれる場合 ○債務者の資産状況，支払能力等からみて債権が回収不能のおそれがある場合
②貸倒引当金	・債務者の資産状況，支払能力等からみて回収不能のおそれのある債権については，その回収不能見込額を貸倒引当金として計上する。（要領各論４(3)） ・決算期末における貸倒引当金の計算方法としては，債権全体に対して法人税法上の中小法人に認められている法定繰入率で算定することが実務上考えられます。また，過去の貸倒実績率で引当金額を見積る方法等も考えられます。（要領各論４解説）

中小指針	①貸倒損失	・法的に債権が消滅した場合のほか，回収不能な債権がある場合は，その金額を貸倒損失として計上し，債権金額から控除しなければならない。（指針17） ・「法的に債権が消滅した場合」とは，会社更生法による更生計画又は民事再生法による再生計画の認可が決定されたことにより債権の一部が切り捨てられることとなった場合等が該当する。また，「回収不能な債権がある場合」とは，債務者の財政状態及び支払能力から見て債権の全額が回収できないことが明らかである場合をいう。（指針17）

	②貸倒引当金	・金銭債権について取立不能のおそれがある場合には，その取立不能見込額を貸倒引当金として計上しなければならない。（指針18）
会社法（会社計算規則）	①貸倒損失	・貸倒損失は，金銭債権の回収が見込めなくなった段階で計上し，債権額から償却しなければならない。（計規5④） ・取立不能のおそれのある債権については，事業年度の末日においてその時に取り立てることができないと見込まれる額を控除しなければならない。（計規5④）
	②貸倒引当金	・各資産に係る引当金は，貸倒引当金その他当該引当金の設定目的を示す名称を付した項目をもって表示しなければならない。（計規78①）
企業会計原則	①貸倒損失	・受取手形，売掛金その他の債権の貸借対照表価額は，債権金額または取得価額から正常な貸倒見積高を控除した金額とする。（原則第三・五C）
	②貸倒引当金	・将来の特定の費用又は損失であって，その発生が当期以前の事象に起因し，発生の可能性が高く，かつ，その金額を合理的に見積ることができる場合には，当期の負担に属する金額を当期の費用又は損失として引当金に繰入れ，当該引当金の残高を貸借対照表の負債の部又は資産の部に記載するものとする。（原則注解18） ・貸倒引当金等がこれに該当する。（原則注解18）
法人税法等	①貸倒損失	・法人の有する金銭債権について次に掲げる事実が発生した場合には，その事実の発生した日の属する事業年度に貸倒れとして損金の額に算入する。（法基通9－6－1） ⑴　更生計画認可・再生計画認可の決定があった場合 ⑵　特別清算に係る協定の認可の決定があった場合 ⑶　関係者の協議決定 ⑷　債務者の債務超過の状態が相当期間継続し，その金銭債権の弁済を受けることができないと認められる場合 ・債務者の資産状況，支払能力等から全額が回収できないことが明らかになった場合，その明らかになった事業年度に貸倒れとして損金経理することができる。なお，当該金銭債権に担保物があるときは，その担保物を処分した後でなければ貸倒れとして損金経理することはできない。（法基通9－6－2）

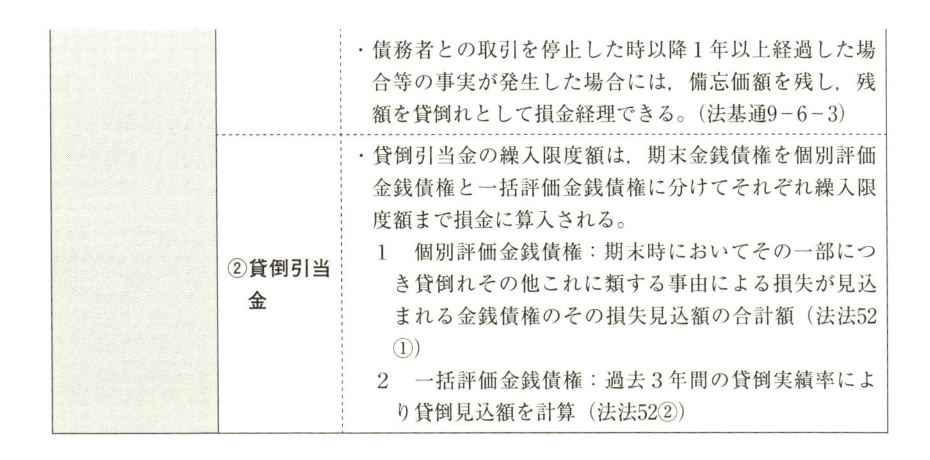

		・債務者との取引を停止した時以降１年以上経過した場合等の事実が発生した場合には，備忘価額を残し，残額を貸倒れとして損金経理できる。（法基通9－6－3）
	②貸倒引当金	・貸倒引当金の繰入限度額は，期末金銭債権を個別評価金銭債権と一括評価金銭債権に分けてそれぞれ繰入限度額まで損金に算入される。 １　個別評価金銭債権：期末時においてその一部につき貸倒れその他これに類する事由による損失が見込まれる金銭債権のその損失見込額の合計額（法法52①） ２　一括評価金銭債権：過去３年間の貸倒実績率により貸倒見込額を計算（法法52②）

第３節　貸倒損失

会社計算規則によれば，貸倒損失とは，金銭債権の回収が見込めなくなった場合に，その債権額を帳簿価額から償却することによって生じる損失をいう。中小会計要領および中小指針では，貸倒損失の計上時期について，次の２つの場合をあげている。

⑴　債権が法的に消滅した場合

⑵　債権が回収不能と見込まれる場合

「債権が法的に消滅した場合」とは，破産など，倒産手続等によって，または，債務の免除によって，債権が法的に消滅した場合をいう。具体的には，①会社更生，民事再生などの法的手続によって債権が切り捨てられた場合，②関係者の協議決定によって債権が切り捨てられた場合，③債務超過の状態が相当期間（おおむね３年以上）継続し，書面によって債権放棄を通知した場合などがあげられる。これに対し，「債権が回収不能と見込まれる場合」とは，法的に債権が消滅していないものの，債務者の資産状況や支払能力等から判断して，債権の全額を回収できないことが明らかになった場合をいう。これらの場合は，消滅した金額または回収不能と見込まれる金額を，債権の計上額から直接減額するとともに，貸倒損失として計上する。

なお，税法では，上記(1)，(2)の他に，「取引停止等の事実が発生した場合」をあげ，債務者との取引停止の時点から１年以上経過した場合には，債権の備忘価額を残して，残額を貸倒損失として計上できるとしている。

第４節　貸倒引当金

１　貸倒引当金の意味

貸倒引当金は，金銭債権について取立不能のおそれがある場合に，これに備えて計上しなければならない評価性引当金である。貸倒損失は回収不能（貸倒れ）が明確になった時点で計上されるのに対し，貸倒引当金は貸倒れの可能性が高まった時点に計上される点で異なる。

２　取立不能見込額の算定

(1)　基本的な算定方法

①　債権の区分

会社計算規則によれば，取立不能のおそれのある債権については，事業年度の末日においてその時に取り立てることができないと見込まれる額を控除しなければならない（会社計算規則５条４項）とされる。その場合，金融会計基準によれば，取立不能見込額（貸倒見積高）の算定にあたっては，債務者の財政状態および経営成績に応じて，債権は次の３つに区分される（金融会計基準27項）。

(1)　一般債権

(2)　貸倒懸念債権

(3)　破産更生債権等

これらの定義とそれぞれの取立不能見込額の算定方法を示したのが**図表13－１**である。取立不能見込額の算定にあたり，中小指針は，基本的に，金融会計基準の考え方に依拠している。

図表13－1　債権の区分と取立不能見込額の算定方法

区　分	定　義	算定方法
(1)一般債権	・経営状態に重大な問題が生じていない債務者に対する債権	・債権全体または同種・同類の債権ごとに，債権の状況に応じて求めた過去の貸倒実績率等の合理的な基準により算定する方法（貸倒実績率法）
(2)貸倒懸念債権	・経営破綻の状態には至っていないが，債務の弁済に重大な問題が生じているかまたは生じる可能性の高い債務者に対する債権	・次のいずれかの方法によって算定する。 ①　債権金額から担保の処分見込額および保証による回収見込額を減額し，その残額について債務者の財政状態および経営成績を考慮して算定する方法（財務内容評価法） ②　債権の発生または取得当初における将来キャッシュ・フローと債権の帳簿価額との差額が一定率となるような割引率を算出し，債権の元本および利息について元本の回収および利息の受取りが見込まれるときから当期末までの期間にわたり，債権の発生または取得当初の割引率で割り引いた現在価値の総額と債権の帳簿価額との差額を取立不能見込額とする方法（キャッシュ・フロー見積法）
(3)破産更生債権等	・経営破綻または実質的に経営破綻に陥っている債務者に対する債権	・債権金額から担保の処分見込額および保証による回収見込額を減額し，その残額を取立不能額とする方法（財務内容評価法）

②　一般債権

一般債権は，「経営状態に重大な問題が生じていない債務者に対する債権」と定義され，これについては，「債権全体又は同種・同類の債権ごとに，債権の状況に応じて求めた過去の貸倒実績率等合理的な基準により貸倒見積高を算定する」（金融会計基準28項(1)）とされる。ここで，「同種」とは，例えば，(1)受取手形，(2)売掛金，(3)貸付金，(4)未収金等の区別をいい，「同類」とは，例えば，営業金銭債権と非営業金銭債権のような区別をいう。このように，同類は同種より大きな区分を意味する。

また，一般債権の貸倒見積高の算定方法である貸倒実績率は，次のように計算される。

$$\text{貸倒実績率} = \frac{\text{過去3年間の一般債権の平均貸倒損失}}{\text{過去3年間の一般債権の平均帳簿価額}}$$

③ 貸倒懸念債権

貸倒懸念債権は，「経営破綻の状態には至っていないが，債務の弁済に重大な問題が生じているか又は生じる可能性の高い債務者に対する債権」（傍点は筆者）と定義される。ここで，「債務の弁済に重大な問題が生じている」とは，⑴現に債務の弁済がおおむね１年以上延滞している場合，⑵弁済期間の延長または弁済の一時棚上げおよび元金または利息の一部免除など，債務者に対して弁済条件の大幅な緩和を行っている場合をいう。また，「債務の弁済に重大な問題が生じる可能性が高い」とは，⑴業況が低調ないし不安定であること，⑵財務内容に問題があることなどから，過去の経営成績または経営改善計画の実現可能性を考慮しても債務の一部を条件どおりに弁済できない可能性の高いことをいう（金融実務指針112項）。

貸倒懸念債権の貸倒見積高の算定については，債権の状況に応じて，次のいずれかの方法により算定される。

⑴ 財務内容評価法

⑵ キャッシュ・フロー見積法

「財務内容評価法」とは，債権額から担保の処分見込額および保証による回収見込額を減額し，その残額について債務者の財政状態および経営成績を考慮して貸倒見積高を算定する方法をいう。これに対し，「キャッシュ・フロー見積法」とは，債権の元本の回収および利息の受取りに係るキャッシュ・フローを合理的に見積もる方法であり，将来の見積キャッシュ・フローを約定利子率で割り引いた現在価値と，帳簿価額との差額を引当金として計上する方法をいう。

④ 破産更生債権等

破産更生債権は，「経営破綻又は実質的に経営破綻に陥っている債務者に対する債権」と定義される。ここで，「経営破綻に陥っている債務者」とは，法的または形式的な経営破綻の事実が発生している債務者をいい，例えば，破産，清算，会社整理，会社更生，民事再生，手形交換所における取引停止処分等の事由が生じている債務者である。また，「実質的に経営破綻に陥っている債務者」とは，法的または形式的な経営破綻の事実は発生していないものの，深刻な経営難の状態にあって再建の見通しがない状態にあると認められる債務者である（金融実務指針116項）。

破産更生債権等の貸倒見積高は，前記の財務内容評価法によって算定される。

⑵　法人税法における繰入限度額

中小会計要領では，貸倒引当金の計算方法として，「法人税法上の中小法人に認められている法定繰入率で算定することが実務上考えられる」として，法定繰入率を主要な計算方法として示している。**図表13－２**は，法人税法における貸倒引当金の繰入限度額を要点的に示したものである。

図表13－２の「個別評価金銭債権」とは，事業年度終了の時に，その一部につき貸倒れその他これに類する事由による損失が見込まれる金銭債権をいい（法人税法52条１項），「貸倒れその他これに類する事由」としては，売掛金，貸付金その他これらに類する金銭債権の貸倒れのほか，例えば，保証金や前渡金等について返還請求を行った場合における当該返還請求債権が回収不能になったときが含まれる（法人税基本通達11－2－3）。これに対し，「一括評価金銭債権」とは，売掛金，貸付金その他これらに準ずる金銭債権で，個別評価金銭債権を除いたものをいう。

第５節　貸倒引当金の処理と表示

1　貸倒引当金の処理

貸倒引当金の処理法として，次の２つの方法がある。

⑴　洗替法

⑵　差額補充法

図表13−2　法人税法における貸倒引当金の繰入限度額

区　分	定　義	繰入限度額
(1)個別評価金銭債権	・更生計画認可の決定，再生計画認可の決定，関係者の協議決定等による弁済の猶予，または，当該事由により5年を超えて賦払いにより弁済される等の金銭債権	・債権金額のうち5年を超えて弁済される部分の金額（担保権の実行その他による取立て等の見込みがあると認められる部分の金額を除く）
	・債務超過が相当期間（おおむね1年以上）継続し，事業好転の見通しのないこと，災害，経済事情の急変等により多大な損害が生じたこと等の事由により，取立て等の見込みがないと認められる金銭債権	・債権金額（担保権の実行その他による取立て等の見込みがあると認められる部分の金額を除く）
	・更生手続開始の申立て，再生手続開始の申立て，破産手続開始の申立て，手形交換所取引停止処分があった場合等における金銭債権	・債権金額（ただし，当該債権金額のうち，債務者から受け入れた金額があるため実質的に債権とみられない部分の金額および担保権の実行，金融機関または保証機関による保証債務の履行その他により取立て等の見込みがあると認められる部分の金額を除く）の50％相当額
(2)一括評価金銭債権	・個別評価金銭債権以外の金銭債権	・債権金額に過去3年間の貸倒実績率または租税特別措置法に規定する法定繰入率を乗じた金額

「洗替法」とは，当期末の貸倒引当金残高の全額を収益として戻し入れ，改めて当期末の貸倒見積高を貸倒引当金として設定する方法である。これに対し，「差額補充法」とは，当期末の貸倒引当金残高と貸倒見積額との差額を貸倒引当金として追加計上する（または，収益に戻し入れる）方法である。

中小指針では，原則として，差額補充法によることとしている。これに対し，法人税法では，原則として洗替法が要求され，差額補充法は例外的に認められている（法人税基本通達11－1－1）。

2　貸倒引当金の表示

(1)　貸借対照表での表示

貸倒引当金の貸借対照表での表示は，その債権が属する科目ごとに控除する形式（科目別控除方式）を原則とするが，**図表 13 － 3** に示すような例外的表示形式も認められている（企業会計原則注解 17，会社計算規則 78 条・103 条）。

図表13－３　貸倒引当金の表示方法

<table>
<tr><td>(1)原則的表示方式</td><td>①　科目別控除方式（計規78条１項）
・各資産に係る引当金は，当該各資産の項目に対する控除項目として，貸倒引当金等の設定目的を示す名称を付した項目をもって表示</td><td rowspan="2">控除方式</td></tr>
<tr><td rowspan="3">(2)例外的表示方式</td><td>②　一括控除方式（計規78条１項但し書き）
・当該引当金を当該資産に対する控除項目として一括して表示することを妨げない。</td></tr>
<tr><td>③　科目別注記方式（計規78条２項，計規103条２号）
・当該引当金を当該各資産の金額から直接控除し，その控除残高を当該資産の金額として表示
・資産に係る引当金を直接控除した場合における各資産の資産項目別の引当金の金額は貸借対照表に注記</td><td rowspan="2">残高注記方式</td></tr>
<tr><td>④　一括注記方式（計規78条２項，計規103条２号括弧書き）
・当該引当金を当該各資産の金額から直接控除し，その控除残高を当該資産の金額として表示
・一括して注記することが適当な場合にあっては，一括した引当金の金額を注記</td></tr>
</table>

(2)　損益計算書での表示

中小指針によれば，貸倒引当金繰入額は，損益計算書で**図表13－４**のように区分して表示される。

図表13－4 貸倒引当金繰入額の表示区分

貸倒引当金繰入額	表示区分
(1) 営業上の取引に基づいて発生した債権に対するもの	・販売費
(2) 本図表の(1), (3)以外のもの	・営業外費用
(3) 臨時かつ巨額のもの	・特別損失

第6節 むすび

貸倒損失・貸倒引当金の会計処理について，中小会計要領と中小指針の間に，大きな相違はみられない。しかし，税法との親和性については，両者の間に，明らかな相違がみられる。中小会計要領では，貸倒引当金の設定について，法定繰入率を主要な計算方法として示しているのに対し，中小指針では，原則として，金融会計基準の会計処理に準拠し，条件付きで法定繰入率の適用を容認している。また，中小指針では，貸倒引当金の計上は，差額補充法によることを原則としている点でも，税法の原則的な考え方とは異なる。これに対し，中小会計要領は，貸倒実績率よりも法定繰入率の採用が多いという中小企業の実務を尊重した規定となっており，貸倒引当金の会計処理は，税法との親和性を重視した具体例といってよい。

中小会計要領
（各論５：有価証券）

第1節 はじめに

本章では，中小会計要領の「各論５」を解説する。各論５は，「有価証券」である。近年，大企業会計基準（企業会計基準）では，有価証券の期末評価にあたり，原則として，時価評価が採用されている。中小企業会計では，時価評価に困難を伴う中小企業に，同様の評価思考を適用すべきであるかどうかが問題となる。

本章の主要な論点は，次の４点である。

⑴　会計学上，有価証券とされるのは資本証券（株式，社債等）であり，貨幣証券および物品証券については，その性格の相違に従った会計処理が行われること

⑵　有価証券の分類と評価基準は，「保有目的」の観点から，①売買目的有価証券，②満期保有目的の債券，③関係会社株式（子会社株式・関連会社株式），④その他有価証券の４つに区分されること

⑶　売買目的有価証券の内容については，中小指針は企業会計基準の規定を基礎とするのに対し，中小会計要領は法人税法の規定を尊重していること

⑷　その他有価証券の期末評価については，中小指針は時価評価であるのに対し，中小会計要領は原価評価であること

第2節 有価証券の規定

各論5：有価証券	
①有価証券の分類	—
②有価証券の取得価額と期末評価	・有価証券は，原則として，取得原価で計上する。(要領各論5(1)) ・売買目的の有価証券を保有する場合は，時価で計上する。(要領各論5(2))
③有価証券の評価方法	・有価証券の評価方法は，総平均法，移動平均法等による。(要領各論5(3))
④有価証券の減損処理	・時価が取得原価よりも著しく下落したときは，回復の見込みがあると判断した場合を除き，評価損を計上する。(要領各論5(4))

中小指針		
中小指針	①有価証券の分類	・有価証券は，保有目的の観点から以下の4つに分類する。(指針19) (1) 売買目的有価証券 (2) 満期保有目的の債券 (3) 子会社株式及び関連会社株式 (4) その他有価証券 ・売買目的有価証券とその他有価証券との区分を法人税法の規定に従って分類することも認められる。(指針19)
		・有価証券の取得時における付随費用（支払手数料等）は，取得した有価証券の取得価額に含める。(指針20) ・有価証券は，それぞれ次のように会計処理する。(指針19) (1) 売買目的有価証券：時価をもって貸借対照表価額とする。

中小指針	②有価証券の取得価額と期末評価	(2) 満期保有目的の債券：償却原価（取得原価）をもって貸借対照表価額とする。 (3) 子会社株式及び関連会社株式：取得原価をもって貸借対照表価額とする。 (4) その他有価証券：市場価格のある場合には，時価をもって貸借対照表価額とする。ただし，市場価格のある場合でも，それが多額でない場合には，取得原価をもって貸借対照表価額とすることもできる。また，市場価格のない場合には，取得原価をもって貸借対照表価額とする。
	③有価証券の評価方法	・取得原価の評価方法は，移動平均法又は総平均法による。（指針21）
	④有価証券の減損処理	・満期保有目的の債券，子会社株式及び関連会社株式並びにその他有価証券のうち市場価格のあるものについて，時価が著しく下落したときは，回復する見込みがあると認められる場合を除き，時価をもって貸借対照表価額とし，評価差額は当期の損失として処理しなければならない。（指針22(1)） ・市場価格のない株式について，発行会社の財政状態の悪化により実質価額が著しく低下したときは，相当の減額を行い，評価差額は当期の損失として処理しなければならない。（指針22(2)） ・有価証券の減損処理について，法人税法に定める処理に拠った場合と比べて重要な差異がないと見込まれるときは，法人税法の取扱いに従うことが認められる。（指針22(2)）
会社法（会社計算規則）	①有価証券の分類	―
	②有価証券の取得価額と期末評価	・資産（有価証券）は，別段の定めがある場合を除き，会計帳簿に取得価額を付さなければならない。（計規5①） ・次に掲げる資産（有価証券）については，事業年度の末日においてその時の時価又は適正な価格を付すことができる。（計規5⑥一・二） 一　事業年度の末日における時価がその時の取得原価より低い有価証券 二　市場価格のある有価証券（子会社株式及び関連会社の株式並びに満期保有目的の債券を除く。）

	③有価証券の評価方法	—
	④有価証券の減損処理	・事業年度の末日において予測することができない減損が生じた資産（有価証券）又は減損損失を認識すべき資産（有価証券）は，その時の取得原価から相当の減額をした額を付さなければならない。（計規５③二）
企業会計原則	①有価証券の分類	—
	②有価証券の取得価額と期末評価	・有価証券については，原則として購入代価に手数料等の付随費用を加算し，取得原価をもって貸借対照表価額とする。（原則第三・五Ｂ） ・所有する社債については，社債金額より低い価額又は高い価額で買入れた場合には，当該価額をもって貸借対照表価額とすることができる。この場合においては，その差額に相当する金額を償還期に至るまで毎期一定の方法で逐次貸借対照表価額に加算し，又は貸借対照表価額から控除することができる。（原則注解22）
	③有価証券の評価方法	・有価証券については，平均原価法等の方法を適用して取得原価を算出する。（原則第三・五Ｂ）
	④有価証券の減損処理	・取引所の相場のある有価証券については，時価が著しく下落したときは，回復する見込があると認められる場合を除き，時価をもって貸借対照表価額としなければならない。取引所の相場のない有価証券のうち株式については，当該会社の財政状態を反映する株式の実質価額が著しく低下したときは，相当の減額をしなければならない。（原則第三・五Ｂ）
	①有価証券の分類	・有価証券は，金融商品取引法第２条第１項（定義）に規定する有価証券その他これに準ずるもので政令で定めるものをいう。（法法２二十一） ・法第２条第21号（有価証券の意義）に規定する政令で定める有価証券（法令11）
		・内国法人が有価証券の取得をした場合には，購入した有価証券の取得価額は，その購入の代価（購入手数料その他その有価証券の購入のために要した費用がある場合には，その費用の額を加算した金額）とする。（法令119①一）

法人税法等	②有価証券の取得価額と期末評価	・内国法人が事業年度終了の時において有する有価証券については，次に掲げる有価証券の区分に応じた金額をもって，その時の評価額とする。（法法61の３①） 一　売買目的有価証券（短期的な価格の変動を利用して利益を得る目的で取得した有価証券）：時価法により評価した金額 二　売買目的外有価証券（売買目的有価証券以外の有価証券）：原価法により評価した金額 ・内国法人が事業年度終了の時において売買目的有価証券を有する場合には，当該売買目的有価証券に係る評価益又は評価損は，法25条１項（資産の評価益の益金不算入）または33条１項（資産の評価損の損金不算入）の規定にかかわらず，当該事業年度の所得の金額の計算上，益金の額又は損金の額に算入する。（法法61の３②）
	③有価証券の評価方法	・有価証券の譲渡に係る原価の額を計算する場合におけるその１単位当たりの帳簿価額の算出の方法は，次に掲げる方法とする。（法令119の２①） 一　移動平均法 二　総平均法
	④有価証券の減損処理	・有価証券につき，イ～ハに掲げる事実が生じた場合においてその資産の評価換えをして損金経理によりその帳簿価額を減額したときは，その減少額は資産の帳簿価額と期末時価との差額に達するまでの金額を限度として損金に算入する。（法法33②，法令68①，法基通9－1－7，9，11） イ　上場有価証券等の価額が著しく低下したこと ロ　上記イ以外の有価証券について，その有価証券発行法人の資産状態が著しく悪化したため，その価額が著しく低下したこと ハ　上記ロに準ずる特別の事実

第３節　有価証券の意義

有価証券とは，一般に私法上の財産権を表章する証券のことをいう。これには，⑴貨幣証券（手形，小切手等），⑵資本証券（株式，社債等），⑶物品証券（船荷証券，貨物引換証，倉庫証券等），⑷出資金，⑸その他証券（商品券，図書券等）が含まれる。会社法上，有価証券とされているのは，上記(1)～(3)の証券である。

しかし，税法上，有価証券とは，金融商品取引法に規定する有価証券（国債証券・地方債証券・社債券・株券等）およびその他これに準ずるもの（合名会社の社員権等）をいうとされている（法人税法２条21号，法人税法施行令11条）。

そこで，会計学上の有価証券，会社法上の有価証券および税法上の有価証券の相互関係を示したのが**図表14－１**である。

図表からわかるように，会計学上，有価証券とされるのは資本証券であり，貨幣証券および物品証券については，それぞれの性格に従った会計処理が行われる。例えば，手形債権は受取手形勘定，手形債務は支払手形勘定，船荷証券の受領は未着品勘定で処理される。これに対し，税法上，出資金については，その評価が株式と同一の取扱いがなされるという手続面から，有価証券として取り扱われる。

図表14－１ 有価証券の意義

区分	内容	会計学上の有価証券	税法上の有価証券	会社法上の有価証券
(1)貨幣証券	手形，小切手等			○
(2)物品証券	船荷証券，貨物引換証，倉庫証券			○
(3)資本証券	国債証券，地方債証券，社債券，株券，証券投資信託の受益証券，貸付信託の受益証券	○	○	○
(4)出資金	資本証券に準ずるもの(持分会社の持分，協同組合等の組合員の持分等)		○	
(5)その他	商品券・図書券といった金券，交通機関の乗車券，イベント等の入場券，宝くじ・馬券の当たり券			

（(1)～(5)全体：私法上の財産権を表章する証券）

（出典）武田［2008a］，476頁「図1」を一部修正して示している。

第４節 有価証券の分類と評価基準

企業会計基準（金融会計基準）では，有価証券の分類にあたり，「保有目的」を重視した分類を採用している。中小指針や中小会計要領も同様の分類を採用している。**図表14－２**は，有価証券の分類と評価基準（時価評価・原価評価）との関連を一覧表示したものである。

図表14－２　有価証券の分類と評価基準

有価証券の分類	意　味	期末の評価基準 企業会計基準（金融会計基準）	中小指針		中小会計要領
(1)売買目的有価証券	・時価の変動により利益を得ることを目的として保有する有価証券	時　価	時　価		時　価
(2)満期保有目的の債券	・満期まで所有する意図をもって保有する社債その他の債券	取得原価（償却原価[*1]）	取得原価（償却原価[*1]）		取得原価
(3)関係会社株式	・子会社株式および関連会社株式	取得原価	取得原価		取得原価
(4)その他有価証券	・売買目的有価証券，満期保有目的の債券および関係会社株式以外の有価証券	時　価[*2]	市場価格がある場合[*3]	時　価[*4]	取得原価
			市場価格がない場合	取得原価（債券については，償却原価[*1]）	

＊１　取得価額と債券金額の差額が金利の調整と認められるときは，償却原価法により処理する。
＊２　期末時点の時価の他，期末前１ヵ月の平均時価によることもできる。
＊３　多額でない場合には，取得原価をもって貸借対照表価額とすることもできる。
＊４　評価差額（税効果考慮後の額）は洗替方式に基づき，全部純資産直入法または部分純資産直入法により処理する。

図表14－２については，次の２点で，中小指針と中小会計要領の相違に注目する必要がある。

(1)　売買目的有価証券の区分

(2)　その他有価証券の期末評価

まず，「売買目的有価証券の区分」について，中小指針は，原則的に，企業会計基準（金融会計基準）に依拠し，特例的に法人税法に従った区分を容認している。これに対し，中小会計要領は，売買目的有価証券の区分については，法人税法上の区分を想定している。**図表14－３**は，売買目的有価証券について，企業会計基準（金融会計基準）と法人税法の規定の相違を要点的に対比して示したものである。

次に，「その他有価証券の期末評価」について，中小指針は，市場価格がある場合に時価評価を求めているのに対し，中小会計要領にこのような要請は

図表14－3 売買目的有価証券の区分

企業会計基準（金融会計基準）	法人税法
・時価の変動により利益を得ることを目的として保有する有価証券（金融会計基準15項，金融実務指針65項）。 (1) 「時価の変動により利益を得ることを目的として保有する」とは，短期間の価格変動による利益獲得を目的とすることをいい，通常は同一の銘柄に対する相当程度の反復的な購入と売却が行われるものをいう（いわゆるトレーディング目的の有価証券を指す）。 (2) 売買目的有価証券として分類するためには、「有価証券の売買を業としていることが定款の上から明らかであり」，かつ，「トレーディング業務を日常的に遂行し得る人材から構成された独立の専門部署によって保管・運用されている」ことが望ましい（典型例：金融機関の特定取引勘定に属する有価証券，運用を目的とする金銭の信託財産構成物である有価証券）。 (3) ただし，上記の要件を満たしていなくとも，有価証券の売買を頻繁に繰り返している有価証券は，売買目的有価証券に該当する。	・短期的な価格の変動を利用して利益を得る目的（短期売買目的）で取得した有価証券（企業支配株式を除く）であって，以下に掲げるもの（法人税法施行令119条の12）。 (1) 専担者売買有価証券（トレーディング目的の専門部署を設置している場合に，その目的のために取得した有価証券）であること (2) 短期売買有価証券（短期売買目的で取得したものである旨を帳簿書類に記載した有価証券）であること (3) 金銭の信託に属する有価証券（金銭の信託のうち信託財産として短期売買目的の有価証券を取得する旨を他の金銭の信託と区分して帳簿書類に記載した有価証券）であること

ない（したがって，その他有価証券は原価評価される）。このような規定の相違は，両者の基準設定の方法論の相違に胚胎（はいたい）する。中小指針は，企業会計基準を簡素化するトップダウン・アプローチを採用していることから，その考え方は基本的に企業会計基準に依拠しており，その他有価証券の評価も有価証券（金融商品）評価の基本原則である時価評価が求められることになる。これに対し，中小会計要領は中小企業の実態に即したボトムアップ・アプローチを採用していることから，中小企業における時価評価の困難さを踏まえ，その他有価証券の評価には資産評価の基本原則である原価評価が求められている。

第5節　有価証券の取得価額と評価方法

1　有価証券の取得価額

有価証券の取得価額は，購入代価に付随費用（支払手数料等の有価証券の取得に要した費用）を加算した額とされる。しかし，付随費用については，その金額が少額である（重要性が乏しい）場合，取得価額に含めないことができる（重要性の原則の適用）。

2　有価証券の評価方法

有価証券の評価方法について，中小指針は「移動平均法または総平均法による」としているのに対し，中小会計要領は「移動平均法，総平均法等による」とし，「等」によって評価方法に弾力性をもたせた規定となっている。しかし，実務では，この２つの評価方法が一般的であることから，両者に実質的な差異はない。

第6節　有価証券の減損処理

中小会計要領では，「時価が取得原価よりも著しく下落したときは，回復の見込みがあると判断した場合を除き，評価損を計上する」として，有価証券の減損処理を要求している。この規定では，次の２つが問題となる。

⑴「著しく下落したとき」とは，どの程度の下落を指すのか。

⑵「回復の見込みがあると判断した場合を除き」とは，どのような場合を指すのか。

まず，著しく下落したときについて，中小会計要領は，「市場価格のある有価証券」と「市場価格のない有価証券」に分けて，次のように規定している。

①　市場価格のある有価証券（上場株式のように市場価格がある場合）は，個々の銘柄の有価証券の時価が，取得原価に比べて50％程度以上下落した

場合をいう。

② 市場価格のない有価証券（非上場株式のように時価の把握が困難な場合）は，株式の実質価額が取得原価に比べて50％程度以上低下した場合をいい，例えば，大幅な債務超過等によりほとんど価値がないと判断できる場合がこれに該当する。

中小指針もおおむね同様の考え方であるが，有価証券の減損の会計処理について，当該時価（上記①の場合）または当該実質価額（上記②の場合）を翌期の取得原価とする「切放法」を指示している。中小会計要領は，この点について何も触れていないが，同様の会計処理を想定していると解される。

次に，回復の見込みがあると判断した場合を除きについては，会計学上，次の２つの解釈がみられる。

⑴ 回復の見込みがない場合

⑵ 回復の見込みが疑わしい場合

上記⑴のケースでは，評価損を計上しなければならないが，上記⑵のケースでは，評価損を計上（時価評価）すべきかどうかが問題となる。

このことに関連し，中小会計要領の「原案」では，減損処理の規定は「回復の見込みがない場合は，評価損を計上する。」とされていた。法人税法では，有価証券の評価損の計上は「近い将来その価額の回復が見込まれないことをいうものとする」（法人税基本通達9－1－7；傍点は筆者）とされ，「回復の見込みがない場合」に限り，評価損を損失として計上することで損金算入が認められている。また，「原案」のような表記は中小企業経営者にとって理解しやすいものである。

しかし，会社計算規則では，減損処理の対象は，「著しく低い資産（当該資産の時価がその時の取得原価まで回復すると認められるものを除く。）」（会社計算規則５条３項１号；傍点は筆者）と規定されていることから，会社計算規則の規定に則して，「回復の見込みがあると判断した場合を除き」と規定されることとなった。

そこで問題となるのが上記⑵のケースである。これについては，「回復の見込みが疑わしい場合はない」というのが法務省の見解であった。つまり，有価証券の減損処理については，取得原価が回復するか否かを経営者が判断すればよいのであり，「回復する見込みがあるかないか」のいずれかしかないという理解である。このことを明確にするため，中小会計要領の解説では，「時価が取得原価よりも著しく下落したときは，（経営者が）回復の見込みがあるかないかを判断します。」（丸括弧と傍点は筆者）とされた。

第7節　むすび

有価証券については，その期末評価の規定に中小指針と中小会計要領の立場の相違があらわれている。IFRS（国際会計基準）や企業会計基準（金融会計基準）のように，有価証券（金融商品）の評価は，原則として時価評価という立場をとれば，その他有価証券も時価評価となる。しかし，このような会計処理が中小企業に適切な処理であるかどうかは議論の分かれるところである。中小会計要領は認識対象の事実関係（属性）を重視し，その実態に即したボトムアップ・アプローチを採用しているのに対し，中小指針は情報の効果（投資意思決定に対する役立ち）を重視し，企業会計基準を簡素化したトップダウン・アプローチを採用している。このような基準設定のアプローチの相違が，有価証券の評価基準の相違を生み出している。

第15章

中小会計要領（各論6：棚卸資産）

第1節 はじめに

本章では，中小会計要領の「各論６」を解説する。各論６は，「棚卸資産」であり，事業活動の中心的な資産である。棚卸資産の会計処理にあたり，中小企業会計で問題となるのが期末の時価評価と評価方法としての最終仕入原価法の取扱いである。

本章の主要な論点は，次の６点である。

⑴ 棚卸資産とは，期間損益計算の目的から「棚卸」という手続により原価配分される資産を総称すること

⑵ 棚卸資産の取得価額は，購入代価または製造原価に付随費用を加算した金額とされ，重要性の乏しい付随費用は，取得価額に算入しないことができるが，その取扱いは企業会計原則と法人税法で異なること

⑶ 中小指針は，棚卸資産の期末評価は取得原価を原則とするものの，期末時価（正味売却価額）が取得原価を下回った場合は正味売却価額とされる（低価法の強制適用）のに対し，中小会計要領では，低価法の選択適用が認められていること

⑷ 中小指針の時価概念は売却時価であるのに対し，中小会計要領の時価概念は購入時価と売却時価の選択が可能であること

⑸ 棚卸資産の評価方法について，中小会計要領は，最終仕入原価法を他の

一般に認められる方法と同等に取り扱っているのに対し，中小指針は，期間損益の計算上著しい弊害がない場合という条件付きでその適用を容認していること

(6)　棚卸資産の減損処理では，著しい時価の下落をどう判断するかが問題となることから，中小会計要領では，減損処理が必要とされる事例を例示していること

第２節　棚卸資産の規定

各論６：棚卸資産	
①棚卸資産の定義	・商品，製品，半製品，仕掛品，原材料等の棚卸資産（要領各論６解説）
②棚卸資産の取得価額と期末評価	・棚卸資産は，原則として，取得原価で計上する。（要領各論６(1)） ・棚卸資産は，購入金額に付随費用を加えた購入時の金額（取得価額）に基づき，また，製造業の場合は，製品製造のために使用した材料費，労務費及び製造経費を積算し，取得原価を計算します。（要領各論６解説） ・棚卸資産の評価基準は，原価法又は低価法による。（要領各論６(2)） ・原価法とは，取得原価により期末棚卸資産を評価する方法で，低価法とは，期末における時価が取得原価よりも下落した場合に，時価によって評価する方法です。（要領各論６解説）
③棚卸資産の評価方法	・棚卸資産の評価方法は，個別法，先入先出法，総平均法，移動平均法，最終仕入原価法，売価還元法等による。（要領各論６(3)）
④棚卸資産の減損処理	・時価が取得原価よりも著しく下落したときは，回復の見込みがあると判断した場合を除き，評価損を計上する。（要領各論６(4)） ・原価法により評価した場合であっても，時価が取得原価よりも著しく下落したときは，回復の見込みがあるかないかを判断します。

	回復の見込みがあると判断した場合を除き，評価損を計上することが必要となります。（要領各論6解説） ・棚卸資産の時価は，商品，製品等については，個々の商品等ごとの売価か最近の仕入金額により把握することが考えられます。（要領各論6解説） ・時価を把握することが難しい場合には，時価が取得原価よりも著しく下落しているかどうかの判断が困難になると考えられますが，例えば，棚卸資産が著しく陳腐化したときや，災害により著しく損傷したとき，あるいは，賞味期限切れや雨ざらし等でほとんど価値がないと判断できるものについては，評価損の計上が必要と考えられます。（要領各論6解説）

中小指針	**①棚卸資産の定義**	・棚卸資産には，商品又は製品（副産物及び作業くずを含む。），半製品，仕掛品（半成工事を含む。），主要原材料，補助原材料，消耗品で貯蔵中のもの，その他これらに準ずるものが含まれる。（指針25） ・本指針における棚卸資産とは，通常の販売目的（販売するための製造目的を含む。）で保有する棚卸資産をいうものとする。（指針25）
	②棚卸資産の取得価額と期末評価	・棚卸資産の取得価額は，購入代価又は製造原価に引取費用等の付随費用を加算する。ただし，少額な付随費用は取得価額に加算しないことができる。（指針26） ・棚卸資産の期末における時価が帳簿価額より下落し，かつ，金額的重要性がある場合には，時価をもって貸借対照表価額とする。この場合の時価は，正味売却価額をいう。（指針27(1)・(2)）
	③棚卸資産の評価方法	・棚卸資産の評価方法は，個別法，先入先出法，総平均法，移動平均法，売価還元法等，一般に認められる方法とする。（指針28） ・期間損益の計算上著しい弊害がない場合には，最終仕入原価法を用いることもできる。（指針28）
	④棚卸資産の減損処理	・次の事実が生じた場合には，その事実を反映させて帳簿価額を切り下げなければならない。（指針27(1)） ① 棚卸資産について，災害により著しく損傷したとき ② 著しく陳腐化したとき ③ 上記に準ずる特別の事実が生じたとき

会社法 （会社計算規則）	①棚卸資産の定義	・商品（販売の目的をもって所有する土地，建物その他の不動産を含む。），製品・副産物及び作業くず，半製品（自製部分品を含む。），原料及び材料（購入部分品を含む。），仕掛品及び半成工事，消耗品・消耗工具・器具及び備品その他の貯蔵品であって，相当な価額以上のもの（計規74③一ト，チ，リ，ヌ，ル，ヲ）
	②棚卸資産の取得価額と期末評価	・棚卸資産は，別段の定めがある場合を除き，会計帳簿に取得価額を付さなければならない。（計規５①） ・次の棚卸資産については，事業年度の末日においてその時の時価又は適正な価格を付すことができる。（計規５⑥） 一　事業年度の末日における時価がその時の取得原価より低い棚卸資産 二　市場価格のある棚卸資産 三　上記一・二のほか，事業年度の末日においてその時の時価又は適正な価格を付すことが適当な棚卸資産
	③棚卸資産の評価方法	―
	④棚卸資産の減損処理	・事業年度の末日における時価がその時の取得原価より著しく低い棚卸資産（当該棚卸資産の時価がその時の取得原価まで回復すると認められるものを除く。）は，事業年度の末日における時価を付さなければならない。（計規５③一） ・事業年度の末日において予測することができない減損が生じた棚卸資産又は減損損失を認識すべき棚卸資産は，その時の取得原価から相当の減額をした額を付さなければならない。（計規５③二）
	①棚卸資産の定義	・商品，製品，半製品，原材料，仕掛品等のたな卸資産（原則第三・四㈠A）
	②棚卸資産の取得価額と期末評価	・たな卸資産については，原則として購入代価又は製造原価に引取費用等の付随費用を加算し（て），算定した取得原価をもって貸借対照表価額とする。（原則第三・五A） ・たな卸資産の貸借対照表価額は，時価が取得原価よりも下落した場合には時価による方法を適用して算定することができる。（原則第三・五A）

企業会計原則	③棚卸資産の評価方法	・たな卸資産の貸借対照表価額の算定のための方法としては，次のようなものが認められる（原則注解21)。イ個別法，ロ先入先出法，ハ後入先出法，ニ平均原価法，ホ売価還元原価法 ・製品等の製造原価については，適正な原価計算基準に従って，予定価格又は標準原価を適用して算定した原価によることができる。(原則注解21)
	④棚卸資産の減損処理	・時価が取得原価より著しく下落したときは，回復する見込があると認められる場合を除き，時価をもって貸借対照表価額としなければならない。(原則第三・五A）
法人税法等	①棚卸資産の定義	・商品，製品，半製品，仕掛品，原材料その他の資産で棚卸しをすべきものとして政令で定めるものをいう。(法法２二十) ・法第２条第20号（棚卸資産の意義）に規定する政令で定める資産は，次に掲げる資産とする。(法令10) 一　商品又は製品（副産物及び作業くずを含む。) 二　半製品 三　仕掛品（半成工事を含む。) 四　主要原材料 五　補助原材料 六　消耗品で貯蔵中のもの 七　前各号に掲げる資産に準ずるもの
	②棚卸資産の取得価額と期末評価	・期末棚卸資産の価額は，棚卸資産の取得価額の平均額をもって期末時において有する棚卸資産の評価額とする方法その他政令で定める評価方法のうちからその法人が当該期末棚卸資産について選定した評価の方法により評価した金額とする。(法法29①)
	③棚卸資産の評価方法	・棚卸資産の評価は，以下のいずれかの方法を選定しなければならない。(法令28①) 一　原価法：個別法，先入先出法，総平均法，移動平均法，最終仕入原価法，売価還元法 二　低価法

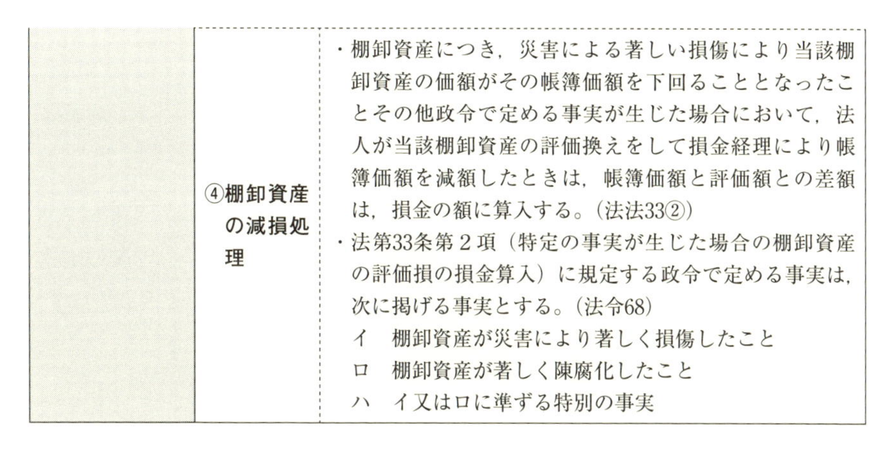

	④棚卸資産の減損処理	・棚卸資産につき，災害による著しい損傷により当該棚卸資産の価額がその帳簿価額を下回ることとなったことその他政令で定める事実が生じた場合において，法人が当該棚卸資産の評価換えをして損金経理により帳簿価額を減額したときは，帳簿価額と評価額との差額は，損金の額に算入する。（法法33②） ・法第33条第２項（特定の事実が生じた場合の棚卸資産の評価損の損金算入）に規定する政令で定める事実は，次に掲げる事実とする。（法令68） イ　棚卸資産が災害により著しく損傷したこと ロ　棚卸資産が著しく陳腐化したこと ハ　イ又はロに準ずる特別の事実

なお，**図表15－１**は，上記の規定を要点的に集約して示したものである。

第３節　棚卸資産の意義

棚卸資産とは，期間損益計算の目的から棚卸という手続により原価配分される資産であり，具体的には，(1)販売資産（商品，製品），および(2)販売資産となるべく方向づけられた資産（仕掛品，原材料），並びに(3)操業過程で短期的・即時的に費消される資産（荷造用品，事務用消耗品）を総称する。

従来，棚卸資産は，企業会計審議会が1962年に公表した連続意見書第四「棚卸資産の評価について」が拠るべき会計基準とされてきたが，今日では，2006年に公表された企業会計基準第９号「棚卸資産の評価に関する会計基準」（以下では，棚卸資産会計基準という）が拠るべき会計基準とされる。この棚卸資産会計基準では，保有目的の観点が導入され，棚卸資産は次の２つに区分される（棚卸資産会計基準３項，７項）。

(1)　販売目的棚卸資産（通常の棚卸資産）

(2)　トレーディング目的棚卸資産（「金」等の投機財）

このような区分の目的は，金融会計基準と同様に，棚卸資産に時価基準を適用する点にあるものと忖度される。

これに対し，法人税法は，棚卸資産を「商品，製品，半製品，仕掛品，原

図表15－1 棚卸資産会計の全体像

会計基準等 ＼ 項目	中小会計要領	中小指針	会社法（会社計算規則）	企業会計原則	法人税法
(1)定義（範囲）	・商品，製品，半製品，仕掛品，原材料等	・商品または製品（副産物および作業くずを含む），半製品，仕掛品（半成工事を含む），主要原材料，補助原材料，消耗品で貯蔵中のもの，その他これらに準ずるもの	・商品，製品・副産物および作業くず，半製品，原料および材料，仕掛品および半成工事，消耗品・消耗工具・器具および備品その他の貯蔵品であって，相当な価額以上のもの	・商品，製品，半製品，原材料，仕掛品等	・商品，製品，半製品，仕掛品，原材料その他の資産で棚卸しをすべきものとして政令で定めるもの
(2)取得価額	・購入金額に付随費用を加えた購入時の金額 ・製品製造のために使用した材料費，労務費および製造経費を積算した金額	・購入代価または製造原価に付随費用を加算した金額	—	・購入代価または製造原価に付随費用を加算した金額	・購入代価または製造原価に付随費用を加算した金額
(3)評価基準	・原価法または低価法	・原則として原価法 ・期末時価が帳簿価額より下落し，かつ，金額的重要性ある場合は時価	・原価法または低価法	・原価法または低価法	・原価法または低価法
(4)評価方法	・個別法，先入先出法，総平均法，移動平均法，最終仕入原価法，売価還元法等	・個別法，先入先出法，総平均法，移動平均法，売価還元法等，一般に認められる方法 ・期間損益の計算上著しい弊害がない場合，最終仕入原価法	—	・個別法，先入先出法，後入先出法，平均原価法，売価還元法	・法定評価法は最終仕入原価法 ・届出により，個別法，先入先出法，総平均法，移動平均法，売価還元法等
(5)減損処理	・強制的評価減（時価が取得原価まで，回復すると判断した場合を除く） ・例示：災害による著しい損傷，著しい陳腐化，期限切れや雨ざらし等	・災害による著しい損傷，著しい陳腐化などの場合，減損処理	・強制評価減（時価が取得原価まで回復すると認められる場合を除く） ・予測できない減損	・強制評価減（時価が取得原価まで回復すると認められる場合を除く）	・一定の事実（災害による著しい損傷，著しい陳腐化など）が生じた場合，損金経理を条件に損金算入可能

材料その他の資産で棚卸しをすべきもの」とし，「政令で定めるもの（有価証券および第61条第１項（短期売買商品の譲渡損益及び時価評価損益の益金又は損金算入）に規定する短期売買商品を除く）」とされ，トレーディング目的の短期売買商品は棚卸資産から除外されている（法人税法２条20号；傍点は筆者）。また，中小指針では，「本指針における棚卸資産とは，通常の販売目的（販売するための製造目的を含む。）で保有する棚卸資産をいうものとする。」（傍点は筆者）として，法人税法と同じ立場に立っており，中小会計要領も同様であるとみてよい。

第４節　棚卸資産の取得価額

棚卸資産の取得価額は，購入代価（＝送状価額－値引額・割戻額）または製造原価に付随費用を加算した金額とされる。ここで，付随費用は，次の２つに区分される。

⑴　直接（外部）付随費用：引取運賃，荷役費，運送保険料，購入手数料，関税等

⑵　間接（内部）付随費用：買入事務費，検収費，移管費，保管費等

重要性の原則の適用により，重要性の乏しい付随費用は，取得価額に算入しないことができるが，その取扱いは企業会計原則と法人税法で異なる。企業会計原則では，重要性の原則は上記⑴と⑵に適用されるのに対し，法人税法では，一般管理費との識別が事務手続上煩瑣であるとの理由から，上記⑵についてのみその適用が認められる。そのため，中小指針では，「整理，選別，手入れ等に要した費用の額等で少額の付随費用等は，取得価額に算入しないことができる」として，法人税法と同様の取扱いを規定している。法人税法との親和性に配慮すれば，中小会計要領でも同様の取扱いが認められるものと解される。

第5節　棚卸資産の評価基準

1　会社法（会社計算規則）と企業会計基準（棚卸資産会計基準）の相違

棚卸資産の評価基準について，中小会計要領は，「原価法または低価法による」として，原価法または低価法の選択適用を認めている。このような評価基準の規定は，会社法（会社計算規則），企業会計原則および法人税法と同様である。

これに対し，棚卸資産会計基準では，販売目的棚卸資産については，期末評価にあたり，正味売却価額が帳簿価額よりも下落した状態を「収益性の低下」として捉え，帳簿価額を正味売却価額まで切り下げることを要求している（低価法の強制適用）（棚卸資産会計基準３項，７項）。また，トレーディング目的棚卸資産については，市場価額をもって貸借対照表価額とされる（棚卸資産会計基準15項）。その結果，棚卸資産の評価について，会社法（会社計算規則）と企業会計基準（棚卸資産会計基準）とでは，次の点で異なることになる。

(1)　会社法（会社計算規則）では，低価法の適用を任意とするのに対し，企業会計基準（棚卸資産会計基準）では，その適用が強制とされる。

(2)　会社法（会社計算規則）では，期末における時価下落を個別資産の状況（個別概念）で判断するのに対し，企業会計基準（棚卸資産会計基準）では，収益性の低下（全体概念）で判断する。

(3)　かくて，企業会計基準（棚卸資産会計基準）では，低価法と評価減に差異を認めず，これらが「正味売却価額による簿価切り下げ」というカテゴリーに一括りにされ，それらの用語が廃止されたのに対し，会社法（会社計算規則）では個別財の事実関係が重視され，期末の評価替を認める立場から，低価法や強制評価減という概念が現存している。

中小指針は，企業会計基準（棚卸資産会計基準）と同じ評価思考を踏襲しており，棚卸資産の貸借対照表価額は取得原価を原則とするものの，「期末における時価が帳簿価額より下落し，かつ，金額的重要性がある場合には，時価をもって貸借対照表価額とする」とし，棚卸資産会計基準と同様に，その時価は正味売却価額とされる。

２　時価概念

一般に，時価は，企業を取り囲む市場の性質により，次の２つの時価概念が区別される。

⑴　購買市場：購入時価（再調達原価）

⑵　売却市場：売却時価（正味実現可能価額または正味売却価額）

購買市場とは，「棚卸資産を購入するに当たって企業の参加する市場」であり，購入時価とは，「購入代価に購入に要する付随費用を加算した金額」とされ，再調達原価がこれに該当する。これに対し，売却市場とは，「棚卸資産を売却する場合に企業が参加する市場」であり，売却時価とは，「売却市場における時価（売価）から見積追加製造原価および見積販売直接経費を控除した金額」とされ，正味実現可能価額（棚卸資産会計基準では，正味売却価額）がこれに該当する（棚卸資産会計基準５項，６項）。理論的には，「商品・製品等の販売を待機している資産」の時価は正味実現可能価額（正味売却価額）により，また，「製品となるべく待機している原材料等の資産」は再調達原価によることが適当であろう。しかし，棚卸資産会計基準では，原則として，取得原価をもって貸借対照表価額とするものの，期末における時価（正味売却価額）が取得原価よりも下落した場合は正味売却価額をもって貸借対照表価額とするとされる。

中小会計要領は，棚卸資産の時価は，「商品，製品等については，個々の商品等ごとの売価か最近の仕入金額により把握することが考えられます」（傍点は筆者）として，上記⑴（購入時価：仕入金額）と上記⑵（売却時価：売価）の２つが容認されている。これに対し，中小指針では，棚卸資産の時価は，原則として正味売却価額とされ，棚卸資産会計基準と同じ評価思考が採用されている。

第6節 棚卸資産の評価方法

棚卸資産の評価方法について，中小会計要領は「個別法，先入先出法，総平均法，移動平均法，最終仕入原価法，売価還元法等による」としている。これに対し，中小指針は「一般に認められる方法」として，個別法，先入先出法，総平均法，移動平均法および売価還元法を例示し，最終仕入原価法については，「期間損益の計算上著しい弊害がない場合」という条件付きで，その適用を認めている点で，両者の対応が異なる。このような対応の相違から，中小会計要領は中小指針と比較して，中小企業の会計実務をより尊重した規定となっていることが理解できる。

なお，棚卸資産の評価方法は，事業の種類，棚卸資産の種類，その性質およびその使用方法等を考慮した区分ごとに選択し，評価基準と同様に継続して適用しなければならない。

第7節 棚卸資産の減損処理（強制評価減）

中小会計要領では，「時価が取得原価よりも著しく下落したときは，回復の見込みがあると判断した場合を除き，評価損を計上する」として，有価証券と同様に，棚卸資産の減損処理を要求している。

減損処理にあたり，中小企業では「著しい時価の下落」をどう判断するかが問題となる。棚卸資産の時価がある場合は，前述のように，「売価」または「最近の仕入金額」によってその下落を把握できるが，問題となるのは時価の把握が困難な場合である。この点を考慮し，中小会計要領では，減損処理が必要とされる事例を例示している。具体的には，棚卸資産が，⑴著しく陳腐化したとき，⑵災害により著しく損傷したとき，⑶賞味期限切れや雨ざらし等の具体例をあげ，棚卸資産の価値がほとんどなくなったときに，「時価の著しい下落があった」と考えられるとしている。このような具体例は，中小指針および法人税法とほぼ同じ内容である。

第８節　むすび

中小企業の棚卸資産会計については，中小会計要領と中小指針では，次の２点で明確な相違がみられる。

(1)　中小指針は基本的に企業会計基準（棚卸資産会計基準）の評価基準（時価基準の導入）に依拠しており，棚卸資産の期末評価は取得原価を原則とするものの，期末時価（正味売却価額）が取得原価を下回った場合は正味売却価額とされる（低価法の強制適用）。これに対し，中小会計要領は会社法（会社計算規則）の評価基準（原価基準が原則）を基礎としており，棚卸資産の評価は会社法と同様に，低価法の選択適用が認められており，時価概念も購入時価と売却時価の選択が可能である。

(2)　中小会計要領は法人税法との親和性が高く，最終仕入原価法については，他の一般に認められる方法と同等に取り扱っている。これに対し，中小指針は最終仕入原価法の適用は容認するものの，期間損益の計算上著しい弊害がない場合という条件付きで容認しているにすぎない。

このように中小企業の事業活動の中心である棚卸資産の会計処理について，中小会計要領と中小指針の基本的評価思考には，顕著な相違がみられる。

Column 2 「回復の見込みがあるかないかを判断します」の真意

中小会計要領では，時価が取得原価よりも著しく下落したときは，「回復の見込みがあると判断した場合を除き，評価損を計上する」として，有価証券や棚卸資産に減損処理（時価評価）を要求している。しかし，本書の第14章（各論５：有価証券）で指摘したように，この規定の「原案」は，「回復の見込みがない場合は，評価損を計上する」という文章（規定）であった。この表現は，大変にストレートであり，中小企業経営者には理解しやすい表現であった。しかし，「原案」の規定は会社計算規則の規定と異なるとする意見があり，標記の規定に変更された。

そこで，問題となるのが時価評価の適用範囲である。従来，会計学の教科書などでは，「回復する見込みがあると判断した場合を除き」という規定は，①「回復しない場合」と②「回復するかどうか不明の場合」の２つを含むとされ，時価評価の範囲が広く考えられてきた。しかし，中小企業における時価評価は曖昧な評価となりがちであり，時価評価のケースが増えることは決して好ましいことではない。事実，中小企業の会計に関する研究会では，金融機関の代表者から，「中小企業が提供する時価は，再度，評価をやり直します」という意見もみられた。

そこで，中小会計要領の策定プロセスに陪席していた法務省関係者に，「回復するかどうか不明の場合はどうすればよいのでしょうか？」と質問した。てっきり「時価で評価します」との回答があるものと思っていたところ，意外な回答が返ってきた。「そのような場合はありません」。つまり，会社法では，「不明の場合」なるものは想定されておらず，「時価が取得原価まで回復するか否か」の判断は経営者に委ねられているのである。経営者が「回復しないと判断」すれば時価評価をし，「回復すると判断」すれば時価評価をしない（原価評価のまま）だけのことである。そのような真意を示すため，中小会計要領の解説では，「時価が取得原価よりも著しく下落したときは，（経営者が）回復の見込みがあるかないかを判断します」（丸括弧と傍点は筆者）とされた。

第16章

中小会計要領
（各論7：経過勘定）

第1節　はじめに

本章では，中小会計要領の「各論7」を解説する。各論7は，「経過勘定」である。経過勘定は収益や費用の発生の事実に着目して生ずる資産・負債項目であり，計算擬制的資産・負債としての性格を有する。経過勘定は，発生主義会計を最もよく特徴づける項目であり，正確な期間損益計算にとって，その計上が不可欠な勘定科目とされる。

本章の主要な論点は，次の3点である。

(1)　経過勘定項目には，前払費用，前受収益，未払費用および未収収益の4つがあり，前払費用と前受収益は，当期の損益計算から除去し，未払費用と未収収益は，当期の損益計算に含める必要があること

(2)　経過勘定項目は，取引の経済的な実質的効果が当該期間に属するとする認識（発生の事実）から，発生主義の原則に基づき計算技術的に生ずる資産・負債項目であり，計算擬制的資産・負債という性格を有すること

(3)　経過勘定項目は「継続的な役務提供契約」に基づく項目であるのに対し，未決済項目（前払金，前受金，未払金および未収金）は，「継続的な役務提供契約以外の契約」に基づく項目であることから，両者を明確に区別する必要があること

第2節　経過勘定の規定

各論7：経過勘定	
①経過勘定の定義	・経過勘定には，「前払費用」，「前受収益」，「未払費用」及び「未収収益」があります。(要領各論7解説)
②経過勘定の会計処理	・前払費用及び前受収益は，当期の損益計算に含めない。(要領各論7(1)) ・未払費用及び未収収益は，当期の損益計算に反映する。(要領各論7(2)) ・金額的に重要性の乏しいものについては，受け取った又は支払った期の収益又は費用として処理することも認められます。(要領各論7解説)

中小指針	①経過勘定の定義	・前払費用は，一定の契約に従い，継続して役務の提供を受ける場合，いまだ提供されていない役務に対して支払われた対価をいう。(指針30(1)) ・前受収益は，一定の契約に従い，継続して役務の提供を行う場合，いまだ提供していない役務に対して支払を受けた対価をいう。(指針30(2)) ・未払費用は，一定の契約に従い，継続して役務の提供を受ける場合，既に提供された役務に対していまだその対価の支払が終らないものをいう。(指針30(3)) ・未収収益とは，一定の契約に従い，継続して役務の提供を行う場合，既に提供した役務に対しいまだその対価の支払を受けていないものをいう。(指針30(4))
	②経過勘定の会計処理	・当期の費用及び収益でない前払費用及び前受収益は当期の損益計算書から除去し，当期の費用又は収益とすべき未払費用及び未収収益は当期の損益計算書に計上するための経過勘定項目として貸借対照表に計上する。(指針31(1)) ・前払費用，未収収益，未払費用及び前受収益のうち，重要性の乏しいものについては，経過勘定として処理しないことができる。(指針31(2))

会社法 （会社計算規則）	①経過勘定の定義	・次の各号に掲げる資産は，当該各号に定めるもの（流動資産）に属する。（計規74③一カ，ヨ） カ　前払費用であって，１年内に費用となるべきもの ヨ　未収収益 ・次の各号に掲げる負債は，当該各号に定めるもの（流動負債）に属する。（計規75②一へ，ト） へ　未払費用 ト　前受収益
	②経過勘定の会計処理	―
企業会計原則	①経過勘定の定義	・前払費用は，一定の契約に従い，継続して役務の提供を受ける場合，いまだ提供されていない役務に対し支払われた対価をいう。（原則注解5） ・前受収益は，一定の契約に従い，継続して役務の提供を行う場合，いまだ提供していない役務に対し支払を受けた対価をいう。（原則注解5） ・未払費用は，一定の契約に従い，継続して役務の提供を受ける場合，既に提供された役務に対していまだその対価の支払が終らないものをいう。（原則注解5） ・未収収益は，一定の契約に従い，継続して役務の提供を行う場合，既に提供した役務に対していまだその対価の支払を受けていないものをいう。（原則注解5）
	②経過勘定の会計処理	・前払費用及び前受収益は，これを当期の損益計算から除去し，未払費用及び未収収益は，当期の損益計算に計上しなければならない。（原則第二・一A） ・前払費用，未収収益，未払費用及び前受収益のうち，重要性の乏しいものについては，経過勘定項目として処理しないことができる。（注解1⑵）
法人税法等	①経過勘定の定義	・前払費用とは，法人が一定の契約に基づき継続的に役務の提供を受けるために支出する費用のうち，その支出する日の属する事業年度終了の日においてまだ提供を受けていない役務に対応するものをいう。（法令14②）

	②経過勘定の会計処理	・前払費用の額は，当該事業年度の損金の額に算入されないが，前払費用の額でその支払った日から1年以内に提供を受ける役務に係るものを支払った場合において，その支払った額に相当する金額を継続してその支払った日の属する事業年度の損金の額に算入しているときは，これを認める。(法基通2－2－14)

第3節 経過勘定の意義

1 経過勘定の性格

企業会計原則では，「すべての費用及び収益は，その支出及び収入に基づいて計上し，その発生した期間に正しく割当てられるように処理しなければならない」とし，収益・費用の期間帰属原則として発生原則を謳(うた)い，「前払費用及び前受収益は，これを当期の損益計算から除去し，未払費用及び未収収益は，当期の損益計算に計上しなければならない」としている（企業会計原則第二・一A）。

現在の期間損益計算では，収入と収益，支出と費用とは期間的に食い違うのが通常であり，この食い違いを修正しなければ期間的に正しい損益を算定することはできない。この場合，会計手続としては，収入・支出の繰延べ・見越しによって，期間的に正しい収益・費用の大きさを画定することになる。すなわち，当期の支出（または収入）であって当期の費用（または収益）とならない部分に「繰延計算」（前払費用・前受収益の計上）を適用し，逆に，当期の費用（または収益）であって，当期にまだ支出（または収入）のない部分に「見越計算」（未払費用・未収収益の計上）を適用することにより，期間的な食い違いを修正することになる。この繰延計算・見越計算の手続を図形化して示したのが**図表16－1**である。

このような繰延計算・見越計算によって生ずる4項目（前払費用，前受収益，未払費用，未収収益）が経過勘定項目と総称される。つまり，経過勘定項目は，取引の経済的な実質的効果が当該期間に属するとする認識（発生の事実）を貨

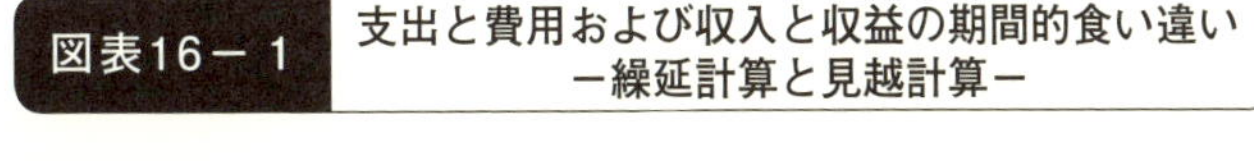
図表16－1　支出と費用および収入と収益の期間的食い違い
－繰延計算と見越計算－

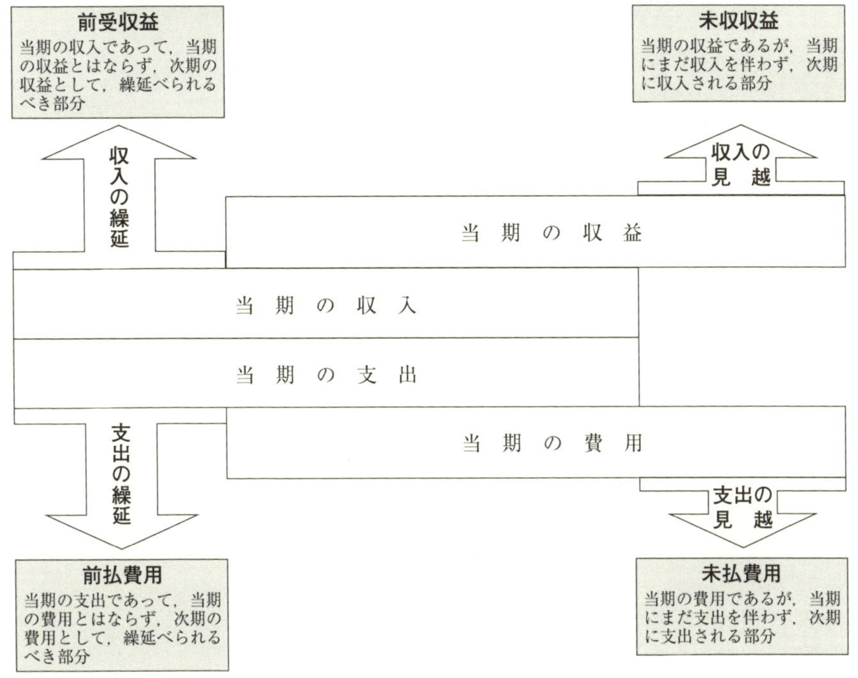

幣的に表現するときに生ずる項目であり，発生主義の原則に基づき計算技術的に生ずる資産・負債項目であることから，計算擬制的資産・負債という性格を有する。

2　経過勘定項目の定義・具体例・貸借対照表上の表示

図表16－２は，中小会計要領および中小指針に則して，４つの経過勘定項目について，(1)定義，(2)具体例および(3)貸借対照表上の表示を一覧表示したものである。図表16－２の定義に示すように，前払費用と前受収益は，翌期以降にサービスの提供を受ける，もしくは提供する時点で費用または収益とされるため，当期の損益計算には含めない（繰延計算する）のに対し，未払費用と未

収収益は，当期において既にサービスの提供を受けている，もしくは提供していることから，当期の損益計算に反映する（見越計算する）必要がある。

図表16－2 経過勘定項目の定義・具体例・貸借対照表上の表示

勘定項目	定義（中小会計要領）	具体例（中小会計要領）	貸借対照表上の表示（中小指針）	
			表示項目	表示箇所
前払費用	・決算期末においていまだ提供を受けていないサービスに対して支払った対価	・前払いの支払家賃や支払保険料，支払利息等	前払費用	流動資産
			長期前払費用（事業年度の末日後１年を超えて費用となる部分）	固定資産（投資その他の資産）
前受収益	・決算期末においていまだ提供していないサービスに対して受け取った対価	・前受けの家賃収入や受取利息等	前受収益	流動負債
			長期前受収益（事業年度の末日後１年を超えて収益となる部分）	固定負債
未払費用	・既に提供を受けたサービスに対して，決算期末においていまだその対価を支払っていないもの	・後払いの支払家賃や支払利息，従業員給料等	未払費用	流動負債
未収収益	・既に提供したサービスに対して，決算期末においていまだその対価を受け取っていないもの	・後払いの家賃収入や受取利息等	未収収益	流動資産

３ 経過勘定項目と未決済項目

図表16－３に示すように，経過勘定項目に類似する項目として，「未決済項目」（前払金，前受金，未払金，未収金）がある。経過勘定項目と未決済項目は契約の性質が異なる。経過勘定項目は「継続的な役務提供契約」に基づく項目であるのに対し，未決済項目は「継続的な役務提供契約以外の契約」に基づく項目である。例えば，備品の購入にあたり，手付金を支払った場合は前払金で処理し，備品の売却にあたり，手付金を受け取った場合は前受金で処理する。備品の売買契約は継続的な役務提供契約ではないことから，経過勘定項目ではなく，未決済項目として処理することになる。

図表16－３　経過勘定項目と未決済項目

経過勘定項目		未決済項目	
契約の性質	勘定項目	勘定項目	契約の性質
継続的な役務提供契約	前払費用	前払金	継続的な役務提供契約以外の契約
	前受収益	前受金	
	未払費用	未払金	
	未収収益	未収金	

第４節　経過勘定と重要性の原則

経過勘定については，重要性の原則が適用される。中小会計要領は，「金額的に重要性の乏しいものについては，受け取った又は支払った期の収益又は費用として処理することも認められます」として，金額的に重要性の乏しい経過勘定については，現金主義の適用を認めている。

これに対し，中小指針では，経過勘定に対して重要性の原則の適用を認めるものの，前払費用については「前払費用のうち当期末においてまだ提供を受けていない役務に対応する前払費用の額で，支払日から１年以内に提供を受ける役務に対応する金額については，継続適用を条件に費用処理することができる」としている。これは１年以内の「短期前払費用」について，支払時点での費用処理を認めたものであり，法人税基本通達2－2－14の規定と同じ内容である。しかし，同通達には「注」が付されており，「例えば，借入金を預金，有価証券等に運用する場合のその借入金に係る支払利子のように，収益の計上と対応させる必要があるものについては，後段の取扱い（短期前払費用の損金算入：筆者注）の適用はないものとする」としている。この通達の「注」は，例えば，期末に金融機関から借入を行い，１年分の利息を前払いして，借入金を預金や有価証券等で運用する場合，前払いした１年以内の利息相当額を当期の損金の額に算入すれば，課税を軽減できることから，そのような目的の不要不急の前払いは認めないことを明らかにしたものである。

第5節　立替金・仮払金・仮受金等

中小会計要領の各論の見出しは「経過勘定」となっているのに対し，中小指針の見出しは「経過勘定等」となっている。中小指針でいう「等」とは，立替金，仮払金，仮受金等の仮勘定のことを指している。このような仮勘定は一時的な勘定項目であり，最終的には他の適正な勘定項目に振り替えなければならない。しかも，このような仮勘定は，その性質上，不正経理が発生しやすいことから，中小指針では，金額の重要なものについては，「適当な項目を付して資産又は負債として計上し，また，当期の費用又は収益とすべき金額については，適正な項目に計上して費用又は収益として処理しなければならない」としている。中小会計要領でも，同様の対応が求められることはいうまでもない。

第6節　むすび

経過勘定の各項目は，次の３点で共通の性格を有している。

⑴　一定の役務提供（または役務受領）契約が存在していること

⑵　当該契約に従って継続して役務の提供を行う（または役務の提供を受ける）ものであること

⑶　当該契約による役務提供（または役務受領）と対価受領（または対価支払）とが期間的に食い違った場合に生ずる計算擬制的資産・負債項目であること

中小会計要領も中小指針も経過勘定の会計処理を通じて，正確な期間損益の算定を要請している点で，両者に基本的な相違はない。

第17章

中小会計要領
（各論8：固定資産）

第1節 はじめに

本章では，中小会計要領の「各論８」を解説する。各論８は，「固定資産」である。固定資産は生産準備手段であり，しかも，投下資金が長期に固定化されるため，中小企業にとっては資金繰りを考えるうえで重要な資産である。とりわけ，中小企業会計において，重要な議論の的となるのが，固定資産の減価償却の会計問題である。中小企業に「規則的な償却」を強制するかどうかという問題がこれである。

本章の主要な論点は，次の７点である。

⑴　固定資産とは，営業循環期間または１年を超える長期にわたり，使用，回収，または費用化される資産の総称であること

⑵　固定資産は，①有形固定資産，②無形固定資産および③投資その他の資産に分類されること

⑶　固定資産の取得の形態はさまざまであり，それぞれの取得形態に応じて，取得価額の計算もさまざまに異なること

⑷　固定資産の原価配分（費用配分）の手続は減価償却といわれ，所定の減価償却方法に従い，計画的・規則的に実施される減価償却が「正規の減価償却」といわれること

(5)　減価償却について，中小指針は規則的な償却を要求しているのに対し，中小会計要領はそれを含んだ「相当の償却」を要求していること
(6)　減価償却には，自己金融機能（または，固定資本の流動化）という財務的効果が認められること
(7)　固定資産の減損処理には，物理的な減損のほかに，陳腐化・不適応化等による機能的な減損も含まれること

第2節　固定資産の規定

各論8：固定資産	
①固定資産の定義	・固定資産は，有形固定資産（建物，機械装置，土地等），無形固定資産（ソフトウェア，借地権，特許権，のれん等）及び投資その他の資産に分類する。（要領各論8(1)） ・固定資産は，長期間にわたり企業の事業活動に使用するために所有する資産であり，有形固定資産，無形固定資産及び投資その他の資産に分類されます。（要領各論8解説）
②固定資産の取得価額	・固定資産は，原則として，取得原価で計上する。（要領各論8(2)） ・固定資産の取得価額は，購入金額に引取費用等の付随費用を加えて計算します。（要領各論8解説）
③固定資産の減価償却	・有形固定資産は，定率法，定額法等の方法に従い，相当の減価償却を行う。（要領各論8(3)） ・建物や機械装置等の有形固定資産は，通常，使用に応じてその価値が下落するため，一定の方法によりその使用可能期間（耐用年数）にわたって減価償却費を計上する必要があります。具体的には，定率法，定額法等の方法に従い，相当の減価償却を行うことになります。（要領各論8解説） ・法人税法に定められた計算方法によることができます。（要領各論8解説）

	・無形固定資産は，原則として定額法により，相当の減価償却を行う。（要領各論８(4)） ・「相当の減価償却」とは，一般的に，耐用年数にわたって，毎期，規則的に減価償却を行うことが考えられます。（要領各論８解説） ・固定資産の耐用年数は，法人税法に定める期間等，適切な利用期間とする。（要領各論８(5)） ・その資産の性質，用途，使用状況等を考慮して，適切な利用期間を耐用年数とすることも考えられます。（要領各論８解説）
④固定資産の減損	・固定資産について，災害等により著しい資産価値の下落が判明したときは，評価損を計上する。（要領各論８(6)） ・減価償却により毎期，費用を計上していても，例えば，災害にあったような場合等予測することができない著しい資産価値の下落が生じる場合があります。このような場合には，相当の金額を評価損として計上する必要があります。（要領各論８解説）

中小指針	①固定資産の定義	—
	②固定資産の取得価額	・固定資産の取得価額は，購入代価等に，買入手数料，運送費，引取運賃，据付費，試運転費等の付随費用を加えた金額とする。（指針33(1)） ・付随費用が少額である場合は，取得価額に算入しないことができる。（指針33(2)）
	③固定資産の減価償却	・有形固定資産の減価償却の方法は，定率法，定額法その他の方法に従い，毎期継続して適用し，みだりに変更してはならない。なお，減価償却は，固定資産を事業の用に供したときから開始する。（指針34） ・減価償却における耐用年数や残存価額は，その資産の性質，用途，使用状況等に応じて合理的に決定しなければならない。ただし，法人税法上の耐用年数を用いて計算した償却限度額を減価償却費として計上することも認められる。（指針34） ・租税特別措置法による特別償却のうち，一時償却額は，重要性の乏しい場合を除きその他利益剰余金の区分における積立て及び取崩しにより繰延税金負債を控除した金額を特別償却準備金として計上する。（指針34）

		・無形固定資産の減価償却の方法は，定額法その他の方法に従い，毎期継続して適用する。（指針34）
	④固定資産の減損	・固定資産について予測することができない減損が生じたときは，その時の取得原価から相当の減額をしなければならない。（指針36）
会社法（会社計算規則）	①固定資産の定義	・固定資産は，次に掲げる項目に区分しなければならない。この場合において，各項目は，適当な項目に細分しなければならない。（計規74②） 一　有形固定資産 二　無形固定資産 三　投資その他の資産
	②固定資産の取得価額	・資産（固定資産）は，別段の定めがある場合を除き，会計帳簿にその取得価額を付さなければならない。（計規５①）
	③固定資産の減価償却	・償却すべき資産については，事業年度の末日において，相当の償却をしなければならない。（計規５②）
	④固定資産の減損	・事業年度の末日において予測することができない減損が生じた固定資産又は減損損失を認識すべき固定資産は，その時の取得原価から相当の減額をした額を付さなければならない。（計規５③二）
企業会計原則	①固定資産の定義	・固定資産は，有形固定資産，無形固定資産及び投資その他の資産に区分しなければならない。（原則第三・四（一）B） ・建物，構築物，機械装置，船舶，車両運搬具，工具器具備品，土地，建設仮勘定等は，有形固定資産に属するものとする。（原則第三・四（一）B） ・営業権，特許権，地上権，商標権等は，無形固定資産に属するものとする。（原則第三・四（一）B）
	②固定資産の取得価額	・有形固定資産の取得原価には，原則として当該資産の引取費用等の付随費用を含める。（原則第三・五D）
	③固定資産の減価償却	・有形固定資産は，当該資産の耐用期間にわたり，一定の減価償却の方法によって，その取得原価を各事業年度に配分し，無形固定資産は，当該資産の有効期間にわたり，一定の減価償却の方法によって，その取得原価を各事業年度に配分しなければならない。（原則第三・五）

	④固定資産の減損	—
法人税法等	①固定資産の定義	・固定資産は，土地（土地の上に存する権利を含む。），減価償却資産，電話加入権その他の資産で政令で定めるものをいう。（法法２二十二） ・法第２条第22号（固定資産の意義）に規定する政令で定める資産（法令12）
	②固定資産の取得価額	—
	③固定資産の減価償却	・当該事業年度においてその償却費として損金経理をした金額のうち，一定の償却方法に基づき計算された償却限度額以内の金額を損金に算入する。（法法31①） ・法令に規定される減価償却資産については，資産ごとに定められた耐用年数省令による耐用年数に基づき，以下の方法により計算された償却限度額を限度として損金に算入される。（法令13，48，耐用年数省令等） (ア)　有形減価償却資産：定額法，定率法 (イ)　建物：定額法 (ウ)　無形固定資産：定額法
	④固定資産の減損	・固定資産につき，災害による著しい損傷によりその価額が帳簿価額より低下した場合，その他の一定の事実が生じた場合においてその資産の評価換えをして損金経理により帳簿価額を減額したときは，その減少額はその資産の帳簿価額と期末時価との差額に達するまでの金額を限度として，損金に算入される。（法法33②）

第３節　固定資産の意義と分類

1　固定資産の意義

固定資産とは，営業循環期間または１年を超える長期にわたり，(1)使用される資産（建物，土地等），(2)回収される資産（投資有価証券，出資金等），および

⑶費用化する資産（長期前払費用）の総称である。

企業会計原則では，貸借対照表上の資産は，①流動資産，②固定資産および③繰延資産の３つに区分されることから，固定資産には流動資産および繰延資産に属さない項目のすべてが収容されることになる。

２　固定資産の分類

固定資産は，次の２つの観点から分類できる。

⑴　形態別分類

⑵　機能別分類

企業会計原則では，固定資産は，①有形固定資産，②無形固定資産および③投資その他の資産に分類される（企業会計原則第三・四㈠B）。これは上記⑴の形態別分類によるものである。「有形固定資産」は，具体的な物理的形態を有する固定資産であり，建物，機械装置，土地等がこれに該当する。また，「無形固定資産」は，具体的な物理的形態をもたない固定資産であり，借地権，特許権のような法律上の権利，経済的優位性を表すのれん，ソフトウェア等がこれに該当する。さらに，「投資その他の資産」は，長期保有の有価証券である投資有価証券，回収が長期にわたる長期貸付金や出資金，長期にわたり費用化される長期前払費用等がこれに該当する。

これに対し，有形固定資産および無形固定資産は，①減価償却資産（建物，特許権等）と②非減価償却資産（土地，借地権等）に分類されることがある。これは，期間損益計算（資産が費用化するか否か）の観点からの分類であり，上記⑵の機能別分類によるものである。「減価償却資産」は生産過程での固定資産の利用を通して経済的便益（用役潜在力）の減少が生じ，それが生産物に価値移転する機能を有する資産であるのに対し，「非減価償却資産」は，そのような経済的便益の減少が認められない資産をいう。

第４節　固定資産の取得価額

中小会計要領は，「固定資産の取得価額は，購入金額に引取費用等の付随費用を加えて計算します」とし，また，企業会計原則は，「有形固定資産の取得原価には，原則として当該資産の引取費用等の付随費用を含める」（企業会計原則第三・五D）としている。しかし，固定資産の取得形態はさまざまであり，それぞれの形態に応じて取得価額の計算は次のように異なる。

⑴　購入の場合，購入代価（＝送状価額－値引額・割戻額）に付随費用を加算した額が取得価額とされる。ただし，正当な理由がある場合は，付随費用の一部または全部を加算しないことができる（重要性の原則の適用）。

⑵　自家建設の場合，適正な原価計算基準に従って計算した製造原価が取得価額とされる。なお，建設に要する借入資本の利子で稼働前の期間に属するものは，取得価額に算入することができる。

⑶　現物出資の場合，受入資産の公正な評価額と出資者に対価として交付した株式の公正な評価額のうち，いずれかより高い信頼性をもって測定が可能な金額が取得価額とされる（ストック・オプション会計基準）。

⑷　交換の場合，①自己所有の固定資産と交換に固定資産を取得した場合は，交換に供された自己資産の適正な簿価，②自己所有の有価証券（株式ないし社債等）と固定資産を交換した場合は，当該有価証券の時価または適正な簿価，③異種資産の交換にみられるように，いったん投資を清算したとみて交換損益を認識するとともに，改めて時価にて投資を行ったとみる場合は，取得資産の時価（事業分離等会計基準）が，それぞれ取得価額とされる。

⑸　贈与の場合，時価等を基準として公正に評価した額が取得価額とされる。

なお，法人税法では，減価償却資産のうち，使用可能期間が１年未満のものまたは取得価額が10万円未満の少額の減価償却資産は，事業の用に供した事業年度における損金として処理することが認められている（法人税法施行令133条）。このことから，中小指針では，「減価償却資産のうち取得価額が少額のものについては，その取得した事業年度において費用処理することができる」としている。中小会計要領では，そのことを明示していないが同様の取扱いが容認されるものと解される。

第5節　減価償却

1　減価償却の意義・目的・効果

企業会計原則では，「資産の取得原価は，資産の種類に応じた費用配分の原則によって，各事業年度に配分しなければならない」（企業会計原則第三・五）としている。

有形固定資産は，生産準備手段として，一定の耐用期間にわたり一体となって生産（製造・販売）に貢献しながらその経済的便益（用役潜在力）が減少し，耐用年数の到来とともに廃棄に至る。したがって，生産への貢献度に応じてその用役潜在力が減少するものとみて，固定資産の取得原価を各期間に割当てることにより，正しい期間損益計算が可能となる。このように，固定資産の取得原価をその耐用期間にわたって費用として配分する手続を原価配分（費用配分）といい，固定資産の原価配分（費用配分）の手続を減価償却という。また，所定の減価償却方法に従い，計画的・規則的に実施される減価償却が「正規の減価償却」といわれる。

なお，減価償却には，自己金融機能（または，固定資本の流動化）という財務的効果が認められる。有形固定資産に投下された固定資本は，減価償却により部分的に回収され，企業の収益を通じて流動化される。この流動化した固定資本の一部は，有形固定資産の取替資金として企業内部に留保され，新規資産の取得資金に充当される。かくて，減価償却には，「固定資本の流動化→資金の内部留保→固定資産の再調達」という関係を保証する自己金融機能を認めることができる。

図表17－1は，以上の説明をまとめて示したものである。

図表17－１　減価償却の意義・目的・効果

<table>
<tr><td rowspan="5">減価償却</td><td>⑴意　義</td><td colspan="3">・費用配分の原則に基づいて，有形固定資産の取得原価をその耐用期間における各事業年度に配分すること</td></tr>
<tr><td>⑵目　的</td><td colspan="3">・適正な費用配分を行うことにより，毎期の損益計算を正確ならしめること　→　所定の減価償却方法に従い，計画的・規則的に実施（正規の減価償却）</td></tr>
<tr><td rowspan="3">⑶効　果</td><td>固定資本の流動化 ➡</td><td>資金の内部留保 ➡</td><td>固定資産の再調達</td></tr>
<tr><td>・固定資産への投下資金は減価償却を通して，製品原価（売上原価）に算入され，商製品の販売によりそれが回収される。</td><td>・流動化した固定資本は取替資金として企業に内部留保される。</td><td>・内部留保された取替資金は，新規資産の取得資金に充当される。</td></tr>
<tr><td colspan="3">自己金融機能</td></tr>
</table>

２　減価償却の方法

企業会計原則では，「有形固定資産は，当該資産の耐用期間にわたり，定額法，定率法等の一定の減価償却の方法によって，その取得原価を各事業年度に配分しなければならない」（企業会計原則第三・五）としている。中小会計要領でも，同様に「有形固定資産は，定率法，定額法等の方法に従い，相当の減価償却を行う」としている。

固定資産の耐用期間とは，その利用可能期間をいい，原則的には，固定資産の性質や用途，使用状況等を踏まえ，適切な利用可能期間を設定する必要がある。しかし，実務上は，法人税法に定められている耐用年数を使用するケースが多いことから，中小会計要領では，税法との親和性に配慮し，「固定資産の耐用年数は，法人税法に定める期間等，適切な利用期間とする」としている。

なお，**図表17－２**は，減価償却の方法について，その特徴を要点的に示したものである。

図表17－2 減価償却の方法とその要点

項目＼方法	⑴期間を配分基準とする方法		⑵生産高を配分基準とする方法
	㈠定額法	㈡定率法	㈢生産高比例法
⑴意　義	・毎期均等額の減価償却費を計上する方法	・毎期期首未償却残高に一定率を乗じた減価償却費を計上する方法	・毎期当該資産による生産または用役の提供の度合に比例した減価償却費を計上する方法
⑵特　徴	・計算の簡便性 ・償却費の期間別負担の平均化	・償却費の逓減的負担 ・固定資産費用（＝修繕費＋減価償却費）の期間別負担の平均化 ・保守主義との合致	・生産高（収益）とそのコスト（費用）の対応
⑶前　提	・耐用年数を正しく決定できること		・当該資産の総利用可能量が物理的に確定でき，かつ，減価が主として固定資産の利用に比例して発生すること
⑷対　象	・広範な適用可能性		・鉱業用設備，航空機，自動車等＊

＊ 税法で適用が認められているのは，鉱業権並びに鉱業用減価償却資産のみである。

3　相当の償却と規則的な償却

会社計算規則は，固定資産について，「事業年度の末日において，相当の償却をしなければならない」（会社計算規則５条２項；傍点は筆者）と規定し，中小会計要領も，同様に固定資産は，「相当の減価償却を行う」（傍点は筆者）としている。これに対し，中小指針では，「固定資産の減価償却は，耐用年数にわたり毎期継続して規則的な償却を行う」（傍点は筆者）としている。そこで，問題となるのは，中小企業に要請される「相当の償却」とは，「規則的な償却」を意味するかどうかという点である。

会社計算規則でいう相当の償却の内容は，「一般に公正妥当と認められる企業会計の慣行」によることとなるため，通説的には，「正規の減価償却＝計画的・規則的償却」を意味するとされる。このような理解は当然であり，正当な解釈であるといってよい。ただし，このような解釈の前提は「制度リスク」が存在しないことが与件とされる。ここでいう制度リスクとは，「繰越欠損金の期間制限」の制度をいう。周知のように，現行税制では，繰越欠損金については９年間（なお，2015年度税制改正により，2017年１月１日以降に開始する事業年度に生じた欠損金については10年間とされる）の期間制限（打切り制度）があり，このような税制上の措置が中小企業の会計処理に少なからず影響を与えている。

中小企業の減価償却の会計問題について，中小企業の会計に関する研究会が2002年に公表した「中小企業の会計に関する研究会報告書」では，次の問題点が指摘されている（中小企業の会計に関する研究会［2002］，86頁）。

⑴　赤字決算となれば金融機関の融資姿勢が極めて慎重になりかねないことが経営者に最も懸念されていること

⑵　税務上の繰越欠損金がある場合，（期間制限があることから）減価償却による費用化を将来のものとしておく発想があること

中小企業が置かれているこのような状況に鑑み，武田隆二教授は，次の３つの理由から，中小企業に規則的な償却を強制するのは適当でないとされる*（武田［2003a］，252-254頁）。

①　減価償却費は，管理会計的（内部会計的）には，繰延可能費用としての性格をもつこと

②　税法基準を重視すると繰越欠損金の５年間（現在は９年間）の繰越による損失の打ち切りは，制度リスクに属すること

③　制度リスクが予見できる状況で償却を強制することは，経営者としての管理責任が問われ，場合によっては，企業に損害を与えたという形での損害賠償の民事責任が生ずる可能性があること

＊武田隆二教授は，規則的な償却の要請に対する対案として，次の事項の注記を提案されている（武田［2003a］，254頁）。①各期における減価償却費が規則的償却に満たない金額（償却不足額），②償却不足額の累計額，③規則的償却をした場合の簿価。

したがって，中小企業に規則的な償却を強制するためには，税法による繰越欠損金の期間制限を外すこと（制度リスクの除去）が先決となる。しかし，そうでない限り，中小企業に規則的な償却を要請したところで，その実効性がないことは，中小指針普及の取組みが芳しくなかった経験からも明らかである。

そこで，中小会計要領では，固定資産の減価償却について，規則的な償却ではなく，相当の償却を要請することによって，減価償却にある程度の弾力性を認めることとされた。この点について，中小会計要領の解説では，「『相当の減価償却』とは，一般的に，耐用年数にわたって，毎期，規則的に減価償却を行うことが考えられます」としている。この解説は，相当の償却は規則的な償却よりも広義（不等号を用いて表現すれば，「相当の償却＞規則的な償却」という関係）であり，規則的な償却に加えて，「相当性」を有する償却方法であれば，それも認められる余地があることを含意している。しかし，「相当性とは何か」という点については，具体的に明らかにされていない。相当性の意味内容は，今後，個別的・具体的なケースごとに判断していくことになろう。勿論，利益操作の目的で行われる任意の減価償却が，相当性の範囲にないことはいうまでもない。

第6節　固定資産の減損処理

会社計算規則では，「事業年度の末日において予測することができない減損が生じた資産又は減損損失を認識すべき資産については，取得原価から相当の減額をした額」（会社計算規則５条３項２号；傍点は筆者）を会計帳簿に付さなければならないとしている。ここで「予測することができない減損」とは，災害・事故等による物理的な減損のほか，陳腐化・不適応化等による機能的な減損も含まれる。

「固定資産の減損に係る会計基準」（以下では，減損会計基準という）では，固定資産の減損とは，資産の収益性の低下により投資額の回収が見込めなくなった状態をいい，減損処理とは，そのような場合に，固定資産の回収可能性を反映させるように帳簿価額を減額する会計処理とされる。減損会計基準によれば，減損損失は，まず，減損の兆候（減損が生じている可能性を示す事象）がある対象資産について，その「割引前将来キャッシュ・フローの総額」が帳簿価額を下回ることを確認する必要がある。その後，減損損失の認識が必要な資産について，その帳簿価額を「回収可能価額」まで減額し，その差額を減損損失として当期の損失（特別損失）に計上する。その場合，回収可能価額の算定にあたっては，⑴「売却」による回収額である「正味売却価額」（売却時価から処分費用見込額を控除した額）と，⑵「使用」による回収額である「使用価値」（将来キャッシュ・フローの割引現在価値）のうち，いずれか高い方が選択される。

このような減損会計基準の適用は，中小企業にとってはかなりの技術的困難を伴う。そこで，中小指針では，資産の使用状況に大幅な変更があった場合に，減損の可能性について検討することとし，具体的には，次のいずれかに該当し，かつ，時価が著しく下落している場合に，減損損失を認識するとしている。

⑴　将来使用の見込みが客観的にないこと（例えば，資産が相当期間遊休状態にあること）

⑵　固定資産の用途を転用したが採算が見込めないこと

これに対し，中小会計要領では，固定資産の減損処理の適用については，より簡便に「災害等により著しい資産の価値の下落が判明したとき」としている。

第７節　減価償却累計額の表示方法

有形固定資産の減価償却累計額の表示方法については，次の４つの方式を区別できる（会社計算規則79条，103条３号）。

⑴　科目別控除方式：有形固定資産の科目ごとに減価償却累計額を控除する形式で記載する方式

⑵　一括控除方式：減価償却累計額を有形固定資産全体に対する控除科目として一括して記載する方式

⑶　科目別注記方式：有形固定資産の科目ごとに減価償却累計額を控除した後の控除残高を記載し，当該減価償却累計額を各資産の科目別に注記する方式

(4) 一括注記方式：上記(3)の方式で貸借対照表に記載し，注記は一括して行う方式

なお，無形固定資産の貸借対照表への表示方法は，各無形固定資産から減価償却累計額を直接減額し，その残高を当該無形固定資産の金額として表示することとされている（会社計算規則81条）。

第8節 むすび

中小企業の減価償却の会計問題を考える場合，減価償却になぜ規則的な償却の方式を採用しなければならないか，という原点に立ち返って検討する必要があるように思える。有形固定資産の減価償却について，規則的な償却の要請は，「適切な原価配分（費用配分）による業績利益の計算」と「利害関係者（投資者）の期間的持分の衡平化」が，その前提にあるとみることができる。減価償却の計画的・規則的な実施により，経済的に意味のある業績利益の計算が可能となり，また，それを通じて利害関係者の期間的持分が衡平化されることになる。このように考えると，規則的な償却という考え方は，公開企業向けの投資意思決定支援の情報提供機能に支えられていると解することができる。

しかし，閉鎖会社としての中小企業にとって，減価償却の意義を公開企業のそれと同列に論じることはできないように思える。また，繰越欠損金の期間制限という制度リスクが存在する限り，中小企業に見合った実行可能な会計のあり方を模索する必要があろう。中小会計要領が規則的な償却ではなく，相当の償却を要請することによって，減価償却にある程度の弾力性を認めたのは，このような模索の１つの結果であったとみることができる。

Column 3 「規則的な償却」と「相当の償却」

中小会計要領で，最も議論のある問題が「相当の償却」である。「なぜ，規則的な償却ではいけないのか？」というのが大方の疑問である。なぜなら，連続意見書第三「有形固定資産の減価償却」では，計画的・規則的な減価償却を要請しており，企業会計原則の基本的な考え方は規則的な償却であることに疑いはない。また，中小会計要領の策定プロセスでも，減価償却の「原案」は規則的な償却の要請であった。

では，中小会計要領において，なぜ規則的な償却が強制されなかったのであろうか？

その理由の1つとして，規則的な償却の強制によるある苦い経験があげられる。本章で指摘したように，中小指針は規則的な償却を要請している。中小企業会計基準が中小指針だけであった当時，中小企業が金融機関から融資を受ける場合，「中小指針に関するチェックリスト」のすべての欄に，チェックが付されているか否かが重要な判断基準とされていた。そのため，利益償却に等しい実態があるにもかかわらず，嘘のチェックリストを提出するケースが横行することとなった。その被害を受けたのは金融機関である。チェックリストを信用したばかりに，多額の融資が焦げつく結果となり，中小指針に対する信頼性も低下することとなった。

そこで，中小会計要領の策定プロセスでもこのことが問題とされ，「原案」では，中小指針の二の舞になるのではないかということが懸念された。そのため，中小企業の実態を反映する一方，規則的な償却から逸脱しない工夫として，「相当の償却」が採用されることとなった。これは，何らかの合理的な理由があれば，規則的な償却から離れることがありうることを容認するものである。

しかし，言わずもがなであるが，この規定は，決して，中小企業に任意償却（利益償却）を奨励しているわけではない。規則的な償却が可能な中小企業は，当然，規則的な償却を実施すべきである。しかし，諸般の事情から，そのような減価償却が困難な企業が多くあるのも，中小企業の現実である。「相当の償却」というある種の弾力的な規定は，中小企業に見合った実行可能な会計（減価償却）を模索した1つの工夫の結果である。と同時に，この規定は，中小企業会計に対して，「中小企業における減価償却の本質は何か」という重大な問題を提起している。

第18章

中小会計要領
（各論９：繰延資産）

第１節　はじめに

本章では，中小会計要領の「各論９」を解説する。各論９は，「繰延資産」である。繰延資産は期間損益計算の適正化を図る目的で作り出された計算擬制的資産である。旧商法では，繰延資産の範囲を８項目に限定し，その償却期間を定め「均等額以上の償却」を要請していたが，会社法では「繰延資産として計上することが適当であると認められるもの」（会社計算規則74条３項５号）とし，その会計処理を「一般に公正妥当と認められる企業会計の慣行」に委ねることとなった。

本章の主要な論点は，次の４点である。

⑴　繰延資産は適正な期間損益計算の観点から要請されるものであり，換金性もなく，また法律上の権利でもなく，実体を伴わない計算擬制的資産としての性格を有していること

⑵　繰延経理の根拠は，①効果の発現という事実と②収益との対応関係という２点に求められ，費用配分の原則と費用収益対応の原則がそれを支えていること

⑶　中小会計要領では，創立費，開業費，開発費，株式交付費，社債発行費および新株予約権発行費の６項目を繰延資産に該当するものとして取り

扱っていること

⑷　法人税法上の繰延資産は，会計上の繰延資産に該当しないことから，固定資産（投資その他の資産）に「長期前払費用」として計上されること

第2節　繰延資産の規定

各論９：繰延資産	
①繰延資産の定義	・繰延資産は，対価の支払いが完了し，これに対応するサービスの提供を受けたにもかかわらず，その効果が将来にわたって生じるものと期待される費用をいいます。（要領各論９解説）
②繰延資産の範囲	・創立費，開業費，開発費，株式交付費，社債発行費及び新株予約権発行費は，費用処理するか，繰延資産として資産計上する。（要領各論９⑴）
③繰延資産の償却	・繰延資産は，その効果の及ぶ期間にわたって償却する。（要領各論９⑵） ・資産計上した繰延資産について，支出の効果が期待されなくなったときには，資産の価値が無くなっていると考えられるため，一時に費用処理する必要があります。（要領各論９解説）
④税法上の繰延資産・繰延資産の表示	・法人税法固有の繰延資産については，会計上の繰延資産には該当しません。そのため，固定資産（投資その他の資産）に「長期前払費用」として計上することが考えられます。（要領各論９解説）

中小指針	①繰延資産の定義	・繰延資産とは，既に代価の支払が完了し又は支払義務が確定し，これに対応する役務の提供を受けたにもかかわらず，その効果が将来にわたって発現するものと期待される費用を資産として繰り延べたものをいう。（指針39）

	②繰延資産の範囲	・創立費，開業費，開発費，株式交付費，社債発行費，新株予約権発行費は，原則として費用処理する。なお，これらの項目については繰延資産として資産に計上することができる。（指針要点） ・法人が支出する次に掲げる費用（資産の取得に要した金額及び前払費用を除く。）のうち支出の効果がその支出の日以後１年以上に及ぶものは，税法固有の繰延資産に該当する。（費用は省略）（指針40(2)）
	③繰延資産の償却	・繰延資産として資産に計上したものについては，その支出又は発生の効果が発現するものと期待される期間内に原則として月割計算により相当の償却をしなければならない。償却期間は，創立費は会社成立後，開業費は開業後，開発費はその支出後，それぞれ５年内，株式交付費及び新株予約権発行費は発行後３年内，社債発行費は社債償還期間とする。（指針41） ・税法固有の繰延資産については，法人税法上，償却限度額の規定があることに留意する必要がある。また，金額が少額のものは，発生時において費用処理する。（指針41）
	④税法上の繰延資産・繰延資産の表示	・税法固有の繰延資産は，「投資その他の資産」に長期前払費用等の適当な項目を付して表示する。（指針43(1)）
会社法（会社計算規則）	①繰延資産の定義	・繰延資産として計上することが適当であると認められるもの（計規74③五）
	②繰延資産の範囲	・資産（繰延資産）は，別段の定めがある場合を除き，会計帳簿にその取得価額を付さなければならない（計規５①）
	③繰延資産の償却	・償却すべき資産（繰延資産）については，事業年度の末日において，相当の償却をしなければならない。（計規５②）
	④税法上の繰延資産・繰延資産の表示	・各繰延資産に対する償却累計額は，当該各繰延資産の金額から直接控除し，その控除残高を各繰延資産の金額として表示しなければならない。（計規84）

企業会計原則	①繰延資産の定義	・「将来の期間に影響する特定の費用」とは，既に代価の支払が完了し又は支払義務が確定し，これに対応する役務の提供を受けたにもかかわらず，その効果が将来にわたって発現するものと期待される費用をいう。（原則注解15）
	②繰延資産の範囲	・創立費，開業費，新株発行費，社債発行費，社債発行差金，開発費，試験研究費及び建設利息は，繰延資産に属するものとする。（原則第三・四㈠C）
	③繰延資産の償却	・繰延資産は，各事業年度に均等額以上を配分しなければならない。（原則第三・五）
	④税法上の繰延資産・繰延資産の表示	・繰延資産については，償却額を控除した未償却残高を記載する。（原則第三・四㈠C）
法人税法等	①繰延資産の定義	・繰延資産は，法人が支出する費用のうち支出の効果がその支出の日以後１年以上に及ぶもので政令で定めるものをいう。（法法２①二十四）
	②繰延資産の範囲	・法第２条第24号（繰延資産の意義）に規定する政令で定める費用で，以下のものをいう。一創立費，二開業費，三開発費，四株式交付費，五社債等発行費，六次に掲げる費用で支出の効果がその支出の日以後１年以上に及ぶもの：イ自己が便益を受ける公共的施設又は共同的施設の設置又は改良のために支出する費用，ロ資産を賃借し又は使用するために支出する権利金，立ちのき料その他の費用，ハ役務の提供を受けるために支出する権利金その他の費用，ニ製品等の広告宣伝の用に供する資産を贈与した場合の費用，ホその他自己が便益を受けるために支出する費用（法令14①）
	③繰延資産の償却	・繰延資産の損金算入額は，その法人がその事業年度において償却費として損金経理したもののうち，その繰延資産に係る支出の効果の及ぶ期間を基礎として計算した償却限度額以内の金額とする。（法法32①）
		・償却限度額は，繰延資産の額または「繰延資産の額×事業年度の月数/支出効果期間の月数」とする。（法令64①）
	④税法上の繰延資産・繰延資産の表示	—

第3節　繰延資産の意義と根拠

1　繰延資産の意義

企業会計原則によれば，繰延資産は，**図表18－1**のように規定される（企業会計原則第三・一D，注解15）。

図表18－1　繰延資産の意義（企業会計原則）

企業会計原則第三・一D	将来の期間に影響する特定の費用は，	次期以後の期間に配分して処理するため，	経過的に貸借対照表の資産の部に記載することができる。
注解15	⑴　すでに代価の支払いが完了し又は支払義務が確定し， ⑵　これに対応する役務の提供を受けたにもかかわらず， ⑶　その効果が将来にわたって発現するものと期待される費用をいう。	・これらの費用は，その効果が及ぶ数期間に合理的に配分するため，	・経過的に貸借対照表上繰延資産として計上することができる。

この図表に示すように，繰延資産は，対価の支払いが完了し，これに対応する役務（サービス）の提供を受けたにもかかわらず，その効果が将来にわたって発現するものと期待される費用（将来の期間に影響する特定の費用）をいう。かかる繰延資産は適正な期間損益計算の観点から要請されるものであり，換金性もなく，また法律上の権利でもなく，実体を伴わない計算擬制的資産としての性格を有している。

2　繰延経理の根拠

将来の期間に影響する特定の費用を資産化し，将来の期間に配分する手続が繰延経理といわれる。その根拠を連続意見書第五「繰延資産について」に則して示したのが**図表18－2**である。この図表に示すように，繰延経理の根拠は次の２点に求められる。

⑴　効果の発現という事実

⑵　収益との対応関係

ある支出が行われ，当該支出の有する効果が当期のみならず，次期以降にわたるものと予想される場合，適正な期間損益計算の観点からは，「効果の発現という事実」を重視して，効果の及ぶ期間にわたる費用として配分する必要がある（費用配分の原則)。この効果の発現という事実は「収益の実現」となって顕在化することから，繰延経理の根拠は，ある支出をいったん資産化し，「支出の効果＝収益の実現」に応じて費用化することにあり，費用配分の原則と費用収益対応の原則がそれを支えていることになる。

図表18－２　繰延資産の根拠と適正償却

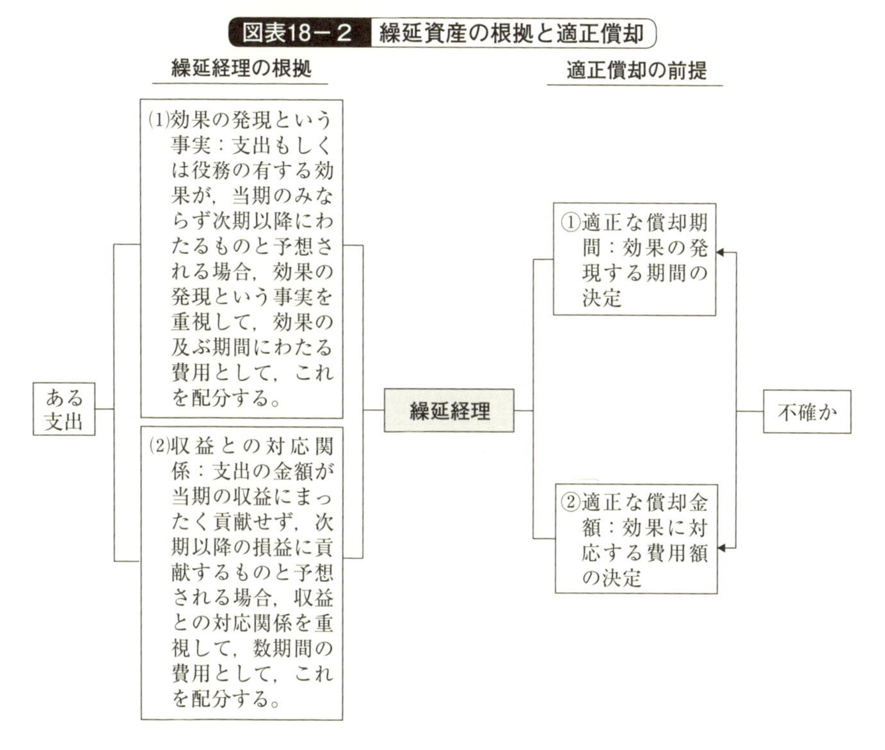

3　繰延資産の適正償却と妥協の方式

繰延資産の取得原価を費用配分する場合，理論上は，効果発現期間と効果発現量を全体的に見積り，各期における効果発現量に見合った額を繰延資産の償却額とすることにより，収益と費用の適正な対応が可能となる。しかし，図表

18－２に示すように，現実問題として，⑴効果の発現期間の予測（適正な償却期間）と⑵効果の発現量の予測（適正な償却金額）はともに「不確か」である。

そこで，旧商法では，実務的な配慮と期間損益計算との妥協から，次の３つの措置を講ずることとなった。

⑴　繰延資産を８つの項目に限定すること

⑵　各繰延資産に償却年数を定め，毎決算期に均等額以上の償却を要請すること

⑶　不確実かつ金額が巨額にのぼるおそれのある３つの繰延資産（開業費，試験研究費，開発費）について，配当制限規定を設けること

4　繰延資産に対する会社法の対応

しかし，会社法では，会計計算は「一般に公正妥当と認められる企業会計の慣行」に委ねることとされ，繰延資産は「繰延資産として計上することが適当であると認められるもの」（会社計算規則74条３項５号）として包括的に規定されることとなった。しかも，すべての繰延資産について「分配可能額からの控除項目」として扱うこととされた（会社法461条２項６号，会社計算規則158条１号）。

第４節　繰延資産の内容と償却

1　繰延資産の内容と償却年数

中小会計要領では，これまでの会計実務を踏まえ，創立費，開業費，開発費，株式交付費，社債発行費および新株予約権発行費の６項目を繰延資産に該当するものとして取り扱っている。**図表18－３**は，「財務諸表等規則ガイドライン⒃」に則して，繰延資産の具体的な内容と中小指針（および中小会計要領）で要請されている償却年数を一覧表示したものである。なお，企業会計基準委員会（ASBJ）が2006年８月に公表した実務対応報告第19号「繰延資産の会計処理に関する当面の取扱い」では，旧商法における償却年数を引き継ぐものの，「効果の及ぶ期間に償却」という表現に改め，「均等額以上の償却」を「定額法

による均等額の償却」によるべきことを定めている。

図表18－３　繰延資産の内容と償却

繰延資産項目	内　容	償却期間	償却の方法
(1)創立費	・会社の負担に帰すべき設立費用，例えば，定款および諸規則作成のための費用，株式募集その他のための広告費，目論見書・株券等の印刷費，創立事務所の賃借料，設立事務に使用する使用人の給料，金融機関の取扱手数料，証券会社の取扱手数料，創立総会に関する費用その他会社設立事務に関する必要な費用，発起人が受ける報酬で定款に記載して創立総会の承認を受けた金額，設立登記の登録免許税等	・会社成立後５年内	・効果が発現すると期待される期限内に相当の償却（月割計算）
(2)開業費	・土地，建物等の賃借料，広告宣伝費，通信交通費，事務用消耗品費，支払利子，使用人の給料，保険料，電気・ガス・水道料等で，会社成立後営業開始までに支出した開業準備のための費用	・開業後５年内	
(3)開発費	・新技術または新経営組織の採用，資源の開発，市場の開拓等のために支出した費用，生産能率の向上または生産計画の変更等により，設備の大規模な配置替えを行った場合等の費用。ただし，経常費の性格をもつものは含まれない	・支出後５年内	
(4)株式交付費	・株式募集のための広告費，金融機関の取扱手数料，証券会社の取扱手数料，目論見書・株券等の印刷費，変更登記の登録免許税，その他株式の交付等のために直接支出した費用	・発行後３年内	
(5)社債発行費	・社債募集のための広告費，金融機関の取扱手数料，証券会社の取扱手数料，目論見書・社債券等の印刷費，社債の登記の登録免許税その他社債発行のため直接支出した費用	・社債の償還までの期間	
(6)新株予約権発行費	・資金調達などの財務活動に係るもの	・発行後３年内	

２　繰延資産の一時償却

会社法では，予測することができない減損が生じた場合には，相当の減額をしなければならないとしている（会社計算規則５条３項２号）。繰延資産の減損処理について，中小会計要領は「支出の効果が期待されなくなったときには，資産の価値が無くなっていると考えられるため，一時に費用処理する必要があります」としている。この一時償却のケースとして，中小指針は，次のようなケースを例示している。

⑴ 災害により著しく損傷したこと
⑵ １年以上にわたり遊休状態にあること
⑶ 本来の用途に使用することができないため，他の用途に使用されたこと
⑷ 所在場所の状況が著しく変化したこと

第５節 税法固有の繰延資産

法人税法では，次の費用を繰延資産として処理することを認めている（法人税法施行令14条１項）。

⑴ 自己が便益を受ける公共的施設または共同的施設の設置または改良のために支出する費用
⑵ 資産を賃借しまたは使用するために支出する権利金，立退料その他の費用
⑶ 役務の提供を受けるために支出する権利金その他の費用
⑷ 製品等の広告宣伝の用に供する資産を贈与したことにより生ずる費用
⑸ ⑴から⑷までに掲げる費用のほか，自己が便益を受けるために支出する費用

しかし，これらの費用は会計上の繰延資産に該当しないことから，固定資産（投資その他の資産）に長期前払費用として計上される。

第６節 むすび

繰延資産は適正な期間損益計算の観点から要請されるものであり，換金性もなく，また法律上の権利でもなく，実体を伴わない計算擬制的資産である。かかる繰延資産の会計処理について，中小指針と中小会計要領の間に相違はみられない。

中小会計要領では，これまでの会計実務を踏まえ，創立費，開業費，開発費，株式交付費，社債発行費および新株予約権発行費の６項目を繰延資産に該当するものとして取り扱っている。したがって，これらの項目については，支出時に費用として処理する方法のほかに，繰延資産として貸借対照表に資産計上する方法も認められることになる。

第19章

中小会計要領（各論10：リース取引）

第1節 はじめに

本章では，中小会計要領の「各論10」を解説する。各論10は，「リース取引」である。リース取引については，企業会計基準第13号「リース取引に関する会計基準」（以下では，リース会計基準という）において，その分類と会計処理が厳密に定められている。しかし，中小会計要領では，中小企業の実情に配慮して，リース会計基準とは異なる会計処理が容認されている。

本章の主要な論点は，次の４点である。

⑴ わが国のリース取引は，わが国経済，とりわけ中小企業の経済に大きな影響を与えていること

⑵ リース取引は，①ファイナンス・リース取引と②オペレーティング・リース取引の２つに区分されること

⑶ リース取引の会計処理には，①売買取引に係る方法に準じた会計処理と②賃貸借取引に係る方法の２つが区分され，中小指針は売買取引に係る方法を原則とするのに対し，中小会計要領は両者の選択適用を容認していること

⑷ 賃貸借取引に係る方法で会計処理した場合，中小指針では，未経過リース料の注記を要請しているのに対し，中小会計要領では，当該注記の判断を中小企業に委ねていること

第2節　リース取引の規定

各論10：リース取引	
①リース取引の定義	—
②リース取引の会計処理	・リース取引に係る借手は，賃貸借取引又は売買取引に係る方法に準じて会計処理を行う。（要領各論10） ・リース取引の会計処理には，賃貸借取引に係る方法と，売買取引に係る方法に準じて会計処理する方法の二種類があります。（要領各論10解説） ・賃貸借取引に係る方法とは，リース期間の経過とともに，支払リース料を費用処理する方法です。（要領各論10解説） ・売買取引に係る方法に準じた会計処理とは，リース対象物件を「リース資産」として貸借対照表の資産に計上し，借入金に相当する金額を「リース債務」として負債に計上することとなります。（要領各論10解説） ・リース資産は，一般的に定額法で減価償却を行うこととなります。（要領各論10解説） ・賃貸借取引に係る方法で会計処理を行った場合，将来支払うべき金額が貸借対照表に計上されないため，金額的に重要性があるものについては，期末時点での未経過のリース料を注記することが望ましいと考えられます。（要領各論10解説）

中小指針		
中小指針	①リース取引の定義	・リース取引とは，特定の物件の所有者である貸手が，その物件の借手に対し，リース期間にわたりこれを使用収益する権利を与え，借手は，リース料を貸手に支払う取引をいう。（指針74－2）
	②リース取引の会計処理	・所有権移転外ファイナンス・リース取引に係る借手は，通常の売買取引に係る方法に準じて会計処理を行う。ただし，通常の賃貸借取引に係る方法に準じて会計処理を行うことができる。（指針74－3）

		・所有権移転外ファイナンス・リース取引に係る借手は，通常の賃貸借取引に係る方法に準じて会計処理を行った場合には，未経過リース料を注記する。ただし，重要性がないリース取引については，注記を省略することができる。（指針74－4）
会社法（会社計算規則）	①リース取引の定義	・ファイナンス・リース取引は，リース契約に基づく期間の中途において当該リース契約を解除することができないリース取引又はこれに準ずるリース取引で，リース物件の借主が，当該リース物件からもたらされる経済的利益を実質的に享受することができ，かつ，当該リース物件の使用に伴って生じる費用等を実質的に負担することとなるものをいう。（計規２③五十七） ・所有権移転ファイナンス・リース取引は，ファイナンス・リース取引のうち，リース契約上の諸条件に照らしてリース物件の所有権が借主に移転すると認められるものをいう。（計規２③五十八） ・所有権移転外ファイナンス・リース取引は，ファイナンス・リース取引のうち，所有権移転ファイナンス・リース取引以外のものをいう。（計規２③五十九）
	②リース取引の会計処理	—
企業会計原則	①リース取引の定義	—
	②リース取引の会計処理	—
法人税法等	①リース取引の定義	・リース取引とは，資産の賃貸借（所有権が移転しない土地の賃貸借その他の政令で定めるものを除く。）で，次に掲げる要件に該当するものをいう。（法法64の２③） 一　当該賃貸借に係る契約が，賃貸借期間の中途においてその解除をすることができないものであること又はこれに準ずるものであること。 二　当該賃貸借に係る賃借人が当該賃貸借に係る資産からもたらされる経済的な利益を実質的に享受することができ，かつ，当該資産の使用に伴って生ずる費用を実質的に負担すべきこととされているものであること。

	②リース取引の会計処理	・内国法人がリース取引を行った場合には，そのリース取引の目的となる資産の賃貸人から賃借人への引渡しの時に当該リース資産の売買があったものとして，当該賃貸人又は賃借人である内国法人の各事業年度の所得の金額を計算する。（法法64の２①） ・内国法人が譲受人から譲渡人に対する賃貸を条件に資産の売買を行った場合において，当該資産の種類，当該売買及び賃貸に至るまでの事情その他の状況に照らし，これら一連の取引が実質的に金銭の貸借であると認められるときは，当該資産の売買はなかったものとし，かつ，当該譲受人から当該譲渡人に対する金銭の貸付けがあったものとして，当該譲受人又は譲渡人である内国法人の各事業年度の所得の金額を計算する。（法法64の２②）

第３節　リース取引の現状

図表19－１は，2017年度から過去７年間の企業規模別のリース件数・リース取扱高，およびリース比率（民間設備投資額に占めるリース設備額の割合）について，リース事業協会による統計データを示したものである。この図表から分かるように，2017年度で，リース件数は，合計177万9,697件であり，そのうち中小企業の件数はその半数を上回る104万6,173件（58.8％）となっている。また，リース取扱高は，合計４兆8,759億円であり，そのうち中小企業は約半分の２兆5,696億円（52.7％）を占めている。さらに，リース比率については，2002年度には民間設備投資額の8.97％を占めていたが，2011年度には5.92％にまで下落したものの，2012年度には6.28％と徐々に回復基調に転じたが，最近，緩やかな下落傾向がみられる。

このように，わが国のリース取引は，わが国経済，とりわけ中小企業の経済に大きな影響を与えていることから，中小会計要領でも，その会計処理の方法について規定することとされた。

図表19－1 企業規模別のリース件数・リース取扱高およびリース比率

年度	件数（単位：件数）				リース取扱高（単位：億円）（構成比％）				リース比率（%）*2
	合計	大企業	中小企業*1	官公庁・その他	合計	大企業	中小企業*1	官公庁・その他	
2011	1,756,252	579,647	1,075,046	101,559	45,997	19,935 (43.3)	22,307 (48.5)	3,756 (8.2)	5.92
2012	1,956,467	702,268	1,107,172	147,027	48,754	21,921 (45.0)	22,841 (46.8)	3,993 (8.2)	6.28
2013	2,102,028	803,524	1,173,506	124,998	52,390	21,366 (40.8)	26,448 (50.5)	4,575 (8.7)	6.25
2014	1,766,671	642,034	1,017,492	107,145	48,252	19,796 (41.0)	23,628 (49.0)	4,829 (10.0)	5.44
2015	1,709,682	579,371	1,023,077	107,234	50,393	19,055 (37.8)	26,035 (51.7)	5,303 (10.5)	5.67
2016	1,765,805	628,462	1,039,455	97,888	50,203	18,715 (37.3)	25,655 (51.1)	5,832 (11.6)	5.65
2017	1,779,697	618,605	1,046,173	114,919	48,759	17,125 (35.1)	25,696 (52.7)	5,937 (12.2)	5.34

＊1　この図表で，中小企業とは資本金１億円以下の法人および個人事業者をいう。

＊2　リース比率とは，民間設備投資額に占めるリース設備投資額の比率をいう。

（出典）リース事業協会［2018］，6－7，40－47頁に基づいて作成している。

第４節　リース取引の定義と分類

図表19－2は，リース会計基準に従って，リース取引の分類と会計処理を要約して示したものである。以下では，この図表に則して，リース取引の分類と会計処理を解説したい。

1　リース取引の意義と分類

リース会計基準によれば，リース取引とは，「特定の物件の所有者たる貸手（レッサー）が，当該物件の借手（レッシー）に対し，合意された期間（リース期間）にわたりこれを使用収益する権利を与え，借手は合意された使用料（リース料）を貸手に支払う取引をいう」と定義される（リース会計基準４項）。

かかるリース取引は，次の２つに分類される。

図表19－2　リース取引の分類と会計処理

<table>
<tr><th colspan="4">リース取引</th><th>会計処理</th></tr>
<tr><td rowspan="2">(1)　ファイナンス・リース取引</td><td rowspan="2">①現在価値基準
②経済的耐用年数基準
＊上記①または②のいずれかに該当すること</td><td>(ア)　所有権移転ファイナンス・リース取引</td><td>①所有権移転条項
②割安購入選択権
③特別仕様物件
＊上記①～③のいずれかに該当すること</td><td rowspan="2">売買処理</td></tr>
<tr><td>(イ)　所有権移転外ファイナンス・リース取引</td><td>上記以外</td></tr>
<tr><td>(2)　オペレーティング・リース取引</td><td>上記以外</td><td colspan="2">—</td><td>賃貸借処理</td></tr>
</table>

(1)　ファイナンス・リース（finance lease）取引

(2)　オペレーティング・リース（operating lease）取引

「ファイナンス・リース取引」とは，「リース契約に基づくリース期間の中途において当該契約を解除することができないリース取引またはこれに準ずるリース取引で，借手が当該契約に基づき使用する物件（リース物件）からもたらされる経済的利益を実質的に享受することができ，かつ，当該リース物件の使用に伴って生じるコストを実質的に負担することとなるリース取引をいう」（リース会計基準５項）。つまり，ファイナンス・リース取引は，次の２つの要件を充足するリース取引をいう。

①　解約不能（ノン・キャンセラブル）

(ア)　解約することができないリース取引であること，または，

(イ)　上記(ア)に準ずるリース取引（例えば，法契約上は解約可能であっても，解約時に相当の違約金を支払うなど，事実上，解約不能な取引）であること

②　フルペイアウト

(ア)　借手がリース物件の経済的利益を実質的に享受すること，かつ，

⑴ 借手がリース物件の使用に伴って生じるコスト（取得価額相当額，維持管理費など）を実質的に負担すること

上記の「解約不能」と「フルペイアウト」の要件は，具体的には，図表19－2に示したように，次の2つの基準のいずれかによって判定される。

① 現在価値基準：リース料総額の現在価値が，当該リース物件を借手が現金で購入するものと仮定した場合の合理的見積金額のおおむね90パーセント以上であること

② 経済的耐用年数基準：解約不能のリース期間が，当該リース物件の経済的耐用年数のおおむね75パーセント以上であること

さらに，「ファイナンス・リース取引」は，リース物件の所有権が借手に移転するか否かにより，次の2つに分類される。

⑴ 所有権移転ファイナンス・リース取引

⑵ 所有権移転外ファイナンス・リース取引

「所有権移転ファイナンス・リース取引」とは，「リース契約の諸条件に照らしてリース物件の所有権が借手に移転すると認められるもの」をいう。例えば，図表19－2に示したように，次の場合のいずれかは，リース物件の所有権が借手に移転するものと判断される。

① 所有権移転条項付のリース：リース期間終了後またはリース期間の中途で，リース物件の所有権が借手に移転すること

② 割安購入選択権付のリース：リース期間終了後またはリース期間の中途で，名目的価額またはその行使時点のリース物件の価額に比して著しく有利な価額で買い取る権利が与えられており，その行使が確実に予想されること

③ 特別仕様物件のリース：リース物件が，借手の用途等に合わせて特別の仕様により製作または建設されたものであって，当該リース物件の返還後，貸手が第三者に再びリースまたは売却することが困難であるため，その使用可能期間を通じて借手によってのみ使用されることが明らかなこと

これに対し，「所有権移転外ファイナンス・リース取引」とは，所有権移転ファイナンス・リース取引以外のファイナンス・リース取引をいう。

また，「オペレーティング・リース取引」とは，ファイナンス・リース取引以外の取引をいう。

2　中小企業におけるリース取引

中小指針では，叙上のリース会計基準の取扱いに準じて，「リース取引とは，特定の物件の所有者である貸手が，その物件の借手に対し，リース期間にわたりこれを使用収益する権利を与え，借手は，リース料を貸手に支払う取引をいう」と定義され，中小企業に一般的なリース取引を所有権移転外ファイナンス・リース取引として，その会計処理が規定されている。これに対し，中小会計要領では，機器等の資産を賃借するケースを想定したうえで，ファイナンス・リース取引を「リース会社等からリースを行うケース」，オペレーティング・リース取引を「例えばコピー機を短期間借り受けるケース」として例示し，前者の会計処理について弾力的な規定を行っている。

第5節｜リース取引の会計処理

リース取引の会計処理には，次の２つの方法がある。

⑴　売買取引に係る方法に準じた会計処理

⑵　賃貸借取引に係る方法

1　売買取引に係る方法に準じた会計処理

リース会計基準によれば，ファイナンス・リース取引には，売買取引に係る方法に準じた会計処理が適用される。この会計処理では，例えば，金融機関等から資金を借入れて，資産を購入した場合と同様の会計処理が行われる。つまり，リース取引開始時に対象物件を「リース資産」として資産に計上し，借入金に相当する金額を「リース債務」として負債に計上する。

その場合，リース資産およびリース債務の計上額の算定は，原則として，「リース料総額から利息相当額を控除した取得価額相当額」が計上される。なお，利息相当額は，原則として，リース期間にわたり利息法（各期の利息相当額をリース債務の未返済元本残高に一定の利率を乗じて算定する方法）により配分する（リース会計基準11項）。

また，リース資産は，原則として，有形固定資産，無形固定資産の別に，一括してリース資産として表示するが，有形固定資産または無形固定資産に属する各科目に含めて表示することもできる。これに対し，リース債務は，１年基準により，流動負債（貸借対照表日後１年以内に支払期限が到来するもの）と固定負債（貸借対照表日後１年を超えて支払期限が到来するもの）に分類して表示される。

さらに，リース資産については，決算時に，減価償却費を計上する必要がある。中小会計要領によれば，一般的には，定額法で減価償却が行われ，耐用年数はリース期間とし，残存価額はゼロとされる。

２　賃貸借取引に係る方法

賃貸借取引に係る方法とは，リース期間の経過とともに，支払リース料を費用処理する方法をいう。オペレーティング・リース取引については，通常の賃貸借取引として会計処理を行うのが妥当とされる（リース会計基準15項）。

３　中小企業における会計処理

リース取引について，中小指針はリース会計基準に準じた会計処理を原則とするものの，例外的に賃貸借取引に係る方法を容認している。これに対し，中小会計要領では，中小企業の実情に配慮し，売買取引に係る方法に準じた会計処理または賃貸借取引に係る方法の選択適用としている。

第６節　リース取引の注記

リース取引について，賃貸借取引に係る方法で会計処理した場合，将来支払うべき金額（リース債務）が貸借対照表に計上されないこととなる。そのため，中小指針では，適切な情報開示の観点から，金額的に重要性があるものについては，「未経過リース料を注記する」としている。これに対し，中小会計要領では，「未経過のリース料を注記することが望ましい」（傍点は筆者）として，注記の判断を中小企業に委ねている。これは，未経過リース料の注記を強制することにより，中小企業の財政状態に過大な不安が醸成されることに配慮したものと忖度（そんたく）される。

第7節　むすび

リース取引の会計処理については，中小会計要領では，売買取引または賃貸借取引に係る方法の選択適用を容認しており，しかも，賃貸借取引に係る方法を選択した場合，未経過リース料の注記は中小企業の判断に委ねている。このように，中小会計要領は，中小指針と比べて，中小企業の実情に配慮した，かなり弾力的な規定となっている。

Column 4　未経過リース料の注記が「強制」ではなく，「望ましい」とされた理由

リース取引については，賃貸借取引に係る方法で会計処理をした場合，企業会計基準および中小指針では，その未経過リース料について，原則的に，注記が強制されている。しかし，中小会計要領では，未経過リース料については，「注記することが望ましいと考えられます」として，注記の記載は任意となっている。

しかし，この規定の「原案」は，「未経過のリース料は注記しなければならない」という文章（規定）であった。しかし，これには中小企業関係者からの強い反対意見があった。未経過リース料は将来の債務であることから，その注記を強制することは，「負債の金額が大きくなることから，中小企業の財政状態が悪く判断され，金融機関の融資が慎重になる可能性がある」というのがその理由であった。このような見解に配慮し，中小会計要領では，注記は「望ましい」とされた。

大企業では，注記等による積極的なディスクロージャーが推奨されるのに対し，この規定は，中小企業では，その置かれている経済環境に配慮したディスクロージャーを模索する必要があることを示している。

第20章

中小会計要領
（各論11：引当金）

第1節　はじめに

本章では，中小会計要領の「各論11」を解説する。各論11は，「引当金」である。引当金は，適正な期間損益計算の必要性から登場した貸方科目である。すなわち，将来の特定の費用・損失を当期の費用・損失として見越計上した場合の貸方科目である。したがって，引当金は適正な期間損益計算の観点からは計上すべきものであるが，法人税法では，貸倒引当金と返品調整引当金の２項目しか認められていないことから，中小企業会計の実務では，税務との調整が余儀なくされる。

本章の主要な論点は，次の３点である。

⑴　引当金の設定目的は，期間損益計算の適正化にあり，発生主義の原則と費用収益対応の原則によって根拠づけられること

⑵　中小会計要領および中小指針では，企業会計原則「注解18」に従って，引当金の設定要件として，①将来の特定の費用または損失であること，②発生が当期以前の事象に起因すること，③発生の可能性が高いこと，④金額を合理的に見積ることができること，の４つの要件をあげていること

⑶　引当金の具体例について，中小指針は，企業会計原則「注解18」で例示されている項目をすべて列挙しているのに対し，中小会計要領では，賞与

引当金と退職給付引当金の２項目に焦点を当てている点で，引当金に対する両者の対応姿勢に若干の差異がみられること

第２節　引当金の規定

各論11：引当金			
①引当金の設定要件			・以下に該当するものを引当金として，当期の負担に属する金額を当期の費用又は損失として計上し，当該引当金の残高を貸借対照表の負債の部又は資産の部に記載する。（要領各論11⑴） ・将来の特定の費用又は損失であること ・発生が当期以前の事象に起因すること ・発生の可能性が高いこと ・金額を合理的に見積ることができること
②引当金の項目			・具体的には貸倒引当金，賞与引当金，退職給付引当金，返品調整引当金等の引当金があります。なお，金額的に重要性が乏しいものについては，計上する必要はありません。（要領各論11解説）
	㋐賞与引当金		・賞与引当金については，翌期に従業員に対して支給する賞与の見積額のうち，当期の負担に属する部分の金額を計上する。（要領各論11⑵） ・賞与引当金については，翌期に従業員に対して支給する賞与の支給額を見積り，当期の負担と考えられる金額を引当金として費用計上します。具体的には，決算日後に支払われる賞与の金額を見積り，当期に属する分を月割りで計算して計上する方法が考えられます。なお，従来，法人税法で用いられていた算式も１つの方法として考えられます。（要領各論11解説）
	㋑退職給付引当金等	⒜退職一時金制度	・退職給付引当金については，退職金規程や退職金等の支払いに関する合意があり，退職一時金制度を採用している場合において，当期末における退職給付に係る自己都合要支給額を基に計上する。（要領各論11⑶）

			・従業員との間に退職金規程や退職金等の支払いに関する合意がある場合，企業は従業員に対して退職金に係る債務を負っているため，当期の負担と考えられる金額を退職給付引当金として計上します。（要領各論11解説） ・「退職一時金制度」を採用している場合には，決算日時点で，従業員全員が自己都合によって退職した場合に必要となる退職金の総額を基礎として，例えば，その一定割合を退職給付引当金として計上する方法が考えられます。（要領各論11解説）
		(b)中小企業退職金共済制度等	・中小企業退職金共済，特定退職金共済，確定拠出年金等，将来の退職給付について拠出以後に追加的な負担が生じない制度を採用している場合においては，毎期の掛金を費用処理する。（要領各論11(4)） ・外部の機関に掛金を拠出し，将来に追加的な退職給付に係る負担が見込まれない制度を採用している場合には，毎期の掛金を費用として処理し，退職給付引当金は計上されません。（要領各論11解説）

	①引当金の設定要件	(1)　次のすべての要件に該当するものは，引当金として計上しなければならない。（指針48(1)） ①　将来の特定の費用又は損失であること ②　発生が当期以前の事象に起因していること ③　発生の可能性が高いこと ④　金額を合理的に見積ることができること (2)　引当金のうち，当期の負担に属する部分の金額を当期の費用又は損失として計上しなければならない。（指針48(2)）

<table>
<tr><td rowspan="3">中小指針</td><td rowspan="3">②引当金の項目</td><td>(ア)賞与引当金</td><td colspan="2">・翌期に従業員に対して支給する賞与の見積額のうち，当期の負担に属する部分の金額は，賞与引当金として計上しなければならない。(指針51(1))
・本指針においては，賞与について支給対象期間の定めのある場合，又は支給対象期間の定めのない場合であっても慣行として賞与の支給月が決まっているときは，次の平成10年度改正前法人税法に規定した支給対象期間基準の算式（注：本書210頁の算式を参照）により算定した金額が合理的である限り，この金額を引当金の額とすることができる。(指針51(1))</td></tr>
<tr><td rowspan="2">(イ)退職給付引当金等</td><td>(a)確定給付型退職給付制度</td><td>・退職時に見込まれる退職給付の総額のうち，期末までに発生していると認められる額を一定の割引率及び予想残存勤務期間に基づいて割引計算した退職給付債務に，未認識過去勤務債務及び未認識数理計算上の差異を加減した額から年金資産の額を控除した額を退職給付引当金として計上する。(指針53)
・退職一時金制度の場合，簡便的方法である退職給付に係る期末自己都合要支給額を退職給付債務とする方法を適用できる。(指針54)</td></tr>
<tr><td>(b)中小企業退職金共済制度等</td><td>・中小企業退職金共済制度，特定退職金共済制度及び確定拠出年金制度のように拠出以後に追加的な負担が生じない外部拠出型の制度については，当該制度に基づく要拠出額である掛金をもって費用処理する。(指針55)</td></tr>
<tr><td rowspan="2">会社法
(会社計算規則)</td><td>①引当金の設定要件</td><td colspan="3">—</td></tr>
<tr><td>②引当金の項目</td><td colspan="3">・退職給付引当金（計規6②一）</td></tr>
</table>

企業会計原則	①引当金の設定要件	・将来の特定の費用又は損失であって，その発生が当期以前の事象に起因し，発生の可能性が高く，かつ，その金額を合理的に見積ることができる場合には，当期の負担に属する金額を当期の費用又は損失として引当金に繰入れ，当該引当金の残高を貸借対照表の負債の部又は資産の部に記載するものとする。（原則注解18） ・発生の可能性の低い偶発事象に係る費用又は損失については，引当金を計上することはできない。（原則注解18）
	②引当金の項目	・製品保証引当金，売上割戻引当金，返品調整引当金，賞与引当金，工事補償引当金，退職給与引当金，修繕引当金，特別修繕引当金，債務保証損失引当金，損害補償損失引当金，貸倒引当金等（原則注解18）
法人税法等	①引当金の設定要件	—
	②引当金の項目	・貸倒引当金（法法52）

第3節　引当金の意義

引当金の設定目的は，期間損益計算の適正化にあり，発生主義の原則と費用収益対応の原則によって根拠づけられる。引当金は，将来の特定の費用・損失を当期の費用・損失として見越計上した場合に生じる貸方科目である。この見越計上は，財貨・用役の費消に関する具体的な事象は将来に発生するが，その原因となる事実が当期以前に発生していることに着目し，当該事実を当期の費用・損失として認識し，当期の収益と対応させるものである。これにより当期の収益と費用の合理的な対応が可能となり，適正な期間損益計算が達成されることになる。

第4節　引当金の設定要件

中小会計要領および中小指針では，企業会計原則「注解18」に従って，引当金の設定要件として，次の4つを定めている。

(1)　将来の特定の費用または損失であること

(2)　発生が当期以前の事象に起因すること

(3)　発生の可能性が高いこと

(4)　金額を合理的に見積ることができること

上記(1)の「将来の特定の費用または損失であること」の要件は，引当金が利益留保性の引当金を含まないことを含意している。なお，「将来の特定の費用または損失」には「将来の収益の控除」も含まれる。

上記(2)の「発生が当期以前の事象に起因すること」の要件は，引当金が発生主義の原則によって根拠づけられていることを示している。

上記(3)の「発生の可能性が高いこと」の要件は，過度の保守主義（偶発事象に対する引当経理）を排除することによって，適正な引当経理を行うことを要請するものである。

上記(4)の「金額を合理的に見積ることができること」の要件は，引当金の見積計上の合理性を担保するものである。

第5節　企業会計原則上の引当金

図表20－1は，企業会計原則上の引当金について，その分類，具体的項目と性格，貸借対照表の表示を一覧表示したものである。

この図表では，次のことが示されている。

(1)　企業会計原則上の引当金は，「評価性引当金」（資産の部の引当金）と「負債性引当金」（負債の部の引当金）に区分される。

(2)　評価性引当金には，貸倒引当金のみが該当し，金銭債権の回収不能額見込額について設定される引当金で，金銭債権に対する評価勘定としての性

図表20－1　企業会計原則上の引当金

<table>
<tr><th colspan="3">引当金の分類</th><th colspan="2">具体的項目と性格</th><th>貸借対照表の表示</th></tr>
<tr><td rowspan="11">企業会計原則上の引当金</td><td colspan="2">(1)評価性引当金
（資産の部の引当金）</td><td colspan="2">貸倒引当金*1</td><td>資産の部：科目別控除方式（原則）</td></tr>
<tr><td rowspan="10">(2)負債性引当金（負債の部の引当金）</td><td rowspan="6">(a)債務性のある引当金</td><td>製品保証引当金</td><td rowspan="2">費用性</td><td>負債の部：１年基準（原則）</td></tr>
<tr><td>工事補償引当金</td><td>流動負債</td></tr>
<tr><td>返品調整引当金*2</td><td rowspan="2">収益控除性</td><td></td></tr>
<tr><td>売上割戻引当金</td><td></td></tr>
<tr><td>退職給付引当金*3</td><td rowspan="4">費用性</td><td>固定負債</td></tr>
<tr><td>賞与引当金</td><td>流動負債</td></tr>
<tr><td rowspan="4">(b)債務性のない引当金</td><td>修繕引当金</td><td>流動負債</td></tr>
<tr><td>特別修繕引当金</td><td>固定負債</td></tr>
<tr><td>債務保証損失引当金</td><td rowspan="2">損失性</td><td></td></tr>
<tr><td>損害補償損失引当金</td><td></td></tr>
</table>

＊1　税法上，損金算入が容認されている引当金

＊2　2018年法人税法改正により損金算入が廃止された。

＊3　企業会計原則では退職給与引当金と表記している。

格を有している。貸倒引当金は，貸借対照表上，原則として金銭債権が属する科目ごとに控除する形式で表示される。

(3)　負債性引当金とは，負債の部に計上される引当金をいい，これはさらに「債務性のある引当金」（条件付債務）と「債務性のない引当金」（費用性引当金または損失性引当金）に区別される。

(4)　債務性のある引当金は，法律上の条件付債務（例えば，退職給付引当金の場合，従業員の退職という条件の成就によって，一定の退職金の支払義務が確定する債務）をいい，貸借対照表上，１年基準を適用して，流動負債または固定負債として掲記される。

(5)　債務性のない引当金とは，企業会計原則「注解18」の設定要件を充足する引当金であって，評価性引当金および負債性引当金（債務性のある引当金）を除くその他の引当金をいう。この引当金は，法律上の債務ではなく（例えば，修繕引当金の場合，「いつ」，「だれに」，「いくら」を支払わなければ

ならないかは未確定である），期間損益計算の適正化のために，費用収益対応の原則から期間費用として計上することが必要な貸方科目である。

(6)　なお，税法上，引当金として損金算入経理が容認されているのは，貸倒引当金（容認されているのは中小企業等の特定の法人）のみである。

第6節　会社法における引当金

図表20－2は，企業会計原則と会社計算規則の規定を比較して示したものである。この図表からわかるように，両者の間で，基本的に大きな相違はない。

図表20－2　企業会計原則と会社計算規則の規定の比較

規定／項目	企業会計原則（「注解18」の規定）	会社計算規則（6条2項1号本文の規定）
(1)　引当金の性格	・将来の特定の費用または損失であること	・将来の費用または損失（収益の控除を含む。）の発生に備えるためのものであること
(2)　設定要件	①　発生が当期以前の事象に起因すること ②　発生の可能性が高いこと ③　金額を合理的に見積もることができること	・合理的に見積可能であること
(3)　期間帰属	・当期の負担に属する金額であること	・当該事業年度の負担に属する金額であること
(4)　記載場所等	・当期の費用または損失として引当金に繰入れ，当該引当金の残高を貸借対照表の負債の部または資産の部に記載	・当該事業年度に帰属する金額を費用または損失として繰り入れること

第7節　賞与引当金と退職給付引当金

中小会計要領および中小指針では，中小企業の実務に影響のある引当金として，賞与引当金と退職給付引当金をあげ，その会計処理を解説している。

1 賞与引当金

労働契約等に基づく賞与引当金は，法的債務として負債の部に計上しなければならない。また，労働契約等に基づかない賞与引当金についても，慣行として支給される可能性が高い場合には，引当金の要件を満たすものとして負債の部に計上することになる。

なお，賞与引当金の算式については，中小会計要領および中小指針では，次の算式が参考として示されている。これは，1998年度改正前の法人税法で規定されていた計算式である。

$$\text{繰入額}=\left(\begin{array}{l}\text{前1年間の1人}\\\text{当たりの使用}\\\text{人等に対する}\\\text{賞与支給額}\end{array}\times\frac{\text{当期の月数}}{12}-\begin{array}{l}\text{当期において期末在職使}\\\text{用人等に支給した賞与の}\\\text{額で当期に対応するもの}\\\text{の1人当たりの賞与支給額}\end{array}\right)\times\begin{array}{l}\text{期末の在}\\\text{職使用人}\\\text{の数}\end{array}$$

2 退職給付引当金

(1) 退職一時金制度

賞与引当金と同様，退職給付引当金についても，退職金規程や退職金等の支払いに関する合意により法的債務となる場合には，負債の部に計上しなければならない。

退職給付引当金繰入額の計算について，企業会計基準第26号「退職給付に関する会計基準」では，数理計算上の差異および過去勤務費用を平均残存勤務期間以内の一定の年数で規則的に処理することとし，処理されない部分（未認識数理計算上の差異および未認識過去勤務費用）については，税効果を調整の上，純資産の部に計上することとし，積立て状況を示す額をそのまま負債（または資産）として計上することとしている。

しかし，退職時に見込まれる退職給付総額，割引率，予想残存勤務期間を算定することや数理計算を行うことは，中小企業にとって，相当の困難を伴う。そこで，中小会計要領では，かつて法人税法が採用していたように，退職給付に係る期末自己都合要支給額（当期末に従業員全員が自己都合で退職した場合に必要となる退職金総額）を基に，その一定割合を退職給付引当金として計上することとしている。

⑵　**中小企業退職金共済制度等**

なお，中小企業退職金共済，特定退職金共済，確定拠出年金等のように，外部の機関に掛金を拠出している場合には，毎期の掛金を費用処理すればよいので，退職給付引当金の設定は必要としない。

第８節　むすび

引当金の会計処理について，中小会計要領と中小指針で異なることはない。ただし，引当金の具体例について，中小指針は，企業会計原則「注解18」で例示されている項目をすべて列挙しているのに対し，中小会計要領では，賞与引当金と退職給付引当金の２項目に焦点を当てている点で，引当金会計に対する両者の対応姿勢に若干の差異がみられる。

なお，税法上，引当金は，貸倒引当金しか認められていないことから，中小会計要領や中小指針の要請に従ってその他の引当金を計上した場合は，法人税の申告にあたり，申告調整が必要とされる。そのため，企業会計と税法の乖離をどのように調整するかが，引当金会計の今後の検討課題といえよう。

第21章 中小会計要領（各論12：外貨建取引等）

第1節 はじめに

本章では，中小会計要領の「各論12」を解説する。各論12は，「外貨建取引等」である。近年，事業活動のグローバル化によって，中小企業でも海外との取引が活発化している。国内企業が外国企業と外貨建取引を行う場合や在外支店等を通じ外国で事業を営む場合，外貨建債権債務や外貨表示計算書類を本邦通貨（日本円）で換算し，国内計算書類に収容しなければならない。ここに為替相場による円換算が必要となる。

本章の主要な論点は，次の３点である。

⑴　換算とは，外国通貨で測定され，表示された計算書類項目（資産，負債，収益および費用）を日本円で測定し，表示し直す手続をいうこと

⑵　外貨建取引等に関する会計処理については，「外貨建取引等会計処理基準」において基本的な処理法が示されており，中小指針は，基本的に，これに準拠し，その内容が詳細に規定されているのに対し，中小会計要領の会計処理は，外貨建金銭債権債務のみを規定し，その内容は簡潔であること

⑶　外貨建金銭債権債務については，中小指針では，決算時の為替相場による円換算額を付すものとされているのに対し，中小会計要領では，取引発生時の為替相場または決算時の為替相場の選択適用が容認されていること

第２節　外貨建取引等の規定

各論12：外貨建取引等	
①発生時の処理	・外貨建取引（外国通貨建で受け払いされる取引）は，当該取引発生時の為替相場による円換算額で計上する。（要領各論12(1)） ・取引発生時のドル為替相場は，取引が発生した日の為替相場のほか，前月の平均為替相場等直近の一定期間の為替相場や，前月末日の為替相場等直近の一定の日の為替相場を利用することが考えられます。（要領各論12解説）
②決算時の処理	・外貨建金銭債権債務については，取得時の為替相場又は決算時の為替相場による円換算額で計上する。（要領各論12(2)） ・売掛金が，期末時点でも残っている場合は，貸借対照表に記載する金額は，取引を行った時のドル為替相場による円換算額か，決算日の為替相場による円換算額かのいずれかで計上します。（要領各論12解説） ・決算日の為替相場のほか，決算日の前後一定期間の平均為替相場を利用することも考えられます。（要領各論12解説） ・為替予約を行っている場合には，外貨建取引及び外貨建金銭債権債務について，決済時における確定の円換算額で計上することができます。（要領各論12解説） ・決算日の為替相場によった場合には，取引を行った時のドル為替相場による円換算額との間に差額が生じますが，これは為替差損益として 損益処理します。（要領各論12解説）

中小指針	①発生時の処理	・外貨建取引は，原則として，当該取引発生時の為替相場による円換算額をもって記録する。（指針75）
	②決算時の処理	・外国通貨，外貨建金銭債権債務等の金融商品については，決算時において，原則として，次の処理を行う。（指針76） (1)　外国通貨：決算時の為替相場による円換算額 (2)　外貨建金銭債権債務（外貨預金を含む。）：決算時の為替相場による円換算額

中小指針		⑶　満期保有目的の外貨建債券：外国通貨による取得原価又は償却原価法に基づく価格を決算時の為替相場により円換算した額 ⑷　外貨建売買目的有価証券及びその他有価証券：外国通貨による時価（その他有価証券のうち時価のないものについては取得原価）を決算時の為替相場により円換算した額 ⑸　子会社株式及び関連会社株式：取得時の為替相場による円換算額 ⑹　外貨建有価証券について時価の著しい下落又は実質価額の著しい低下により評価額の引下げが求められる場合：外国通貨による時価又は実質価額を決算時の為替相場により円換算した額
会社法（会社計算規則）	①発生時の処理	—
	②決算時の処理	—
企業会計原則	①発生時の処理	—
	②決算時の処理	—
法人税法等	①発生時の処理	・内国法人が外貨建取引を行った場合には，当該外貨建取引の金額の円換算額は，当該外貨建取引を行った時における外国為替の売買相場により換算した金額とする。（法法61の８①）
	②決算時の処理	・内国法人が事業年度終了の時において次に掲げる資産及び負債（外貨建資産等）を有する場合には，その時における当該外貨建資産等の金額の円換算額は，当該外貨建資産等の次の各号に掲げる区分に応じ当該各号に定める方法により換算した金額とする。（法法61の９①） 一　外貨建債権及び外貨建債務：発生時換算法又は期末時換算法 二　外貨建有価証券： イ　売買目的有価証券：期末時換算法 ロ　売買目的外有価証券：発生時換算法又は期末時換算法 ハ　その他の有価証券：発生時換算法 三　外貨預金：発生時換算法又は期末時換算法 四　外国通貨：期末時換算法

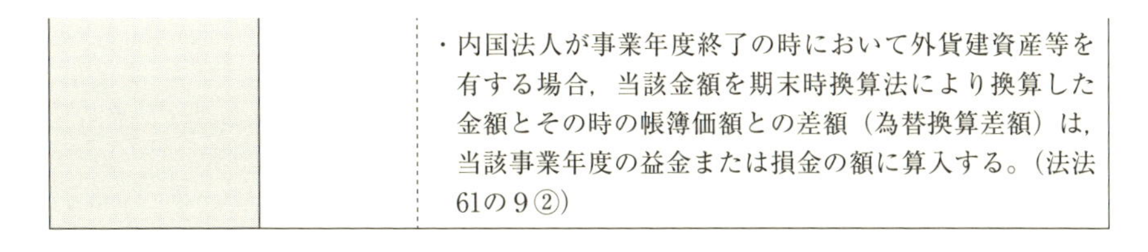

		・内国法人が事業年度終了の時において外貨建資産等を有する場合，当該金額を期末時換算法により換算した金額とその時の帳簿価額との差額（為替換算差額）は，当該事業年度の益金または損金の額に算入する。（法法61の9②）

第3節　外貨建取引の意義

1　外貨建取引の範囲

「外貨建取引等会計処理基準」（以下では，外貨会計基準という）によれば，外貨建取引とは，「売買価額その他取引価額が外国通貨で表示されている取引」をいい，具体的には，次の取引などが含まれる（外貨会計基準注解1）。

(1)　取引価額が外国通貨で表示されている物品の売買または役務の授受

(2)　決済金額が外国通貨で表示されている資金の借入または貸付

(3)　券面額が外国通貨で表示されている社債の発行

(4)　外国通貨による前渡金，仮払金の支払または前受金，仮受金の受入

(5)　決済金額が外国通貨で表示されているデリバティブ取引等

なお，国内の製造業者等が商社等を通じて輸出入取引を行う場合であっても，当該輸出入取引によって商社等に生ずる為替差損益を製造業者等が負担する等のため，実質的に取引価額が外国通貨で表示されている取引と同等とみなされるケースも，外貨建取引とされる（外貨会計基準注解1）。

2　換算の目的

外貨建取引は，本邦通貨（日本円）で換算し，国内企業の計算書類に収容しなければならない。ここで，換算とは，外国通貨で測定され，表示された計算書類項目（資産，負債，収益および費用）を日本円で測定し，表示し直す手続をいう。つまり，測定単位を外国通貨から本邦通貨（日本円）に変換することに，換算の目的がある。

第4節　外貨建取引等の会計処理

外貨建取引等に関する会計処理については，外貨会計基準において，⑴取引発生時，⑵決算時および⑶決済時のそれぞれにおける基本的な処理法が示されている。

中小指針における外貨建取引等の会計処理は，基本的に，外貨会計基準に準拠し，その内容が詳細に規定されている。これに対し，中小会計要領における外貨建取引等の具体的な会計処理は，外貨建金銭債権債務のみを規定し，その内容は簡潔である。両者の規定を整理し，比較して示したものが**図表21－1**である。

第5節　取引発生時の処理

1　一般的処理

中小会計要領および中小指針では，外貨建取引は，原則として，「取引発生時の為替相場」による円換算額で記録しなければならない。

ただし，中小会計要領では，為替予約を行っている場合には，外貨建取引および外貨建金銭債権債務について，「決済時における確定の円換算額」で計上することができるとしている。また，中小指針では，外貨建金銭債権債務と為替予約等との関係が，金融会計基準における「ヘッジ会計の要件」を充たしている場合は，ヘッジ会計が適用できるとしている。

2　取引発生時の為替相場

外貨建取引の記録は，取引発生時の為替相場によることとされているが，ここでの取引発生時の為替相場とは，次のいずれかをいう（外貨会計基準注解２）。

⑴　取引が発生した日における直物為替相場

⑵　合理的な基礎に基づいて算定された平均相場

図表21－1　中小指針と中小会計要領における外貨建取引等の会計処理

<table>
<tr><th rowspan="2" colspan="3">摘　要</th><th colspan="2">換算基準</th></tr>
<tr><th>中小指針</th><th>中小会計要領</th></tr>
<tr><td colspan="3">1　取引発生時の処理</td><td>・取引発生時の為替相場（HR）</td><td>・取引発生時の為替相場（HR）</td></tr>
<tr><td colspan="5">2　決算時の処理</td></tr>
<tr><td colspan="5">(1)　換算方法</td></tr>
<tr><td colspan="3">①　通貨</td><td>・決算時の為替相場（CR）</td><td>—</td></tr>
<tr><td colspan="3">②　金銭債権債務</td><td>・決算時の為替相場（CR）</td><td>・取引発生時の為替相場（HR）
または決算時の為替相場（CR）</td></tr>
<tr><td rowspan="5" colspan="2">③有価証券</td><td>◇　売買目的有価証券</td><td>・外国通貨による時価×CR</td><td rowspan="5">—</td></tr>
<tr><td>◇　満期保有目的の外貨建債券</td><td>・取得原価（または償却原価法に基づく価格）×CR</td></tr>
<tr><td>◇　子会社株式・関連会社株式</td><td>・取得時の為替相場（HR）</td></tr>
<tr><td>◇　その他有価証券</td><td>・外国通貨による時価×CR</td></tr>
<tr><td>◇　「時価の著しい下落」または「実質価額の著しい低下」</td><td>・外国通貨による時価（または実質価額）×CR</td></tr>
<tr><td colspan="5">(2)　換算差額の処理</td></tr>
<tr><td colspan="4">（原則）当期の為替差損益として処理
（例外）金融商品に係る換算差額（有価証券を時価で計上した場合の評価差額）は，当該評価差額に関する処理方法</td><td>・当期の為替差損益として処理</td></tr>
<tr><td colspan="3">3　決済に伴う損益</td><td>・当期の為替差損益として処理</td><td>—</td></tr>
<tr><td colspan="5">4　ヘッジ会計（為替予約等）</td></tr>
<tr><td colspan="4">・為替予約等との関係がヘッジ会計の要件を充たしている場合は，ヘッジ会計の適用が可能</td><td>・為替予約を行っている場合，外貨建取引及び外貨建金銭債権債務について，決済時における確定の円換算額で計上が可能</td></tr>
</table>

（注）図表中の「—」は，該当する規定がないことを示している。

上記(2)の「平均相場」とは，①取引の行われた「月」の前月の為替相場を平均したもの，または，②取引の行われた「週」の前週の為替相場を平均したもの等，直近の一定期間の直物為替相場に基づいて算出されたものをいう。また，外貨会計基準や中小会計要領によれば，上記以外に，「取引が発生した日の直近の一定の日における直物為替相場」（例えば，取引が行われた月の前月の末日の直物為替相場など）によることもできるとされる。

第6節 決算時の処理

1 換算方法

決算時の換算方法について，中小指針では，図表21－1に示したように，⑴外国通貨，⑵外貨建金銭債権債務（外貨預金を含む），⑶外貨建有価証券のそれぞれについて，拠るべき処理基準が示されている。これらの処理基準は，基本的に，外貨会計基準に準拠したものとなっている。

これに対し，中小会計要領では，外貨建金銭債権債務についてのみ規定しており，簡潔な規定となっている。

2 決算時の為替相場

図表21－1に示したように，中小指針では，外貨建金銭債権債務については，決算時の為替相場による円換算額を付すものとされている。これに対し，中小会計要領では，取引発生時の為替相場または決算時の為替相場の選択適用が容認されている。中小会計要領が外貨会計基準（および中小指針）と異なり，決算時の為替相場として取得時の為替相場を容認しているのは，決算時に換算差額が発生することにより，中小企業の会計処理が煩雑になることに配慮したものと忖度される。

ここで，決算時の為替相場とは，次のようなものをいう（外貨会計基準注解8）。

⑴ 決算日の直物為替相場
⑵ 決算日の前後一定期間（例えば，決算日を含むおおむね１ヵ月間）の直物為替相場に基づいて算定された平均相場

決算時の為替相場としては，通常，上記⑴が一般的であるが，上記⑵も採用

できるとするのは，可能な限り決済時の為替相場に近接した為替レートの選定ができるようにとの配慮によるものと考えられる。

3　換算差額の処理

中小会計要領および中小指針では，外貨換算で生ずる換算差額は，原則として，当期の「為替差損益」（営業外損益）として処理される。ただし，有価証券の強制評価減（時価の著しい下落または実質価額の著しい低下）によって生じた換算差額は，有価証券評価損として処理される。

また，金融会計基準による時価評価に係る評価差額に含まれる換算差額は，原則として，金融会計基準で定める処理に従うこととされる（外貨会計基準一2(2))。

第7節　決済時の処理

中小会計要領には規定がないものの，外貨建金銭債権債務の決済に伴って生じた損益は，外貨会計基準に準拠して，原則として，当期の「為替差損益」（営業外損益）として処理される。

第8節　会計上の処理と法人税法上の取扱い

会計上の処理（外貨会計基準および中小指針の処理）では，特殊な項目（子会社株式および関連会社株式）を除き決算時の為替相場により換算するのに対して，法人税法上の処理では，外貨建資産・負債を１年基準により「短期」と「長期」に分類した上で，期末換算の方法を規定している。

参考までに，中小指針での整理に従って，会計上の処理と法人税法上の処理の相違を示したのが**図表21－２**である。この図表からわかるように，会計上の換算方法よりも法人税法上の換算方法の方が弾力的である（選択の幅が広い)。

なお，図表21－２における法人税法上の「発生時換算法」とは，外貨建資

図表21－2 会計上の処理と法人税法上の取扱いの相違

<table>
<tr><th colspan="3">外貨建資産等の区分</th><th>会計上の換算方法</th><th>法人税法上の換算方法</th></tr>
<tr><td colspan="3">(1)外国通貨</td><td rowspan="3">・決算時の為替相場</td><td>・期末時換算法</td></tr>
<tr><td rowspan="2">(2)外貨預金</td><td colspan="2">① 短期外貨預金</td><td>・期末時換算法（法定換算方法）または発生時換算法</td></tr>
<tr><td colspan="2">② 上記以外のもの</td><td>・期末時換算法または発生時換算法（法定換算方法）</td></tr>
<tr><td rowspan="2">(3)外貨建債権債務</td><td colspan="2">① 短期外貨建債権債務</td><td rowspan="2">・決算時の為替相場（ただし，転換社債については，発行時の為替相場</td><td>・期末時換算法（法定換算方法）または発生時換算法</td></tr>
<tr><td colspan="2">② 上記以外のもの</td><td>・発生時換算法（法定換算方法）または期末時換算法</td></tr>
<tr><td rowspan="5">(4)外貨建有価証券</td><td colspan="2">① 売買目的有価証券</td><td>・期末時価に決算時の為替相場を適用</td><td>・期末時換算法</td></tr>
<tr><td rowspan="4">② 売買目的外有価証券</td><td>(ア)償還期限および償還金額のあるもの（満期保有目的）</td><td>・取得価額または償却原価に決算時の為替相場を適用</td><td rowspan="2">・発生時換算法（法定換算方法）または期末時換算法</td></tr>
<tr><td>(イ) 償還期限および償還金額のあるもの（満期保有目的外）</td><td>・期末時価に決算時の為替相場を適用（原則：換算差額は純資産の部に計上，例外：換算差額は当期の損益）</td></tr>
<tr><td>(ウ) 償還期限および償還金額のないもの（株式）</td><td>・期末時価に決算時の為替相場を適用（換算差額は純資産の部に計上）</td><td rowspan="2">・発生時換算法</td></tr>
<tr><td>(エ) 子会社株式および関連会社株式</td><td>・取得価額に取得時の為替相場を適用</td></tr>
</table>

産・負債の取得（または発生）の基因となった外貨建取引の円換算に用いた為替相場により換算する方法をいい，「期末時換算法」とは，外貨建資産・負債を期末時の為替相場により換算する方法をいう（法人税法61条の９第１項１号）。また，短期とは，外国通貨の支払または受取の期限が，当該事業年度終了の日の翌日から１年を経過した日の前日までに到来するものをいい，長期とは，短期以外のものをいう（法人税法施行令122条の４）。

第9節 むすび

外貨建取引等の会計処理については，中小指針が，外貨会計基準に準拠し，その処理法を詳細に規定しているのに対し，中小会計要領では，中小企業の実態に即して，外貨建金銭債権債務を重視するとともに，税法との親和性に配慮した簡便な規定となっている。そのため，中小企業の実務では，弾力的な税法の規定に従うのが便宜的であろう。

第22章

中小会計要領（各論13：純資産）

第1節 はじめに

本章では，中小会計要領の「各論13」を解説する。各論13は「純資産」である。旧商法では資産と負債の差額は「資本」とされていたが，会社法では純資産という名称に変更された。その理由は，近年の経済社会の複雑化と多様化により，従来の資産または負債のいずれかに判別することが困難な項目が登場してきたことによる。このような判別不能な項目を収容する「場（ば）」として「資本の部」が利用されてきた結果，資本の部は，従来の資本（払込資本）としての性格が失われ，資産から負債を控除した「残高」，つまり，「純額としての資産」（純資産）と称されるに至った。

本章の主要な論点は，次の３点である。

⑴ 従来の資本の部は，現在では，純資産の部と称されること

⑵ 中小企業における計算書類の作成は会社法（会社計算規則）の要請に基づくものであることから，純資産の会計処理と表示は，中小会計要領であれ，中小指針であれ，本質的に異なるところはないこと

⑶ 純資産の部は，以下のように区分されること

① 純資産の部は株主資本と株主資本以外の項目に区分されること

② 株主資本は，資本金，資本剰余金，利益剰余金および自己株式（これ

は控除項目）に区分されること

③　資本剰余金は，資本準備金とその他資本剰余金に区分され，利益剰余金は，利益準備金とその他利益剰余金に区分されること

④　株主資本以外の項目は，評価・換算差額等と新株予約権に区分されること

第２節　純資産の規定

各論13：純資産	
①純資産の定義	・純資産とは，資産の部の合計額から負債の部の合計額を控除した額をいう。（要領各論13(1)） ・純資産のうち株主資本は，資本金，資本剰余金，利益剰余金等から構成される。（要領各論13(2)） ・純資産とは，資産の部の合計額から負債の部の合計額を控除した額をいい，そのうちの株主資本は，資本金，資本剰余金，利益剰余金等から構成されます。（要領各論13解説）
②資本金・資本剰余金	・資本金及び資本剰余金は，原則として，株主から会社に払い込まれた金額をいいます。（要領各論13解説） ・資本剰余金は，会社法上，株主への分配が認められていない資本準備金と，認められているその他資本剰余金に区分されます。（要領各論13解説） ・設立又は株式の発行に際して，株主から会社に払い込まれた金額は，資本金に計上しますが，会社法の規定に基づき，払込金額の２分の１を超えない額については，資本金に組み入れず，資本剰余金のうち資本準備金として計上することができます。（要領各論13解説）

③利益剰余金	・利益剰余金は，原則として，各期の利益の累計額から株主への配当等を控除した金額をいいます。利益剰余金は，会社法上，株主への分配が認められていない利益準備金と，認められているその他利益剰余金に区分されます。また，その他利益剰余金は，任意積立金と繰越利益剰余金に区分されます。(要領各論13解説) ・各期の利益の累計額から株主への配当等を控除した金額は，繰越利益剰余金に計上されますが，株主総会又は取締役会の決議により任意積立金を設定することができます。(要領各論13解説)
④自己株式	・期末に保有する自己株式は，純資産の部の株主資本の末尾に自己株式として一括して控除する形式で表示します。(要領各論13解説)

中小指針	①純資産の定義	・純資産の部は，株主資本，株主資本以外の各項目に区分する。(指針要点) ・株主資本は，資本金，資本剰余金，利益剰余金に区分する。(指針要点) ・株主資本以外の各項目は，評価・換算差額等，新株予約権に区分する。(指針要点)
	②資本金・資本剰余金	・資本金は，設立又は株式の発行に際して株主となる者が払込み又は給付した財産の額（払込金額）のうち，資本金として計上した額である。(指針67) ・資本剰余金は，資本準備金，その他資本剰余金に区分する。(指針68(1))
	③利益剰余金	・利益剰余金は，利益準備金とその他利益剰余金に区分する。(指針68(2)) ・利益準備金は，その他利益剰余金から配当する場合，資本準備金の額と合わせて資本金の額の４分の１に達していないときは，達していない額の利益剰余金配当割合か，配当額の10分の１の額の利益剰余金配当割合のいずれか小さい額を計上しなければならない。(指針68(2)①) ・その他利益剰余金は，株主総会又は取締役会の決議に基づき設定される項目は，その内容を示す項目に区分し，それ以外は繰越利益剰余金に区分する。(指針68(2)②)
	④自己株式	・期末に保有する自己株式は，株主資本の末尾において控除形式により表示する。(指針70)

会社法 （会社計算規則）	①純資産の定義	・純資産の部は，イ株主資本，ロ評価・換算差額等，ハ新株予約権に区分しなければならない。（計規76①） ・株主資本に係る項目は，一資本金，二新株式申込証拠金，三資本剰余金，四利益剰余金，五自己株式，六自己株式申込証拠金に区分しなければならない。この場合，自己株式は，控除項目とする。（計規76②） ・資本剰余金に係る項目は，資本準備金，その他資本剰余金に区分しなければならない。（計規76④） ・利益剰余金に係る項目は，利益準備金，その他利益剰余金に区分しなければならない。（計規76⑤） ・評価・換算差額等に係る項目は，一その他有価証券評価差額金，二繰延ヘッジ損益，三土地再評価差額金，四為替換算調整勘定，五退職給付に係る調整累計額，その他適当な名称を付した項目に細分しなければならない。（計規76⑦）
	②資本金・資本剰余金	・株式会社の資本金の額は，設立又は株式の発行に際して株主となる者が当該株式会社に対して払込み又は給付をした財産の額とする。（会法445①） ・株式会社の資本金の額は，株式の交付等及び吸収合併，吸収分割及び株式交換に際しての株主資本及び社員資本に定めるところのほか，一準備金の額を減少する場合，二剰余金の額を減少する場合に増加する。（計規25①）
	③利益剰余金	・株式会社の剰余金の額は，最終事業年度の末日における資産の額及び自己株式の帳簿価額の合計額に掲げる額の合計額から負債の額，資本金及び準備金の額の合計額と法務省令で定める各勘定科目に計上した額の合計額を減じて得た額などから自己株式の消却をした場合における当該自己株式の帳簿価額などの合計額を減じて得た額とする。（会法446①） ・株式会社が剰余金の配当をする場合には，剰余金の配当後のその他資本剰余金とその他利益剰余金の各号に掲げる額は，当該剰余金の配当の直前の当該額から，その他資本剰余金とその他利益剰余金の各号の額などの定める額を減じて得た額とする。（計規23） ・剰余金の配当をする場合には，株式会社は，当該剰余金の配当により減少する剰余金の額に10分の１を乗じて得た額を資本準備金又は利益準備金として計上しなければならない。（会法445④）

	④自己株式	・株式会社が当該株式会社の株式を取得する場合には，その取得価額を，増加すべき自己株式の額とする。（計規24①）
企業会計原則	①純資産（資本）の定義	・資本は，資本金に属するものと剰余金に属するものとに区別しなければならない。（原則第三・四㈢） ・剰余金は，資本準備金，利益準備金及びその他の剰余金に区分して記載しなければならない。（原則第三・四㈢B）
	②資本金・資本剰余金	・株式払込剰余金，減資差益及び合併差益は，資本準備金として表示する。（原則第三・四㈢B）
	③利益剰余金	・その他の剰余金の区分には，任意積立金及び当期未処分利益を記載する。（原則第三・四㈢B）
	④自己株式	—
法人税法等	①純資産の定義	—
	②資本金・資本剰余金	・資本金等の額は，法人が株主等から出資を受けた金額として政令で定める金額をいう。（法法２十六） ・法人の資本金の額または出資金の額と，当該事業年度前の各事業年度の加算する金額の合計額から減算する金額の合計額を減算した金額に，当該法人の当該事業年度開始の日以後の加算する金額を加算し，これから当該法人の同日以後の減算する金額を減算した金額との合計額とする。（法令８①）
	③利益剰余金	・利益積立金額は，法人で留保している金額として政令で定める金額をいう（法法２十八）。 ・法人の当該事業年度前の各事業年度の加算する金額の合計額から減算する金額の合計額を減算した金額に当該法人の当該事業年度開始の日以後の加算する金額を加算し，これから当該法人の同日以後の減算する金額を減算した金額との合計額とする。（法令９①）
	④自己株式	—

第３節　純資産の意義

旧商法（旧商法施行規則）や企業会計原則では，貸借対照表は，資産，負債および資本の３つに区分されてきた。これに対し，会社法（会社計算規則）および企業会計基準第５号「貸借対照表の純資産の部の表示に関する会計基準」では，資産と負債の差額は，「純資産」と表示される。その理由として，次の点を指摘できる。

(1)　近年，経済社会の変化（複雑化や多様化）により，負債や資本に該当しない項目（例えば，その他有価証券評価差額金，新株予約権など）が登場してきたこと

(2)　会社法では，最低資本金制度の撤廃，株主資本内部における振替の自由などにより，従来の資本維持の観点が消失したこと

その結果，会社法では，従来の資本の部は，資産から負債を控除した残高としての純資産の部として表示されることとされた。

第４節　純資産の部の区分

図表22－１は，純資産の表示区分について，会社計算規則等（会社計算規則・企業会計基準・中小指針）と中小会計要領の様式を比較して示したものである。

図表22－１に示したように，純資産の部は，次のように区分される（会社計算規則76条）。

(1)　純資産の部は，株主資本と株主資本以外の項目に区分される。

(2)　株主資本は，資本金，資本剰余金，利益剰余金および自己株式（これは控除項目）に区分される。

(3)　資本剰余金は，資本準備金とその他資本剰余金に区分され，利益剰余金は，利益準備金とその他利益剰余金に区分される。

(4)　株主資本以外の項目は，評価・換算差額等と新株予約権に区分される。

なお，図表22－１では，中小会計要領については様式集の例示を示している

図表22－1 個別計算書類の純資産の部（会社計算規則等と中小会計要領の比較）

会社計算規則等	中小会計要領
純資産の部	**純資産の部**
Ⅰ 株主資本	**Ⅰ 株主資本**
1 資本金	1 資本金
2 資本剰余金	2 資本剰余金
(1) 資本準備金	(1) 資本準備金
(2) その他資本剰余金	(2) その他資本剰余金
資本剰余金合計	**資本剰余金合計**
3 利益剰余金	3 利益剰余金
(1) 利益準備金	(1) 利益準備金
(2) その他利益剰余金	(2) その他利益剰余金
××積立金	××積立金
繰越利益剰余金	繰越利益剰余金
利益剰余金合計	**利益剰余金合計**
4 自己株式	4 自己株式
株主資本合計	**株主資本合計**
Ⅱ 評価・換算差額等	**純資産合計**
1 その他有価証券評価差額金	
2 繰延ヘッジ損益	
3 土地再評価差額金	
評価・換算差額等合計	
Ⅲ 新株予約権	
純資産合計	

が，この例示では，上記(4)の区分が省略されている。これは，当該区分の記載が必要ないということではなく，中小企業の実態に即して，株主資本に限定して例示したことによるものであり，該当する項目がある場合には，記載する必要があることはいうまでもない。

第5節　株主資本

1　資本金

会社法では，資本金の額は，「設立又は株式の発行に際して株主となる者が当該株式会社に対して払込み又は給付をした財産の額」（会社法445条１項）とされる。すなわち，原則として，払込価額または給付額の全額を資本金としなければならない。ただし，特例的に，「払込価額または給付額」の「２分の１を超えない額」を資本準備金（株式払込剰余金）とすることができる（会社法445条２・３項)。このような取扱いは，旧商法と同様であるが，従来，「発行価額」が資本金の算定基準（発行価額主義）であったのに対し，「払込価額」が資本金の算定基準（払込価額主義）とされている点で異なる。したがって，会社法では，最低資本金制度が撤廃された結果，資本金の額がゼロになっても，株式数は残ることになり，株式数と資本金の額との関係は完全に遮断されたことになる。

2　資本剰余金

資本剰余金は，資本取引から生じた剰余金であり，資本準備金とその他資本剰余金に区分される。

(1)　資本準備金は，会社法によって積立が強制されるものをいい，次の項目がこれに該当する。

①　株式払込剰余金

②　その他資本剰余金から配当する場合で，会社法によって積立が強制されているもの（つまり，利益準備金と合わせて資本金の額の４分の１に達していないときに，達していない額の資本剰余金配当割合，または配当額の10分の１の額の資本剰余金配当割合のいずれか小さい額を積み立てたもの）

③　合併差益，会社分割差益，株式交換差益，株式移転差益

(2)　その他資本剰余金は，資本剰余金のうち資本準備金以外のものをいい，次の項目がこれに該当する。

① 資本金および資本剰余金減少差益（減資差益）

② 自己株式処分差益

3 利益剰余金

利益剰余金は，損益取引から生じた剰余金であり，利益の留保額をいう。これは，利益準備金とその他利益剰余金に区分される。

(1) 利益準備金は，資本準備金と同様に，その他利益剰余金から配当する場合で，会社法によって積立が強制されているもの（つまり，資本準備金と合わせて資本金の額の４分の１に達していないときに，達していない額の利益剰余金配当割合，または配当額の10分の１の額の利益剰余金配当割合のいずれか小さい額を積み立てたもの）をいう。

(2) その他利益剰余金は，利益剰余金のうち利益準備金以外のものをいい，次の項目がこれに該当する。

① 任意積立金：株主総会または取締役会の決議に基づき設定される項目については，その内容を示す項目（例えば，特に目的を限定しない別途積立金，目的を限定した修繕積立金など）で区分計上する。

② 繰越利益剰余金

4 自己株式

(1) 自己株式の性格

自己株式の性格については，次の２つの異なる立場がある。

① 資産説

② 資本控除説

「資産説」とは，自己株式はそれを取得したのみでは株式は失効していないことから，他社の株式（有価証券）と同様に換金性のある資産とみる立場をいう。これに対し，「資本控除説」とは，自己株式の取得は会社財産の流出を導くことから，実質的には資本の払戻しと同一であるとみる立場をいう。2001年改正前商法では資産説がとられていたが，2001年改正後商法では，自己株式の取得と処分が配当可能利益の範囲内で自由化されたことから，資本控除説が容認され，会社法もこの立場に立脚している。

(2) 自己株式の会計処理と表示

自己株式の会計処理と表示は，次のとおりである。

① 自己株式を取得した場合は，支出額（取得価額）で計上し，純資産の部の株主資本の末尾において控除項目として表示する。なお，自己株式の取得に関する付随費用（取得時の手数料等）は，取得価額に算入されず，営業外費用として処理する。

② 自己株式を処分した場合は，新株発行と同一の手続が準用される。その場合，自己株式処分差額（自己株式の処分対価と帳簿価額との差額）は，次のように処理される。

(ア)「自己株式の処分対価>自己株式の帳簿価額」（＝自己株式処分差益）の場合，自己株式処分差益はその他資本剰余金として計上する。

(イ)「自己株式の処分対価<自己株式の帳簿価額」（＝自己株式処分差損）の場合，自己株式処分差損は，まずその他資本剰余金から減額し，控除しきれないときは，その他利益剰余金（繰越利益剰余金）から減額する。

③ 自己株式を消却した場合は，(ア)資本剰余金から減額する方法と(イ)利益剰余金から減額する方法が考えられる。会社法と企業会計基準第1号「自己株式及び準備金の額の減少等に関する会計基準」では，上記(ア)の方法が優先され，消却額をその他資本剰余金から減額し，控除しきれないときは，その他利益剰余金（繰越利益剰余金）から減額する。

第6節　株主資本以外の項目

株主資本以外の各項目は，評価・換算差額等と新株予約権に区分される。

1　評価・換算差額等

会社法では，評価・換算差額等は，(1)その他有価証券評価差額金，(2)繰延ヘッジ損益，(3)土地再評価差額金，(4)為替換算調整勘定および(5)退職給付に係る調整累計額，その他適当な名称を付した項目に細分しなければならない（会社計算規則76条7項；ただし(4)・(5)の項目は連結貸借対照表に限る）。これらの特殊な項目は，払込資本ではなく，かつ，未だ当期純利益に含められていないことから，株主資本とは区別され，株主資本以外の項目とされる。

2 新株予約権

新株予約権とは，権利行使を行うことであらかじめ定めた価額で株式の交付を受けることができる権利をいう。新株予約権は，将来，権利行使されて払込資本となる可能性がある一方，失効して払込資本とはならない可能性もある。したがって，旧商法では，発行者側としては，権利行使が行われるまでは，一種の「預り金」的な性格をもつものとして負債の部に計上されていた。しかし，会社法では，新株予約権は返済義務のある純粋な負債ではないことから，純資産の部に記載されるものの，株主資本でもないという特殊な性格から，株主資本以外の項目とされる。

第7節 むすび

中小企業における計算書類の作成は会社法（会社計算規則）の要請に基づくものであり，中小会計要領に準拠して作成される計算書類であっても，会社法（会社計算規則）の規定を逸脱することはできない。したがって，純資産の会計処理と表示は，中小会計要領であれ，中小指針であれ，本質的に異なるところはない。

しかし，中小指針は企業会計基準を簡素化し，要約したものであることから，株主資本と株主資本以外の項目についても詳細に規定している。これに対し，中小会計要領の規定は簡素であり，中小企業に馴染みのない株主資本以外の項目の規定は省略され，株主資本に限定した規定となっている。

中小会計要領
（各論14：注記）

第1節　はじめに

本章では，中小会計要領の「各論14」を解説する。各論14は「注記」である。計算書類は，経営者が，企業の経営成績や財政状態を把握するとともに，企業の外部の利害関係者に対して経営成績や財政状態を伝達する目的で作成される。その場合，損益計算書や貸借対照表の情報内容を補足する役割を担っているのが注記である。しかし，注記事項の開示は，中小企業にとってある種の負担を伴うことから，会社法（会社計算規則）では，中小企業に対して，一定の免除が認められている。

本章の主要な論点は，次の４点である。

⑴　注記の目的は，計算書類に対する利害関係者の理解可能性を高めることにあること

⑵　会社法（会社計算規則）では，計算書類の１つとして「注記表」の作成を求めているが，必ず注記表という１つの書面として作成する必要はなく，貸借対照表などの末尾に脚注として記載することも認められること

⑶　会社法（会社計算規則）では，中小企業には，一定の免除規定が設けられており，①重要な会計方針に係る事項に関する注記，②会計方針の変更，表示方法の変更および誤謬の訂正に関する注記，③株主資本等変動計算書

に関する注記，④その他の注記の４項目を記載すればよいこと

(4) 中小会計要領および中小指針では，中小企業が中小会計要領や中小指針によって計算書類を作成した場合は，「その旨」を注記することが要請されていること

第２節 注記の規定

各論14：注記	
①注記の意義	・会社計算規則に基づき，重要な会計方針に係る事項，株主資本等変動計算書に関する事項等を注記する。（要領各論14(1)） ・決算書は，経営者が，企業の経営成績や財政状態を把握するとともに，企業の外部の利害関係者に経営成績や財政状態を伝える目的で作成しますが，貸借対照表や損益計算書の情報を補足するために，一定の注記を記載する必要があります。（要領各論14解説） ・重要な会計方針に係る事項は，有価証券や棚卸資産の評価基準及び評価方法，固定資産の減価償却の方法，引当金の計上基準等を記載します。（要領各論14解説） ・株主資本等変動計算書に関する注記は，決算期末における発行済株式数や配当金額等を記載します。（要領各論14解説） ・本要領に拠って計算書類を作成した場合には，その旨を記載する。（要領各論14(2)） ・本要領に拠って計算書類を作成した場合には，その旨を記載することが考えられます。この記載は，利害関係者に対して，決算書の信頼性を高める効果も期待されます。（要領各論14解説）

中小指針	① 注記の意義	・会社計算規則では，重要な会計方針に係る事項に関する注記等の項目に区分して，個別注記表を表示するよう要求されている。また，それら以外であって，貸借対照表，損益計算書及び株主資本等変動計算書により会社の財産又は損益の状態を正確に判断するために必要な事項は注記しなければならない。（指針要点） ・個別注記表については，必ず「注記表」という１つの書面として作成しなければならないということではなく，従来どおり貸借対照表などの注記事項として記載することも認められている。（指針82）
会社法（会社計算規則）	①注記の意義	・注記表は，次に掲げる項目に区分して表示しなければならない。一継続企業の前提，二重要な会計方針に係る事項，三会計方針の変更，四表示方法の変更，五会計上の見積りの変更，六誤謬の訂正，七貸借対照表等，八損益計算書，九株主資本等変動計算書，十税効果会計，十一リースにより使用する固定資産，十二金融商品，十三賃貸等不動産，十四持分法損益等，十五関連当事者との取引，十六１株当たり情報，十七重要な後発事象，十八連結配当規制適用会社，十九その他。（計規98①） ・貸借対照表等，損益計算書等又は株主資本等変動計算書等の特定の項目に関連する注記については，その関連を明らかにしなければならない。（計規99） ・中小企業は記載が一部省略できる。（計規98②一） ・記載内容の詳細は，計規100 ～ 116に定められている。
企業会計原則	①注記の意義	・財務諸表には，重要な会計方針を注記しなければならない。会計方針とは，企業が損益計算書及び貸借対照表の作成に当たって，その財政状態及び経営成績を正しく示すために採用した会計処理の原則及び手続並びに表示の方法をいう。会計方針の例としては，次のようなものがある。イ有価証券の評価基準及び評価方法，ロたな卸資産の評価基準及び評価方法，ハ固定資産の減価償却方法，ニ繰延資産の処理方法，ホ外貨建資産・負債の本邦通貨への換算基準，ヘ引当金の計上基準，ト費用・収益の計上基準。（原則注解1－2） ・財務諸表には，損益計算書及び貸借対照表を作成する日までに発生した重要な後発事象を注記しなければならない。後発事象とは，貸借対照表日後に発生した事

		象で，次期以降の財政状態及び経営成績に影響を及ぼすものをいう。重要な後発事象の例としては，次のようなものがある。イ火災，出水等による重大な損害の発生，ロ多額の増資又は減資及び多額の社債の発行又は繰上償還，ハ会社の合併，重要な営業の譲渡又は譲受，ニ重要な係争事件の発生又は解決，ホ主要な取引先の倒産。（原則注解1－3）
法人税法等	①注記の意義	—

第3節 注記の意義

計算書類は，企業の「事実関係」（経済事象）を「数関係」（計算書類）に写像したものであり，何らかの会計方法（会計処理の原則・手続）を適用した計数的結果にすぎない。したがって，計算書類の内容（経営成績や財政状態）をよりよく理解させるためには，どのような会計方法を適用してそのような計数的結果に至ったかを明示する必要がある。この機能を担当するのが「注記」であり，その目的は，計算書類に対する利害関係者の理解可能性を高めることにあるといってよい。このような注記事項は，大きく次の３つに分類できる。

⑴ 計算書類作成の基本事項

⑵ 計算書類の定量的・定性的判断に必要な事項

⑶ 投資情報として有用な事項

上記⑴は，計算書類作成の基本となる事項であり，継続企業の前提や重要な会計方針などの注記がこれである。上記⑵は，計算書類の内容を定量的・定性的に判断するうえで必要な事項であり，貸借対照表，損益計算書および株主資本等変動計算書の記載内容や関連情報などの注記がこれに該当する。上記⑶は，投資情報としての計算書類の有用性を高める事項であり，１株当たり情報や後発事象などの注記がこれである。

なお，法人税法では，注記について，特段の要請はみられない。これは注記が補足情報としての性格を有するものであり，課税所得の計算に直接的に関係しないことによるものと思料される。

第４節　注記表の注記事項

1　注記表の意義と記載内容

⑴　注記表の意義

会社法（会社計算規則）では，計算書類の１つとして注記表の作成を求めている。注記表は新しい計算書類ではなく，旧商法（旧商法施行規則）で定められていた注記事項をまとめるとともに，損益計算書や貸借対照表の注記事項という位置づけになじまない項目（例えば，継続企業の前提，関連当事者との取引など）を，まとめて収容する法技術上の産物とされる。したがって，必ず注記表という１つの書面として作成する必要はなく，貸借対照表などの末尾に脚注として記載することも認められる。

⑵　注記表の記載内容

図表23－１は，会社法（会社計算規則）が要請する個別注記表の内容を一覧表示したものである。会社法では，「会計監査人設置会社で，かつ，公開会社である株式会社」は，図表23－１の19項目すべての記載が要請されている。これに対し，一般的な中小企業（「会計監査人設置会社でなく，かつ，公開会社でない株式会社」）は，一定の免除規定が設けられており，次の項目を記載すればよいとされる（会社計算規則98条２項１号）。

⑴　重要な会計方針に係る事項に関する注記
⑵　会計方針の変更，表示方法の変更および誤謬の訂正に関する注記
⑶　株主資本等変動計算書に関する注記
⑷　その他の注記

2　会社法（会社計算規則）制定後に新設された注記事項

図表23－１で示した注記事項のうち，2009年改正の会社法（会社計算規則）で新設された注記事項は，次のものである。

図表23－1　会社法（会社計算規則）における個別注記表の記載内容

会社計算規則に定める注記事項	一般的な中小企業（会計監査人設置会社でなく，かつ，公開会社でない株式会社）に要請される注記事項＊
◇中小会計要領によって計算書類を作成した旨の注記	○
(1)　継続企業の前提に関する注記（100条）	—
(2)　重要な会計方針に係る事項に関する注記（101条）	◎
(3)　会計方針の変更に関する注記（102条の２）	◎
(4)　表示方法の変更に関する注記（102条の３）	◎
(5)　会計上の見積りの変更に関する注記（102条の４）	—
(6)　誤謬の訂正に関する注記（102条の５）	◎
(7)　貸借対照表等に関する注記（103条）	—
(8)　損益計算書に関する注記（104条）	—
(9)　株主資本等変動計算書に関する注記（105条）	◎
(10)　税効果会計に関する注記（107条）	—
(11)　リースにより使用する固定資産に関する注記（108条）	—
(12)　金融商品に関する注記（109条）	—
(13)　賃貸等不動産に関する注記（110条）	—
(14)　持分法損益等に関する注記（111条）	—
(15)　関連当事者との取引に関する注記（112条）	—
(16)　１株当たり情報に関する注記（113条）	—
(17)　重要な後発事象に関する注記（114条）	—
(18)　連結配当規制適用会社に関する注記（115条）	—
(18)の２　収益認識に関する注記（115条の２）	—
(19)　その他の注記（116条）	◎

＊ 図表中の「◎」は会社計算規則において，一般的な中小企業（会計監査人設置会社でなく，かつ，公開会社でない株式会社）に要請される必須項目を示し，「－」は注記が免除される項目を示している。また，「○」は中小会計要領において，当該中小企業に要請または推奨される項目を示している。

⑴　金融商品に関する注記
⑵　賃貸等不動産に関する注記
⑶　持分法損益等に関する注記

また，2011年改正の会社法（会社計算規則）で新設された注記事項は，次のものである。

⑴　会計方針の変更に関する注記
⑵　表示方法の変更に関する注記
⑶　会計上の見積りの変更に関する注記
⑷　誤謬の訂正に関する注記

さらに，2018年には会社計算規則が改正され，収益認識に関する注記が追加された。

2009年改正の注記事項は，国際会計基準とのコンバージェンスの必要性から関係法令が改正されたことに伴って新設されたものである。また，2011年改正の注記事項も同様に，国際会計基準とのコンバージェンスの一環として，企業会計基準第24号「会計上の変更及び誤謬の訂正に関する会計基準」の公表を踏まえて新設されたものである。さらに，2018年改正の注記事項は，企業会計基準第29号「収益認識に関する会計基準」の導入に対応したものである。

以下では，中小企業に要請される注記事項について解説してみたい。

第5節　中小企業に要請される注記事項

1　中小会計要領による旨の注記

中小会計要領では，中小企業が中小会計要領によって計算書類を作成した場合は，図表23－1の◇印（図表の最上段）に示したように，「その旨」を注記することが要請されている。「この計算書類は，『中小企業の会計に関する基本要領』によって作成しています」（中小会計要領「様式集」）という記載は，利害関係者に対して決算書の信頼性を高める効果が期待されており，中小指針でも同様の要請がなされている。

2　重要な会計方針に関する注記

重要な会計方針に関する注記は，すべての株式会社に要求される項目である。会社法（会社計算規則）では，会計方針とは，「計算書類の作成に当たって採用する会計処理の原則および手続」（会社計算規則２条３項58号）とされ，次の事項が示されている（会社計算規則101条１項）。

⑴　資産の評価基準および評価方法

⑵　固定資産の減価償却の方法

⑶　引当金の計上基準

⑷　収益および費用の計上基準

⑸　その他計算書類の作成のための基本となる重要な事項

旧商法（旧商法施行規則）では，上記⑷収益および費用の計上基準は会計方針とはみなされていなかった。しかし，会社法（会社計算規則）では，財務諸表等規則に平仄を合わせる形で，会計方針の範囲に含められることとなった。

また，会計方針（会計処理の原則または手続）を変更した場合は，①変更の内容，②変更の理由，③遡及適用をした場合は，純資産に対する影響額を注記しなければならない。なお，遡及適用をしなかった場合は，㈠計算書類の主な項目に対する影響額，㈡遡及適用をしなかった理由・変更の適用方法・適用開始時期，㈢変更が翌事業年度以降の財産または損益に影響を及ぼす場合，当該影響に関する事項を注記しなければならない（会社計算規則102条の２）。

さらに，表示方法を変更した場合は，①変更の内容，②変更の理由を注記しなければならないとされる（会社計算規則102条の３）。

なお，会社計算規則では，中小企業に会計上の見積りの変更の注記を免除しているが，誤謬を訂正した場合は，①誤謬の内容，②純資産に対する影響額を注記しなければならない（会社計算規則102条の５）。

3　貸借対照表等に関する注記

貸借対照表等に関する注記は，中小会計要領において，中小企業に要請または推奨される項目であり，会社法（会社計算規則）では，次の事項が示されている（会社計算規則103条）。

⑴　担保に供されている資産
⑵　直接控除した引当金
⑶　直接控除した減価償却累計額
⑷　減価償却累計額に減損損失累計額が含まれている場合はその旨
⑸　保証債務，手形遡求義務，重要な係争事件に係る損害賠償義務その他これらに準ずる債務
⑹　関係会社に対する金銭債権・金銭債務
⑺　取締役，監査役および執行役との取引による金銭債権
⑻　取締役，監査役および執行役との取引による金銭債務
⑼　親会社株式

なお，中小会計要領では，貸借対照表等に関する注記について，「受取手形割引額および受取手形裏書譲渡額」を注記事項として要請しており，リース取引を賃貸借取引に係る方法で会計処理した場合の「未経過リース料」については，その注記の記載を推奨している。

4　株主資本等変動計算書に関する注記

株主資本等変動計算書の目的は，貸借対照表の純資産の部の各項目について，期首残高から期末残高に至る過程を明らかにすることにある。会社法では，株式会社は，株主総会または取締役会の決議により，剰余金の配当をいつでも決定でき，また，株主資本の構成をいつでも変化させることができるため，貸借対照表・損益計算書だけでは貸借対照表の株主資本の区分の連続性を把握することが困難であることから，株主資本等変動計算書の作成が必要とされる。株主資本等変動計算書に関する注記は，すべての株式会社に要請される項目であり，会社法（会社計算規則）では，次の事項が示されている（会社計算規則105条）。

⑴　当該事業年度の末日における発行済株式の数
⑵　当該事業年度の末日における自己株式の数
⑶　当該事業年度中に行った剰余金の配当に関する事項
⑷　当該事業年度の末日における当該株式会社が発行している新株予約権の目的となる当該株式会社の株式の数

5 その他の注記

その他の注記はすべての株式会社に要請される項目であり，貸借対照表等，損益計算書等および株主資本等変動計算書等により，会社の財産または損益の状態を正確に判断するために必要な事項とされる（会社計算規則116条）。中小会計要領では，その他の注記については，担保資産に関する注記が例示されている。

第6節 積極的な情報開示と注記の活用

中小企業の計算書類は，経営者の自己規律を高めるとともに，中小企業の信頼性を高める手段として活用される必要がある。そのため，「中小企業の会計に関する研究会報告書」（中小企業庁，2002年）では，「商法（現：会社法）上の公告として義務づけられている範囲以上の情報を積極的に開示することが望ましい」とされ，中小企業の自発的な情報開示が推奨されている。このことを踏まえ，中小指針では，「この方法（電磁的方法：筆者注）によれば注記による情報量の増加もそれほどの負担にはならない」として，注記情報の開示を推奨している。高度情報化社会といわれる今日，中小会計要領でも情報開示における注記の積極的な活用が望まれる。

第7節 中小会計要領の各論のまとめ

中小会計要領の各論の解説は，本章が最後である。なお，中小指針では，中小会計要領で規定していない項目として，次の項目を規定している。

(1) 税金費用・税金債務

(2) 税効果会計

(3) 組織再編の会計（企業結合会計および事業分離会計）

(4) 決算公告と貸借対照表および損益計算書並びに株主資本等変動計算書の

例示

⑸　今後の検討課題（資産除去債務）

上記⑷の貸借対照表等の計算書類の例示は中小会計要領では「様式集」として示されていることから，これらを除いた各論の項目は，中小会計要領が想定する中小企業の会計実態に照らした場合，その規定の必要性が乏しいとの判断から，規定が省略されたものである。したがって，これらの項目の会計処理が必要な場合は，中小指針に従う必要があることはいうまでもない。

中小企業会計の制度的・実践的課題と国際的動向

Point

① 中小企業会計にとって，計算書類の信頼性をいかに保証するかが今後の重要な検討課題であること

② 中小企業会計の制度的定着化にとっては，中小企業関係者が一丸となった協力体制が必要であり，中小会計要領を中核としたわが国の中小企業育成モデルは，世界でも最先端の取組みであること

③ 中小会計要領の活用事例は，「会計が分かれば，ビジネスが見える」ことを実証していること

④ 大企業会計制度と中小企業会計制度の二分化は国際的な傾向であり，各国では，中小企業版IFRSの制度化問題が活発に議論されていること

第24章

計算書類の信頼性保証

第1節　はじめに

中小企業会計にとって，今後の重要課題となるのが，計算書類の信頼性をいかに保証するかという問題である。

現行制度では，中小企業の計算書類の信頼性を保証する制度として，⑴会計監査人制度，⑵会計参与制度，⑶書面添付制度の３つがある。

会社法では，会計監査人監査の自由化が図られたことから，中小企業であっても会計監査人を選任することにより，計算書類の信頼性を保証する制度を利用できる。しかし，現実には，コスト面の制約から会計監査人を選任する中小企業はほぼ皆無であろう。そこで，大多数の中小企業が利用できる信頼性の保証制度は，会計参与制度と書面添付制度ということになる。

会計参与とは，取締役・執行役と共同して計算書類を作成するとともに，当該計算書類を別に保存し，株主・債権者に対して開示すること等を職務とする会社の機関をいい，その役割は，計算書類の信頼性を保証することにある。他方，書面添付制度とは，税理士が「計算事項」等を記載した書面を申告書に添付して提出することをいい，わが国の確定決算主義のもとでは，それによって申告書の基礎となる計算書類の信頼性を保証する役割が期待されている。しかし，両制度に共通する問題は，その普及状況がかなり低い点にある。

本章の目的は，中小企業における計算書類の信頼性保証のあり方について，その現状と将来を論じることにある。本章の主要な論点は，次の３点である。

⑴　会社法の規定に基づいて，計算書類の信頼性保証の構図を提示すること
⑵　計算書類の信頼性保証の現行制度である会計参与制度と書面添付制度について，それらの意義を概説すること
⑶　中小企業監査制度のフレームワークを提示し，慣行的制度としての再検討を提案すること

第２節　計算書類の信頼性保証の構図

まず，**図表24－1**をみられたい。この図表は会社法の規定に基づいて，計算書類の信頼性保証の構図を示したものである。この図表では，次のことが示されている。

図表24－1　計算書類の信頼性保証の構図

記帳要件
担い手と手段
信頼性の保証制度
効果
記帳
適時性
会社法432①
正確性
[担い手]
会計専門職
適時かつ正確な
会計帳簿
[手段]
・中小指針
・中小会計要領
会計参与制度
中小企業監査制度
書面添付制度
計算書類
の
信頼性

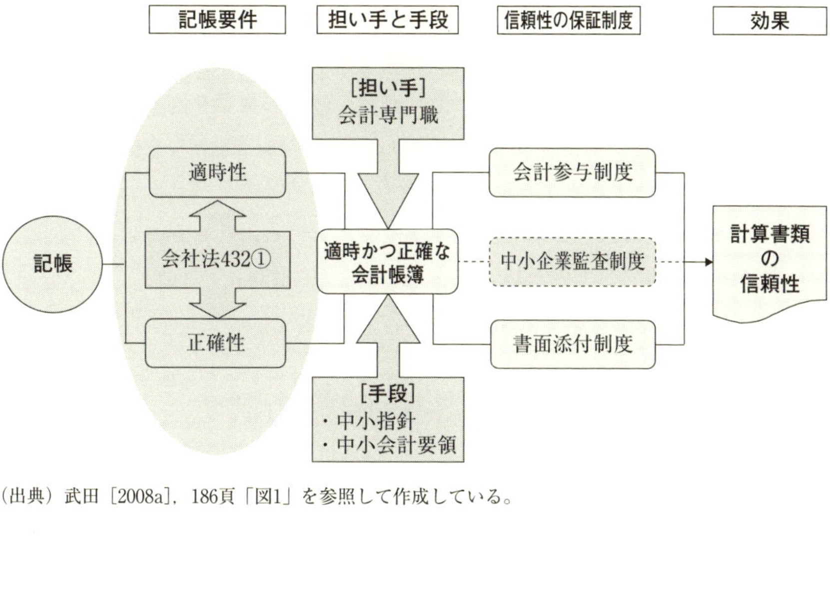

（出典）武田［2008a］，186頁「図1」を参照して作成している。

⑴　計算書類の信頼性保証の前提は，適時かつ正確な会計帳簿である。会社法では，会計帳簿の記帳要件について，会社計算規則で定めるところにより，「適時に，正確な会計帳簿を作成しなければならない」（会社法432条1項；傍点は筆者）としている。

⑵　現行制度では，実質的に，中小企業の「適時かつ正確な会計帳簿」の作成を担保する制度として，①会計参与制度と②書面添付制度の2つがある。その担い手は，会計専門職（公認会計士・税理士）であり，その実践手段が中小指針または中小会計要領である。

⑶　会計参与は，「計算書類の共同作成」と「計算書類の別保管」を行うことを通じて，計算書類の質的向上を図り，その信頼性を保証する役割が期待されている。

⑷　書面添付は，税理士が「計算事項」等を記載した書面を申告書に添付して提出することを通じて，申告書の基礎となる計算書類や会計帳簿の信頼性を保証する役割が期待されている。ここで，「計算事項」等とは，①計算・整理した事項，②相談に応じた事項，③審査した事項をいう。会計事項は上記①の事項としてその内容が明記されるため，書面添付はある種の検証行為を意味する。

⑸　しかし，会計参与制度と書面添付制度は，その利用状況がかなり低いという点に問題があることから，その普及・活用の促進を図る一方，これらとは異なる何らかの保証制度（例えば，中小企業監査制度）を構想する必要がある。

以下では，上記の内容に即して，中小企業における計算書類の信頼性保証のあり方について検討してみたい（河﨑［2013a］，35-41頁）。

第3節　信頼性保証の現行制度

会社法では，中小企業であっても会計監査人を選任することにより，計算書類の信頼性を保証する制度を利用できる。しかし，コスト面の制約から，会計監査人を選任できない多くの中小企業にとって，計算書類の信頼性を保証する現行制度は，⑴会計参与制度と⑵書面添付制度の２つである。

1　会計参与制度

会計参与制度は，2005年６月に，会社法の成立とともに，創設された制度である。会計参与とは，「株主総会により選任され，会計に関する専門的識見を有する者として，取締役・執行役と共同して計算書類を作成するとともに，当該計算書類を取締役・執行役とは別に保存し，株主・債権者に対して開示すること等をその職務とする会社の機関」をいう。このことから，会計参与制度の特徴は，次の４点に要約できる。

⑴　会計参与は，株主総会で選任される会社の独立した機関であること
⑵　会計参与に就任できるのは，税理士および公認会計士といった会計に関する専門的識見を有する一定の資格者であること
⑶　会計参与の職務は，取締役・執行役と共同して計算書類を作成し，取締役・執行役とは別に計算書類を保存し，株主・債権者に対して開示すること等であること
⑷　会計参与の設置目的は，上記⑴～⑶を通して，計算書類の記載の正確性に関する信頼を高め，株主・債権者の保護および利便に資すること

このように，会計参与制度は，計算の虚偽表示を抑止するために，「計算書類の共同作成」を，また，計算書類の改竄を防止するために，「計算書類の別保管」を行うことを通じて，計算書類の信頼性を高めることを課題としている。しかし，会計参与を責任関係で眺めてみると，一方で計算書類の「作成者」であり，他方でその正確性を保証する「監査人」であるという「二重の義務負担者」（武田［2005b］，9頁）として，外部監査人より重い責任を負わされている。そのため，会計参与制度の普及状況は決して芳しいとはいえず，中小企業庁によれば，株式会社約260万社のうち，会計参与設置会社は2,000社程度とされる（中小企業の会計に関する研究会［2010a］）。

2　書面添付制度

書面添付制度は，1956年に税理士法に創設された制度であるが，ここでいう書面添付制度とは，2001年の税理士法改正により，新たにスタートした書面添

付制度をいう。書面添付制度とは，「税理士が税理士法（33条の２および35条）に規定する『計算事項』等を記載した書面を申告書に添付して提出した場合，税務調査にあたり書面の記載事項について，税理士に対して意見を述べる機会を与える制度」をいう。つまり，書面添付は，申告書について，次の２つを明らかにする書類であるといってよい。

⑴ 税理士が申告書の作成にあたり，どの程度「内容に立ち入って検討」したか

⑵ その結果，税理士が申告書について，どの程度の「責任をもって作成」したか

このように，書面添付は，ある種の「証明行為」であることから，「監査と同類の性格」を有するといってよい。つまり，わが国の確定決算主義のもとでは，申告書の基礎となる計算書類，さらには会計帳簿の信頼性を保証することを通じて，ある種の「税務監査証明」としての役割が期待されている。

しかし，書面添付制度の現状は，会計参与制度と同様に，かなり厳しいものがある。書面添付制度は，税理士に付与された会計専門職としての権利であるにもかかわらず，その普及割合は2014年度で8.4％とされ，申告法人の１割にも満たないとされる（財務省［2015］，159頁）。

第４節 中小企業監査制度の再検討

計算書類の信頼性保証に関する現行制度の普及状況が低調であることに鑑み，再検討を促したいのが，かつて提案された「中小企業監査制度」（会計調査人制度）である。

わが国における中小企業監査制度の議論は，1984年５月に，法務省が公表した「大小（公開・非公開）会社区分立法及び合併に関する問題点」がその嚆矢（こうし）とされる。その後，1986年５月に公表された「商法・有限会社法改正試案」（以下では，「改正試案」という）において，会計調査人制度が提示された。しかし，1990年の商法改正時に，衆議院法務委員会において「会計専門家による中小会社の計算の適正担保の制度について更に検討を進め，関係各位の理解を求

図表24－2　中小企業監査制度（会計調査人制度）のフレームワーク

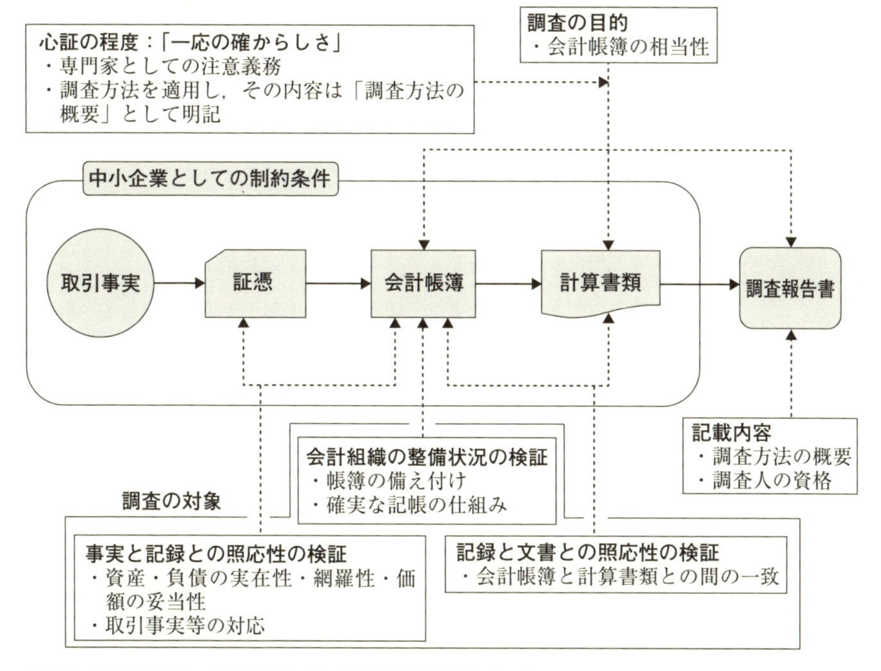

（出典）武田［2000］，46頁「図3－2」を参照して作成している。

めた上，速やかに立法上の措置を講ずること」との付帯決議がなされたものの，この付帯決議を活かした制度改革が実現することはなかった。

中小企業監査制度（会計調査人制度）の原点である「改正試案」の提案を要点的に示したのが，**図表24－2**である。この図表から，中小企業監査制度（会計調査人制度）の特徴として，次の4点を指摘できる（武田［2000］，36-57頁）。

(1)「調査の目的」は，計算書類（貸借対照表および損益計算書）が「相当の会計帳簿」に基づいているかどうかを報告することにあること（調査目的としての「会計帳簿の相当性」）。この点で，会計調査人の調査の目的は，会計監査人の監査の目的（財務諸表の適正性）とは異なっている。「改正試案」でいう会計帳簿の相当性という概念は，次のような外延と内包を有している。

① その外延（相当性の形態）は，(ア)「帳簿の備え付けのあること」と(イ)「確実な記帳の仕組みが備わっていること」をいう。その場合，確実な記帳の仕組みは「一般に公正妥当と認められる企業会計の慣行」に委ねられている。

② その内包（相当性の中身）は，(ア)「期間的なフロー」（取引その他営業上の財産に影響を及ぼす事項）と，(イ)「時点的なストック」（営業上の財産およびその価額）の状況をいう。

(2) 調査の目的を充足するためには，次の３つの検証行為が必要とされること。

① 相当の会計組織（帳簿の備え付け，確実な記帳の仕組み）が備わっていることを確認すること（「会計組織の整備状況の検証」）

② 期末における財産（資産・負債）の実在性・網羅性・価額の妥当性（貸借対照表項目），および期中における取引事実等の対応（損益計算書項目）が一応認められるかどうかを吟味すること（「事実と記録との照応性の検証」）

③ 会計帳簿と計算書類（貸借対照表および損益計算書）との間に重要な不一致がないかどうかを確認すること（「記録と文書との照応性の検証」）

(3) 調査における「心証の程度」は，「一応の確からしさ」であり，会計監査人監査（正規の監査）における心証の程度よりも低い程度のものでよいこと。その場合，次の２つのことが要請される。

① 会計調査人は専門家としての注意義務をもって調査方法を適用すること

② 調査の内容は「調査方法の概要」として明らかにすること

(4) 大企業と異なる中小企業の属性が，会計調査人調査の制約条件となっていること。大企業と異なる中小企業の属性として，少なくとも次の３点を指摘できる。

① 所有者管理の会社（所有者＝経営者）であること

② 内部統制が未整備であること

③ 会計担当者がいないか，いるとしても少数であること

そのため，これらの特質が，監査対象（会計事実），監査手続（会計処理の

原則・手続），監査結果（貸借対照表および損益計算書）のそれぞれの局面で，何らかの制約条件として作用することになる。その結果，このような中小企業に固有の属性が大企業監査と中小企業監査の質的差異*をもたらすことになる。

*武田隆二教授は，「中小企業監査は，大企業との属性の相違から，質的・量的に緩和されているという意味での『限定監査』にならざるをえない」とされる（武田［1990］，112-162頁）。

第5節　むすび

中小企業における計算書類の信頼性を高めるためには，現行制度である会計参与制度と書面添付制度の普及・活用をより一層促進させる必要があることはいうまでもない。しかし，既に指摘したような現行制度の普及状況に鑑みれば，外部専門家（例えば，会計調査人）による信頼性保証の仕組みを再検討する必要があるかも知れない。

欧米先進国では，すでに中小企業監査は，「制度」として確立されている。例えば，米国ではレビュー（review），また，ドイツではベシャイニグンク（Bescheinigung）といった形で，企業が銀行から融資を受ける際に，ある種の監査証明書を添付する行為が経済社会の慣行（慣行的制度）として確立されている（古賀［2000］，80-99頁；坂本［2011］，497-511頁）。

法制度であれ，慣行的制度であり，何らかの形での中小企業監査制度を検討する場合，次の２つの行き方が考えられる。

⑴　トップダウン・アプローチ。これは，１つの監査基準（大企業向け監査基準）を適用するものの，監査人の心証形成にあたり監査手続を修正（簡素化）するアプローチをいう。

⑵　ボトムアップ・アプローチ。これは，大企業向け監査（会計監査人監査）とは区別された中小企業向け監査を構想し，それに固有の監査手続を適用するアプローチをいう。

本章で再検討を提案した中小企業監査制度（会計調査人制度）は，中小企業の属性（固有性）を重視した後者のアプローチに属する。

第25章

中小企業会計の普及・活用の戦略モデル

第1節 はじめに

現在，わが国では，中小企業会計の普及と活用のために，３つの戦略的取組みが行われている。これらの取組みは，中小企業の経営基盤強化のために，中小会計要領を積極的に活用しようとする取組みであり，アベノミクスの「三本の矢*[1]」になぞらえて，中小企業経営基盤強化の三本の矢と称することができる。具体的には，次の３つの取組みがこれである。

⑴　中小企業経営力強化支援法（現：中小企業等経営強化法）（経済産業省・中小企業庁）

⑵　経営者保証に関するガイドライン（財務省・金融庁）

⑶　成長分野等における中核的専門人材養成事業（文部科学省）

図表25－１は，このことを図形化して示したものである。これらの３つの取組みは，会計を中小企業支援の中核に位置づけ，中小会計要領を積極的に活用することにより，中小企業の経営基盤強化を図ろうとするものである。

本章の目的は，これら３つの取組みを概説することによって，わが国における中小企業会計（中小会計要領）の普及と活用を展望することにある（河﨑[2016a]，19-33頁）。本章の主要な論点は，次の４点である。

図表25－１　中小企業経営基盤強化の三本の矢

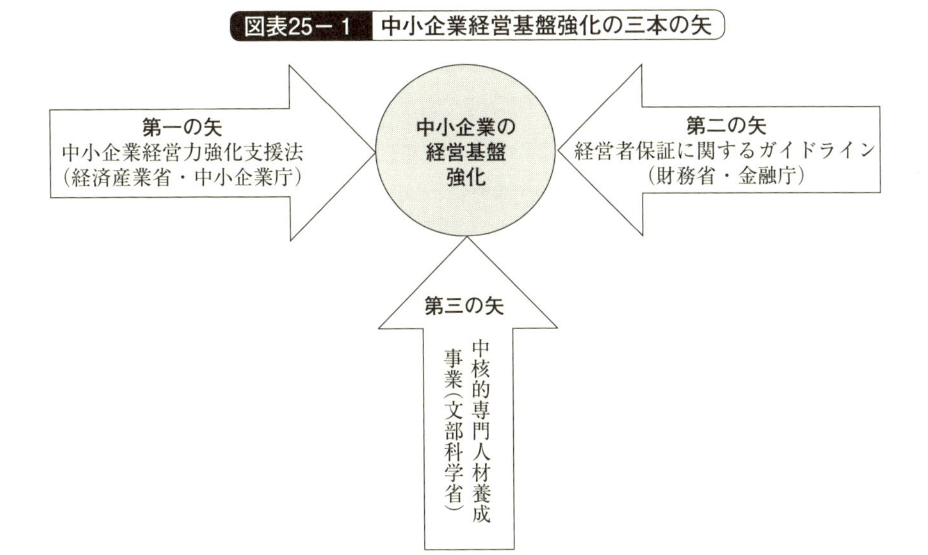

(1)　中小企業経営力強化支援法（現：中小企業等経営強化法）は，認定支援機関（税理士等）を通じて，中小企業の財務経営力を強化させるための取組みであり，その中核をなすのが中小会計要領に準拠した計算書類の作成であること

(2)　経営者保証に関するガイドラインは，金融機関に経営者保証に依存しない融資を求めるものであり，その前提となるのが中小企業会計基準（中小会計要領または中小指針）に準拠した信頼性ある計算書類であること

(3)　成長分野等における中核的専門人材養成事業は，中小企業を成長分野の１つとみなし，中小企業における経理財務の中核的専門人材の養成を支援するものであること

(4)　中小企業の成長・発展のためには，中小企業会計の普及・活用が不可欠であり，そのためには中小企業関係者が総力を結集する必要があること

＊1　周知のように，安倍政権は，デフレからの脱却と富の拡大を目指して，「大胆な金融政策」，「機動的な財政政策」，「民間投資を喚起する成長戦略」の３つの経済政策を掲げ，これをアベノミクス「三本の矢」と称している。

第2節　第一の矢：中小企業経営力強化支援法

中小企業経営基盤強化の第一の矢が，2012年6月に成立した「中小企業経営力強化支援法＊2」（その後，2016年6月に，「中小企業等経営強化法」に改訂）である。これは，中小企業の財務経営力の強化を支援する目的で制定された法律であり，その骨格を形作っているのが，2012年3月に公表された中小企業庁・中小企業政策審議会企業力強化部会「中間とりまとめ－グローバル競争下における今後の中小企業政策のあり方－」である。そこで提示された中小企業政策の「具体的な施策のあり方」を要点的に示したのが**図表25－2**である。この図表では，次のことが示されている。

(1)　中小企業に対する経営支援と中小企業金融の円滑化を実現するための中核となるのが「中小企業の財務経営力の強化」である。

図表25－2　中小企業経営力強化支援法の具体的施策の構図

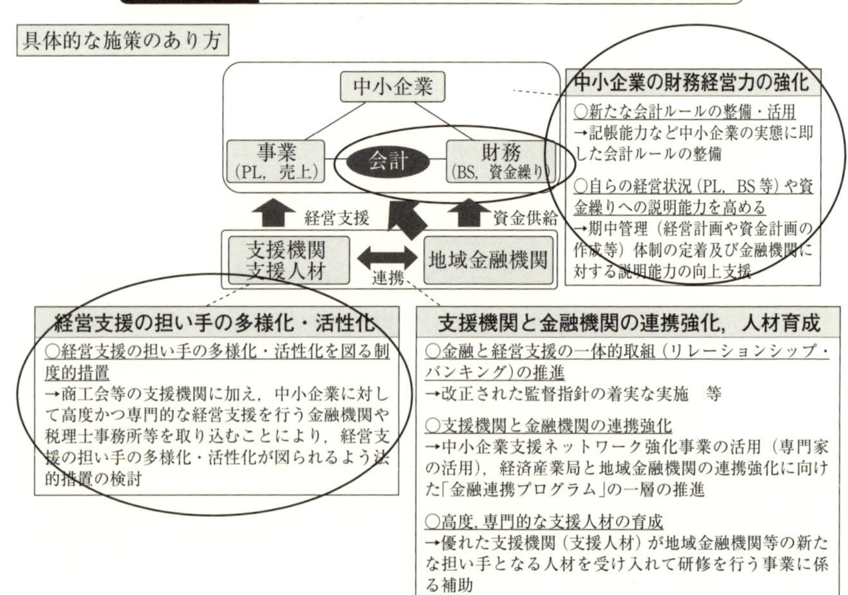

（出典）中小企業庁［2011］，配付資料（資料5）

⑵　中小企業の財務経営力の強化にあたっては，①新たな会計ルールの整備・活用と②中小企業経営者が自らの経営状況（ＰＬ，ＢＳ等）や資金繰りへの説明能力を高める必要がある（図表の上段右の丸囲みの部分を参照）。

⑶　上記⑵①の新たな会計ルール（記帳能力など中小企業の実態に即した会計ルール）が，中小会計要領である。

⑷　中小企業経営者は，金融機関や会計専門職（税理士等）の支援を受けながら（図表の下段左の丸囲みの部分を参照），中小会計要領の活用により，上記⑵②の期中管理（経営計画や資金計画の作成等）体制を自社に定着させ，金融機関に対する説明能力を高めることが求められる。

このように，中小企業経営力強化支援法（現：中小企業等経営強化法）では，中小会計要領を中核とした中小企業の財務経営力強化の取組みが，認定支援機関等（税理士等）を中心として積極的に展開されることが期待されている。

＊2　本法律の正式名称は，「中小企業の海外における商品の需要の開拓の促進等のための中小企業の新たな事業活動の促進に関する法律等の一部を改正する法律」であり，その目的は，中小企業の経営力の強化を図るため，①中小企業の支援事業を行う者を認定し，その活動を後押しするための措置，および②中小企業の海外展開を促進するため，中小企業の海外子会社の資金調達を円滑化するための措置を講ずることにある。中小会計要領の普及・活用が，上記①の措置の中核をなしている。なお，本法律は，2016年６月に，「中小企業の新たな事業活動の促進に関する法律の一部を改正する法律」（中小企業等経営強化法）に改訂され，①経営力向上計画の認定および支援措置，並びに②認定経営革新等支援機関の業務拡大が図られている。

第３節　第二の矢：経営者保証に関するガイドライン

中小企業経営基盤強化の第二の矢が，2013年12月に，経営者保証に関するガイドライン研究会が公表した「経営者保証に関するガイドライン」である。中小企業経営者による個人保証（経営者保証）は，経営への規律づけや資金調達の円滑化に寄与する反面，経営者による思い切った事業展開や保証後に生起する経営困難からの事業再生を阻害する要因となるなど，さまざまな課題も存在している。そのため，従来から，中小企業が経営者保証に依存しない融資の一層の促進を図ることが期待されていた。このような認識を踏まえ，経営者保証に依存しない融資を求めるための自主的・自律的な準則を定めたものが経営者保証に関するガイドラインである。

本ガイドラインでは，「経営者が個人保証契約を締結せずに融資を受けるためには，金融機関が法人のみの事業・資産を見て，融資判断ができることが必要である。」とし，経営者が個人保証契約を締結せずに融資を受けるための具体的な要件等について，**図表25－3**のような要件を提示している。

図表25－3　経営者保証に関するガイドラインの要点

目的：中小企業が経営者保証に依存しない融資の一層の促進
☆中小企業が，個人保証契約を締結せずに融資を受けるための要件 (1)　中小企業経営者が個人保証契約を締結せずに融資を受けるためには，金融機関が法人のみの事業・資産をみて，融資判断できる経営状況であることが必要 (2)　具体的には，金融機関は，以下の①～④の全部または一部を満たす中小企業に対して，経営者保証を求めないことを検討 ①　法人と経営者が明確に区分・分離されていること (ア)　本社，工場等の事業用資産は法人所有とすること (イ)　経営者に対する不要な貸付がなく，個人的な消費は法人の経費として処理していないこと (ウ)　取締役会の適切な牽制機能の発揮等による社内管理体制が整備されていること (エ)　「中小企業会計基準」等に拠った信頼性のある計算書類が作成されること ②　財務基盤が強化されていること (ア)　法人の資産・収益で借入の返済が可能であること（十分なキャッシュ・フローの確保） (イ)　借入金全額の返済が可能な内部留保の蓄積があること ③　適時適切な情報開示等によって経営の透明性が確保されていること (ア)　決算書上の各勘定明細（資産・負債明細，売上原価・販管費明細等）の提出 (イ)　決算報告の他に，試算表・資金繰り表等の定期的な報告 ④　上記①～③について，職業会計士（公認会計士，税理士等）の外部専門家による検証が実施され，内部・外部のガバナンスが強化されていること

（出典）経営者保証に関するガイドライン研究会［2013］。本図表は要点をまとめたものであり，下線は筆者。

図表25－３の要件については，下線部の要件に注目されたい。この図表の「中小企業会計基準」(図表の(2)①(エ))とは，具体的には，中小指針や中小会計要領を指し，これらの中小企業会計基準に準拠した計算書類の作成が経営者保証に依存しない融資の基盤をなしている。また，「適時適切な情報開示等による経営の透明性」(図表の(2)③)や「職業会計士によるガバナンスの強化」(図表の(2)④)といった中小企業の会計的側面が，経営者保証に依存しない中小企業金融の重要な要件であるとされている。

第４節　第三の矢：成長分野等における中核的専門人材養成事業

中小企業経営基盤強化の第三の矢が，2012年12月から文部科学省が取り組んでいる「専門分野等における中核的専門人材養成等の戦略的推進事業＊3」である。当該事業の社会的・経済的背景として，次の点が認識されている。

(1)　産業や社会構造の変化，グローバル化等が進む中で，わが国の経済社会の一層の発展を期すためには，経済発展の先導役となる産業分野等への人材移動を円滑に進めるとともに，それらの人材が有する専門技術を高めていくことが必要不可欠であること

(2)　さまざまな雇用問題や将来の不安が生じている中で，持続可能な経済社会を実現するためには，成長分野における付加価値を付けた雇用の創出，社会の幅広い人々が新たに必要となる知識・技術・技能の修得機会の充実など，教育環境の整備が一層重要となること

＊3　この事業でいう専門分野等とは，環境・エネルギー，食・農林水産，医療・福祉・健康，クリエイティブ，観光，IT，社会基盤，工業，経営基盤強化，グローバル，高等専修学校等の分野をいう。そのうち，「経営基盤強化」分野における「経理財務専門人材の養成プロジェクト」の中心課題が中小企業会計である（文部科学省[2012]）。

図表25－4　成長分野等における中核的専門人材養成事業の概要

成長分野等における中核的専門人材養成の基本的考え方

(1)「学び」と「職」を両立し自らの職業能力向上を目指すことができる社会の実現
☆　日本の産業界・職能団体等と多様な教育機関との連携を図りつつ，個々人が，自らの希望する職業生活に必要な知識・技術・技能を生涯にわたって継続して修得し，その成果が適正に評価され，職業能力向上を目指すことができる社会の実現
⇒「学校」と「職場」間の円滑な選択・移動が可能となる学習システムの構築

(2) 社会人がアクセスしやすい学習環境の整備
①　産業の高度化やグローバル化に伴い，新たに必要となる知識・技術・技能を修得する機会の提供
②　非正規労働者・離職者等の新たな職業能力や技術を修得する機会や中退者等の学び直し機会の提供
⇒　社会人等がアクセスしやすいシステムの構築

(3) 産業界と教育界の対話と協働による学習システムの構築
☆　産業界と教育界との対話を通じ，必要な中核的専門人材像養成のための目標設定と共有を図り，新たに必要な技術等を取得するためのモデル・カリキュラム基準づくり等の協働作業を行うことによって，実質的な相互の理解，双方の活性化につなげる。

産業構造の変化やグローバル化に対応した実践的・専門的な人材養成

中小企業分野の新たな資格制度	・会計専門職の資格(例えば，中小企業 BANTO)
目的	①　中小企業における経理財務の責任者として，専門的な知識等を基礎に組織のマネジメントおよび外部関係者との折衝を行う人材の養成 ②「中小企業会計基準（中小会計要領）」の知識を必須条件とし，各種の経営指標の分析能力を有し（経営財務），中小企業の経理財務の実務の特性に即した実践的知識を有する人材の養成

（出典）本図表は，文部科学省［2012］に基づいて作成している。

このような認識を踏まえ，文部科学省の中核的専門人材養成事業の基本的考え方を要点的に示したのが**図表25－4**である。この図表では，次の３つの基本的考え方が要点的に示されている。

(1)「学び」と「職」を両立し自らの職業能力向上を目指すことができる社会の実現

(2) 社会人がアクセスしやい学習環境の整備

(3) 産業界と教育界の対話と協働による学習システムの構築

これらの基本的考え方に基づき，現在，中小企業における「経理財務の中核的専門人材養成事業」の１つとして，中小企業における経理財務の専門人材に対して，新たな資格を認定する取組み（例えば，中小企業BANTO）が構想されている（全国経理教育協会［2014］；全国経理教育協会［2019］)。当該資格制度は，次のような人材養成を目的としている。

① 中小企業における経理財務の責任者として，専門的な知識等を基礎に組織のマネジメントおよび外部関係者との折衝を行う人材の養成
② 「中小企業会計基準（中小会計要領）」の知識を必須条件とし，各種の経営指標の分析能力を有し（経営財務），中小企業の経理財務の実務の特性に即した実践的知識を有する人材の養成

第5節　中小企業育成の戦略モデル

中小会計要領の普及・活用にあたっては，行政機関，中小企業団体，金融機関，会計専門職，教育機関といった中小企業関係者が，一丸となった協力体制が必要とされる。すでに概説した中小企業経営基盤強化の三本の矢は，そのための具体的な取組みであるといってよい。これらの取組みを踏まえ，わが国における中小企業育成の戦略モデルを図形化して示したのが**図表25－5**である。

図表25－5　中小企業育成の戦略モデル

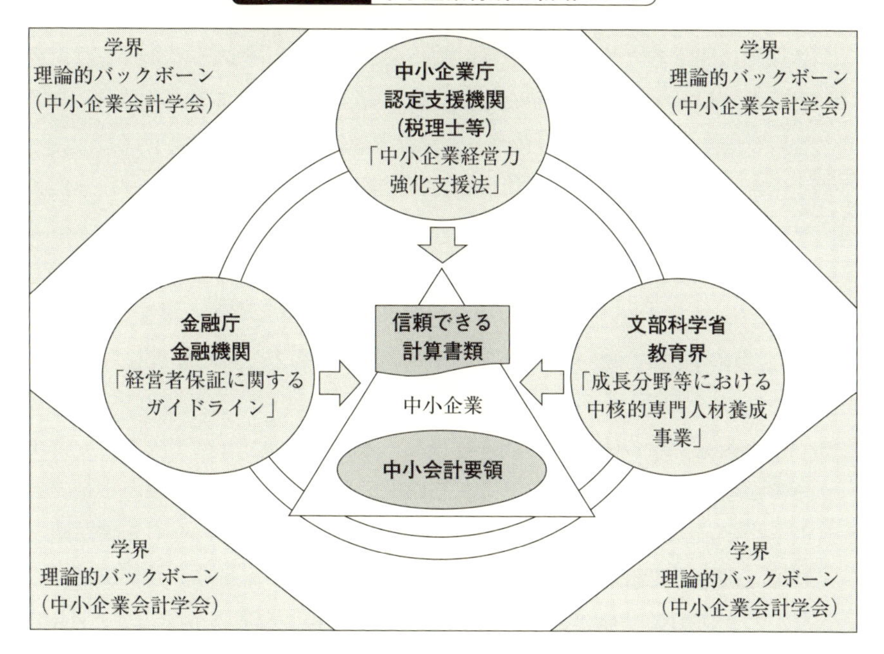

この図表では，次のことが示されている。

(1) 中小企業会計の社会的・経済的な意義は，会計に対する中小企業経営者の意識改革にある。中小企業経営者に，記帳の重要性を認識させ，計算書類が中小企業の経営にとっていかに重要な役割を担っているかを理解させることである。会計に対する中小企業経営者の認識はかなり低いのが現状である。会計は税務のためだけにあるのではなく，自らの経営に役立てることにあることを中小企業経営者にしっかり意識させることが重要であり，その手段が中小会計要領に他ならない。

(2) 中小会計要領の普及・活用を法制度として推進するのが，中小企業経営力強化支援法（現：中小企業等経営強化法）である。この法律は，金融機関と会計専門職（税理士等）が中小企業の経営支援の担い手となり，中小企業経営者が，中小会計要領に準拠して計算書類を作成することを通じて，会計的に自立することをそのねらいとしている。

(3) 中小会計要領の普及・活用を融資等の実質的な形で支援するのが，中小企業の計算書類の主要な利用者である金融機関である。従来，中小企業金融は個人保証（人や物を担保とした融資）が一般的であった。しかし，経営者保証に関するガイドラインは，中小会計要領等に準拠して作成された計算書類を信頼するという新たな融資のガイドラインであり，金融庁（財務省）の支援のもとで，その普及・活用を一層促進させる必要がある。

(4) 中小会計要領が実務面で効果を発揮するには，中小企業における専門人材の養成が不可欠である。そのための取組みが文部科学省の支援によって行われている。文部科学省では，中核的専門人材養成事業の１つとして，中小企業における経理財務の中核的専門人材の養成事業を支援しており，現在，中小企業会計（中小会計要領）の知識を備えた新たな資格制度が構想されている。

(5) 中小企業会計の研究・教育に対して，その理論的バックボーンを提供するのが学界である。わが国では，2013年２月に，世界で最初の中小企業会計学会が設立された。本学会の設立趣旨は，「中小企業をめぐる諸問題を理論・制度・実務の諸側面から，研究者と実務者の広範な意見交換を通して，わが国および諸外国の会計理論と会計実務の発展に資するとともに，会員相互の交流を深めること」にあるとされ，アカデミズムとプラグマティズムの「知の融合」により，わが国および諸外国の中小企業の成長・発展に資することが期待されている。

第6節　むすび

中小会計要領が中小企業会計の質を高めるためには，その普及・活用が不可欠であることはいうまでもない。そのためには，中小企業関係者（行政機関，中小企業団体，金融機関，会計専門職，教育機関など）の総力を結集し，中小企業への指導・教育・普及等に努める必要がある。本章で概説した「三本の矢（3つの戦略的取組み）」が中小企業の経営基盤強化という的（まと）を見事に射抜くことができるかどうかは，ひとえに中小企業関係者の熱意と努力にかかっている。

第26章

中小企業会計の活用事例

―会計が分かれば，ビジネスが見える―

第1節　はじめに

中小企業庁は，2014年３月に，『中小会計要領に取り組む　事例65選』（以下では，『事例集65選』という）を公表した。この『事例集65選』は，中小企業が抱える諸課題に対し，中小会計要領の活用による経営改善を達成できた65社の具体的な成功事例を，ベストプラクティスとしてとりまとめたものである。『事例集65選』によれば，中小企業が中小会計要領を導入する契機について，「専門家（税理士・会計士など）からの薦め」が43.1％と最も多く，次いで，「自社（代表者や従業員）による問題意識」が29.2％，「金融機関からの薦め・指摘」が10.8％と続いており，これらの理由で全体の８割を超えている。また，中小会計要領を導入した効果について，「収益の拡大」が47.7％と最も多く，ほぼ同じ割合で，「コスト意識やモチベーションの向上」が46.2％，「金融機関や取引先等との関係良化」が44.6％と続いている（中小企業庁［2014］，13-14頁）。

また，中小企業庁は，2016年３月に，『「経営力向上」のヒント～中小企業のための「会計」活用の手引き～』（以下では，『経営力向上のヒント』という）と題する小冊子を公表した。この『経営力向上のヒント』は，会計によって経営課題を可視化（見える化）するとともに，いかに会計が経営課題の解決に有効であるかを，中小企業経営者向けにわかりやすく解説したものである。

本章の目的は，中小会計要領の活用事例を通して，「会計が分かれば，ビジネスが見える」ことを実証することにある。本章の主要な論点は，次の３点である。

⑴　会計の行為を作成・開示行為と利用行為に区分し，その概念モデルを提示することにより，ビジネスにおける会計の意義を明らかにすること

⑵　中小企業庁が公表した『事例集65選』に則して，中小会計要領を利用したベストプラクティスを紹介し，ビジネスにおける会計の役立ちを実証すること

⑶　中小企業庁が公表した『経営力向上のヒント』に則して，会計を中小企業のビジネスに役立てる手法を具体的に提示すること

第２節　会計行為の概念図

『事例集65選』の紹介に先立ち，まず，**図表26－１**をみられたい。この図表では，会計をめぐる行為として，作成・開示行為と利用行為の２つが示されている。

１　会計の作成・開示行為

会計の作成・開示行為は，企業の目的である利益獲得の程度を貨幣金額によって描写（写像または測定）し，情報として提供（開示）する行為である。図表26－１に示したように，会計の対象は，「取引」といわれる利益獲得の経済活動である。それを正確に描写（写像または測定）する装置が「会計システム」（会計処理の原則・手続；中小企業会計の場合は中小会計要領）であり，会計システムを通じて描写された結果を一覧表にしたものが，「会計情報」（会社法では計算書類，金融商品取引法では財務諸表）といわれる。この会計情報は情報の受け手である「利害関係者」（債権者・取引先等）に提供（伝達）され，彼らの経済的判断（経済的意思決定）に利用される。つまり，会計の作成・開示行為は，会計システムのインプットである「取引」を，会計システムを通じて写像（測定）し，アウトプットとしての会計情報を産出し，その結果を利害関係者に伝達するプロセスであるといってよい。このようなプロセスを通して，会計は

図表26－1　会計行為の概念図

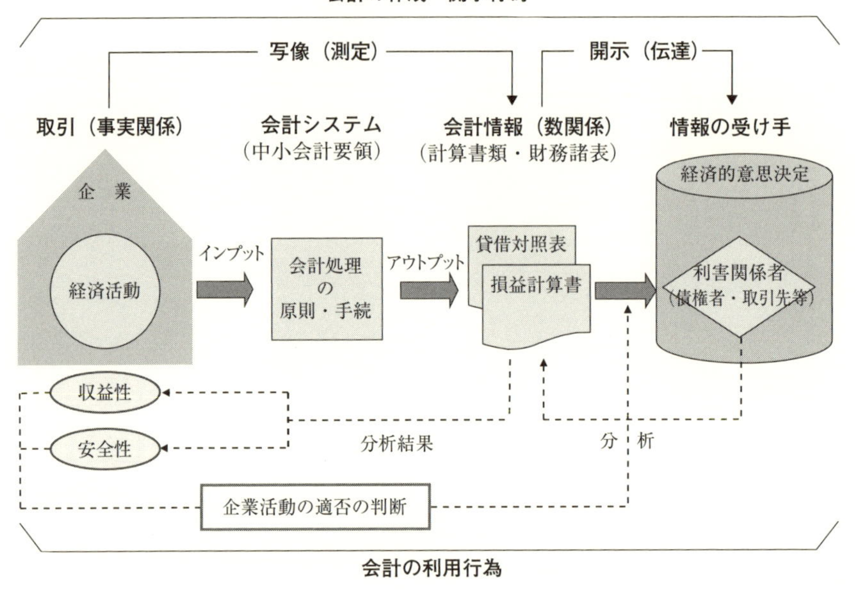

（出典）本図表は次の文献に基づき，筆者が作成したものである。武田［2003b］，161-162頁；古賀［2014］，4頁。

企業の経済活動（ビジネス）を「見える化（可視化）」することになる。「会計が分かれば，ビジネスが見える」といわれる所以（ゆえん）がここにある。

2　会計の利用行為

これに対し，会計の利用行為は，貨幣金額によって描写された結果を各種の指標によって分析し，企業活動の「良し悪し」を判断する行為である。このような行為は，一般に，「財務分析」（企業分析または財務諸表分析）といわれ，企業の財政状態および経営成績の良否を判定するための技術を総称するものである。

現実の事象（事実関係）としての企業の経済活動は，会計処理のプロセスを通じて，会計情報といわれる数関係（貨幣金額による表示）に写像される。すなわち，企業の経済活動は，会計情報として数（貨幣金額）の関係に表現されるものであるから，逆に，会計情報の分析を通じて，現実の企業活動の適否（収益性や安全性）を判断できるはずである。そのような意味で，財務分析は会計の利用行為における主要な活用手法とされる。

第3節　『事例集65選』の活用例

会計の利用行為では，財務分析等から得られた分析指標を，ビジネスにどのように活用するかが重要な課題となる。『事例集65選』のケースは，そのためのヒントを提供するものである。この活用事例は，次の2つのケースに区別できる。

(1)　企業内部向け効果のケース（コスト削減や収益の拡大）

(2)　企業外部向け効果のケース（金融機関や取引先からの信頼性の向上）

以下では，『事例集65選』に則して，代表的な具体例を解説してみたい（中小企業庁［2014］，15-22頁；事例の下線は筆者）。

1　企業内部向け効果のケース

(1)　コスト削減

①　会計処理基準を統一し，調達コストを見直したケース

> 中小会計要領を導入したことで，<u>会計処理基準を統一</u>し，全社同一の基準としたことから，<u>投下コストを同一水準で評価</u>することが可能となった。これにより，固定費の削減などにも配慮できるようになり，仕入価格や外注費用等に関しても仕入先，外注先に価格交渉を行い，<u>従来の1/6までコスト削減</u>が行えるものも出てくるなど，<u>原価が抑制され，利益率が改善</u>されている。
>
> （O社　広告業　従業員数30人　資本金55,960千円）

この事例は，中小会計要領を全社同一の基準としたことで，投下コストの同一水準での評価が可能となり，固定費の削減，仕入価格や外注費の価格交渉の結果，大幅なコスト削減に成功したケースである。

②　会計情報を会議資料に活用することで，従業員のコスト意識を高めたケース

> 会計処理により得られた数字をオープンにし，会議などの場に分析数値を示すことで，共通指標とし，従業員全員が同じ目線で営業戦略などを検討することができるようになった。会議を始めた頃は従業員の理解が追い付かない部分があったが，従業員に会計の勉強を促すとともに，分析数値を継続して会議資料として活用することで，次第に従業員の会計の理解が進み，コスト意識が向上した。また，以前は代表が業績目標や実績を準備していたが，いまでは部門長をはじめ，従業員が作成するようにまで成長している。
>
> （Ｔ社　自動車（新車）　従業員数78人　資本金10,000千円）

この事例は，会計処理による分析数値を，従業員全員が参加する会議資料の指標とすることで従業員全員の経営意識を醸成させ，会計知識を高めたケースである。

⑵　収益の拡大

①　中小会計要領の導入により，会計を経営戦略に活かしたケース

> 中小会計要領の導入と会計ソフトの導入をすすめ，顧問税理士からの指導を受けることで，経営者自身の財務・会計に関する理解が深まった。中でも，受注情報を分析し，低付加価値加工から高付加価値加工へのシフトを推進するとともに，材料費，外注費などの製造原価をおさえ，利益率の向上を実現。また，高付加価値加工へのシフトを進めたことにより，直近2期間における新規取引先は20社を超え，他業種からの受注による顧客分散効果から，不況に強い体質の構築が実現できた。
>
> （Ｉ社　金属製品切削加工　従業員数13人　資本金3,000千円）

この事例は，中小会計要領の活用により，自社の課題を発見・克服することで，経営戦略に活かすことができ，利益率の向上，取引先の新規開拓により，不況に強い体質を実現したケースである。

②　経営改善に会計を導入し，10年の赤字を脱却したケース

> 設立後10年連続で赤字が続いていたが，平成19年よりK村商工会に経理業務を委託するようになった。その後，本格的に経営の立て直しに動きはじめ，すぐに増収効果が得られたが，次の段階として部門別の採算状況の把握，月次決算の実施が必要だと判断し，中小会計要領を導入するに至った。同要領を導入し，月次決算を実施することによって，詳細な経営計画の策定が可能になり，将来的な展望がイメージできるようになった。また，タイムリーに採算状況を把握・公開することで，従業員が数字を意識するようになり，会社全体に活気が出たと感じている。
>
> （K社　観光物産　従業員数18人　資本金49,400千円）

この事例は，中小会計要領の活用により，月次決算や部門別採算を従業員と共有することで，従業員が数字を意識し，収益拡大や企業の活性化が実現したケースである。

2　企業外部向け効果のケース

①　金融機関からの信頼性が向上したケース

> 中小会計要領に対応することで，これまで課題点であった月次の棚卸を実施することができるようになり，商品の在庫を月次で把握することができ，無駄な発注を防ぐことができるようになった。また，発生主義会計によって，正確な毎月の損益等を把握することができており，経営状況がリアルタイムに把握できている。さらに，月次決算を行うことにより，期中に金融機関から月次試算表の提出を求められた際に，即日渡すことができるようになった。それに伴い，新ビル購入の際には問題なく融資が受けられ，かつ低い金利が実現した。
>
> （Y社　各種機器の製造販売　従業員数７人　資本金10,000千円）

この事例は，中小会計要領を導入し，月次決算を行うことにより，毎月の損益等，経営状況がリアルタイムに把握できるようになり，金融機関からの信頼性が高まり，設備投資に有利な融資が受けられたケースである。

②　取引先との信頼性が向上したケース

> 会計ソフトやポスレジの導入に加え，中小会計要領を導入することで，店舗別の採算管理を徹底し，採算・不採算店舗の状況が把握できるようになり，改善策やコスト削減策をタイムリーに検討できるようになり，経営改革につながっている。また，毎年開催している業者会において，前期決算及びその月までの収支を報告するようにしている。この結果，地元のこだわりを持った生産者などとの信頼関係を構築できており，質の良い商品や安価な商品の安定的な仕入れに繋がっている。
>
> （H社　飲食店　従業員数58人　資本金39,500千円）

この事例は，中小会計要領を導入し，取引先（仕入先）との定期的な懇談会において，自社の業績を報告することで，取引先（仕入先）との良好な取引関係が構築できたケースである。

第4節　『事例集65選』のフォーラムから学ぶ

『事例集65選』の広報活動の一環として，2014年３月に，中小企業庁主催のフォーラムが，東京，名古屋，大阪の３都市で開催された。本フォーラムでは，選定企業の代表者がパネラーとして登壇し，その体験談を語ってくれた。その中でも，名古屋会場で登壇したＩ社（清掃業　従業員数24人　資本金3,000千円）の社長の話が，中小企業の厳しい現実を彷彿とさせるケースとして，強く印象に残っている。以下は，Ｉ社長とその指導にあたったM税理士の体験談を要約したものである。

> Ｉ社長は，１日10時間以上，街中を走り回り，懸命に仕事に励んでいた。「これだけ働いているんだから，きっと会社は儲かっている」と思っていた。しかし，会社の資金繰りは逼迫し，倒産寸前であった。ある日，取引銀行の支店長に相談したところ，「税理士さんを紹介するので，見てもらってください」と

いわれた。相談を受けたM税理士は，あまりに酷い決算書の内容に驚いた。

Ｉ社長は簿記・会計など全く知らない。勘定科目の意味すらわからない。銀行から融資を受ければ，「よかった，よかった。これで一息つける」と思うだけ。銀行に返済しなければならないことは分かっているものの，それを会計的にどのように表現してよいか分からない。取引銀行に金融支援を申し込んだところ，支店長から「社長。うち（銀行）から借りたお金はどこにいってしまったんですか？」といわれる始末。何と，貸借対照表には，借入金が計上されていなかったのである。続けて，支店長は損益計算書に計上されているＩ社長の役員報酬をみて，「社長。あなた給料をもらう気ですか。そんなお金があれば，すぐうち（銀行）に持ってきなさい」ともいった。

そこから，Ｉ社長とM税理士の二人三脚による奮闘の日々が始まる。M税理士から簿記のイロハを教わり，Ｉ社長の懸命の努力によって，いまでは中小会計要領を理解し，毎月試算表で業績を確認し，ついに会社は黒字になるまでに至った。最近では，支店長から「社長。そろそろ，うち（銀行）からお金を借りてくれませんか？」といわれるまでになったそうである。

M税理士は当時，「この会社を倒産させたら，死人がでますよ！」といって，金融支援をお願いしていたそうである。Ｉ社の従業員には，障がい者など社会的弱者も多い。会社が倒産すれば，次に働く場所を見つけるのは容易ではないのである。

会計を理解し活用することが，中小企業にとっていかに大切であるかを，涙ながらに語るＩ社長の姿は，実に印象的であった。会計は従業員（人）の命までも救うことができるのである。税理士はそのような尊い役割を担った会計専門職であることを実感した。

伊藤邦雄教授は，中小企業会計を「切れば血がでる会計」と評された（中小企業会計学会［2014］，113頁）。中小企業会計は，企業のリアリティを追求する本来の会計研究が可能な分野であるという意味である。『事例集65選』のエピソードに則して，このことばを敷衍すれば，中小企業会計は「人の命を救える，血の通った会計」であるということができるかもしれない。

第5節 中小企業のための会計の活用

1 『経営力向上のヒント』の意義

会計は，企業のさまざまな活動をサポートし，企業の経営改善にあたり，経営者のみならずすべての従業員に必要な経営判断と問題解決のツールである。中小企業が厳しい経営環境に適応して安定的な企業活動を継続するためには，経営者および全従業員が自らの業務の善し悪しを把握し，適切な意思決定を行う必要がある。そのためには，会計の活用レベルは，企業の成長に応じてステップアップする必要がある。また，「創業期→成長期→成熟期」に至る企業のライフサイクルによっても，会計の活用方法は異なると考えられる。

このような認識のもとに，中小企業庁は，2016年3月に，『「経営力向上」のヒント～中小企業のための「会計」活用の手引き～』と題する小冊子を公表した。この『経営力向上のヒント』は，中小会計要領の普及・活用の一環として，会計によって経営課題を可視化するとともに，中小企業の経営課題の解決に向けた手段として，いかに会計が有効であるかを，中小企業経営者向けに分かりやすく解説したものである。

その意味では，『事例集65選』が主として外部報告向けの会計の活用を指向しているのに対し，『経営力向上のヒント』は内部報告向けの会計の活用を指向している。

2 『経営力向上のヒント』の概要

『経営力向上のヒント』の全体像を示したのが**図表26－2**である。

この図表に示すように，『経営力向上のヒント』では，会計情報の利用者，企業の経営課題（クリアしたい会計レベル），企業が取り組むべき項目を整理し，レベル別に会計に対する取組みのあり方がまとめられている。具体的には，企業の会計レベルを従業員数，売上・粗利益，ライフサイクルで5段階に分類し，各段階での経営課題を会計の視点から可視化（例えば，レベル1では，「資金繰りを安定化させる」，レベル2では，従業員と「業績を共有する」など）し，

図表26－2『経営力向上のヒント』の全体像

	会計情報の利用者	クリアしたい会計レベル	取り組むべき項目	レベル判断の目安		
				従業員数での目安	売上・粗利益（年）での目安	ライフサイクルでの目安
レベル１	社長	資金繰りを 安定させる ～現預金の動きを日々明らかにする～	1．現預金出納帳 2．債権管理 3．債務管理 4．在庫管理 5．売上目標 6．３ヶ月資金繰り表	10名以下	売上高規模 ～２億円 粗利益 ～６千万円位	創業期 （立ち上げ時）
レベル２	経営者層 （同族中心）	業績を共有する ～月次決算と予算制度の確立～	7．自計化 8．発生主義への移行 9．月次実地棚卸 10．翌月10日までの月次決算 11．実績検討会の開催 12．全社予算管理 13．資金管理計画	11名以上 30名以下	売上高規模 ２～３億円位 粗利益 ６千万～ １億円位	成長期 〜 成熟期
レベル３	部門長以上	部門長に業績責任を担ってもらう ～部門別業績管理の確立～	14．部門別業績管理 15．商品別・得意先別売上管理 16．現場の生産性管理 17．現場のミスロス管理	31名以上 50名以下	売上高規模 ３～10億円位 粗利益 １～３億円位	
レベル４	部門管理者以上	先を読んで 先手を打つ ～先行管理の確立～	18．業務別ＫＰＩ管理 19．先行利益資金見込管理	51名以上 100名以下	売上高規模 10～30億円位 粗利益 ３～10億円位	
レベル５		中長期戦略を 全社で共有する ～中期計画管理の確立～	20．中期利益資金計画管理	101名以上 300名以下	売上高規模 30～100億円位 粗利益 10～30億円位	

（出典）中小企業庁［2016］，5頁「図表2－1」を加筆・修正している。

それを会計的手段（例えば，レベル１では，「現預金出納帳の作成」など，レベル２では，「自計化」など）によって，どのように解決できるかを示している。

中小企業経営者は，図表26－２のすべてを理解する必要はない。まず，自社がどのようなレベルにあるかを知り，上位のレベルにステップアップするには，何が経営課題となり，それを会計によってどのように解決できるかを検討すればよい。図表26－２の取り組むべき具体的内容は，そのための参考指標を提供するものである。

なお，この図表では，上位レベルの取り組むべき課題は下位レベルの項目をクリアーしていることが前提となっている。

第6節　むすび

会計は企業の経済活動の羅針盤であり，羅針盤がなければ，船舶の安全な航行が不可能であるように，会計に対する理解がなければ，企業経営は不可能である*。「会計が分かれば，ビジネスが見える」。中小企業のビジネスを写し出す最適手段が中小会計要領に他ならない。そのための会計（中小会計要領）の活用手段が，本章で紹介した『事例集65選』であり，また，『経営力活用のヒント』である。

*稲盛和夫氏（京セラの創業者）は，その著書『実学』の帯を「会計が分からんで経営ができるか！」として，ビジネスにおける会計の重要性を説かれている（稲盛[2000]）。

Column 5 「ビジネスはうまくいっているから，会計は不要」と考えるリスク

中小会計要領の普及状況に関する実態調査で，「会計に関心はない」と回答する中小企業経営者が多くいる。その理由は，「ビジネスはうまくいっているし，銀行からの借り入れもないので会計は必要ない」とされる。本当にそうであろうか？

会計はビジネスの羅針盤であり，ビジネスを見える化する最善の手段である。「会計が分かれば，ビジネスが見える」のであり，本書で紹介した中小会計要領を活用したベストプラクティスがそのことを実証している。

これまで「経験や勘」でビジネスがうまくいっていても，それが永遠に継続できる保証はどこにもない。近年の経済環境の変化は，従来の「経験や勘」がまったく通用しないほど劇的である。いまは順風満帆の航海（ビジネス）かもしれないが，いったん大きな岩礁に激突（リスクに遭遇）すれば，中小企業のような小舟はひとたまりもない。「うまくいっているから，会計は不要」と考える中小企業経営者は，いまは，そのような岩礁の存在が見えないだけである。目には見えない岩礁（リスク）の存在を教えてくれるのが会計である。会計はビジネスの羅針盤であり，「会計が分かれば，ビジネスが見え」，安心・安全な航海が保証されるのである。

第27章

中小企業会計の国際的動向

第1節 はじめに

中小企業のグローバルな会計ルールとして，IASB（国際会計基準審議会）は，2009年7月に，「SMEs（中小企業）のためのIFRS」（IFRS for Small and Medium-sized Entities；以下では，中小企業版IFRSという）を公表した（IASB [2009a]；IASB [2009b]）。この中小企業版IFRSは，完全版IFRS（full IFRS）を中小企業向けに簡素化した単独の基準書であり，その採用と適用企業は，各国（地域）の判断に任されている。かかる中小企業版IFRSは，各国（地域）の会計制度にどのようなインパクトを与えているのであろうか。

本章の目的は，中小企業版IFRSの導入実態に焦点を当て，中小企業会計の国際的動向を浮き彫りにすることにある。本章の主要な論点は，次の4点である。

(1) 中小企業版IFRSの目的と基本方針，構成，概念フレームワーク，およびその適用状況を概説し，その特質を浮き彫りにすること

(2) 主要5ヵ国（ドイツ，英国，米国，中国，韓国）について，中小企業版IFRSの導入実態に焦点を当てながら，先進諸国・近隣諸国における中小企業会計の現状を明らかにすること

(3) 東アジア・ASEAN経済研究センター（Economic Research Institute for ASEAN and East Asia；以下では，ERIAという）が2015年に実施した

「ASEAN各国における中小企業の会計基準に関する実態調査」の調査結果を紹介し，ASEAN諸国における中小企業会計の現状を明らかにすること

(4) 中小企業版IFRSに対するわが国の対応を闡明にすること

第2節　中小企業版IFRS公表の経緯

IASBが中小企業会計に関心を示し，研究プロジェクトを立ち上げたのは，その前身であるIASC（国際会計基準委員会）の時代の1998年4月であった。当時，研究プロジェクトの主要な関心は，新興経済圏（emerging economies）のための会計基準であり，中小企業版IFRSの開発は，新興経済圏向け会計基準の開発としてスタートした。その後，2000年12月に，IASCからIASBへの移行にあたり，重要な討議事項の1つとして，中小企業会計基準（standard for SMEs）の問題が提示された。これを受けて，IASBは，2003年4月に，助言グループ（Advisory Group）を編成し，2003年9月に，中小企業版IFRSの策定を決定するとともに，それに向けた本格的な取組みを開始した。その後，2004年6月に，「討議資料」（Discussion Paper, *Preliminary Views on Accounting Standards for Small and Medium-sized Entities*），2007年2月に，「公開草案」（Exposure Draft, *IFRS for Small and Medium-sized Entities*）を公表し，2009年7月に，中小企業版IFRSを正式に公表するに至った（中小企業版IFRSの経緯とより深い理解のためには，次の文献を参照されたい。河﨑［2009a］；Mackenzie［2011］（河﨑［2011a］）；小津［2009］；平賀［2010］；櫛部［2016］）。

第3節　中小企業版IFRSの特質

1　中小企業版IFRSの目的と基本方針

中小企業版IFRSは，中小企業のニーズと能力に合わせて作成された約230頁

の単独の基準書である。その目的は，次の点にあるとされる。

(1)　高品質で，理解可能な，強制力のある会計基準を提供すること
(2)　中小企業向け財務諸表の利用者のニーズを充足すること
(3)　完全版IFRSと同じ概念フレームワークを基礎とすること
(4)　中小企業の負担を軽減すること
(5)　完全版IFRSへの移行を容易にすること

これらの目的で注目する必要があるのは，上記(3)と(5)である。これらから，中小企業版IFRSの究極のねらいが，すべての企業に（大企業のみならず中小企業にも），完全版IFRSを適用させることにあることが推測される。

また，適用対象であるSMEs（中小企業）とは，「①公的説明責任のない企業（non-publicly accountable entities）であり，かつ，②外部の財務諸表利用者に一般目的財務諸表を公表する企業」とされ，主要な外部の利用者は，(ア)金融機関，(イ)仕入先，(ウ)格付機関，(エ)得意先，(オ)所有主以外の株主とされる。

かかる中小企業版IFRSの基本方針は，次の３点に集約できる。

(1)　適用対象の画定は，量的規準（規模テスト）ではなく，質的規準（公的説明責任の有無）によって決定すること
(2)　基本コンセプトは完全版IFRSから抽出し，それが中小企業版IFRSの概念フレームワークを形作ること
(3)　基本コンセプト，認識・測定原則，および開示・表示原則の修正は，財務諸表利用者のニーズとコスト・ベネフィット分析に基づくこと

このように，中小企業版IFRSでは，完全版IFRSの基本コンセプトが，そのまま概念フレームワークを形作っていることから，中小企業に固有の会計基準というよりも，完全版IFRSの要約版として特徴づけることができよう。

２　中小企業版IFRSの構成

中小企業版IFRSは，35のセクションから編成されている。その内容を一覧表示したのが**図表27－１**であり，この図表の各セクションの右側には，その基礎となったIFRSs（IASおよびIFRS）が示されている。この図表から分かるように，中小企業版IFRSの編成にあたって，わが国の中小指針と同様に，完全版IFRSを要約（圧縮）するトップダウン・アプローチが採用されている。

図表27－1 中小企業版IFRSの構成

セクション	内　容	IFRSs	セクション	内　容	IFRSs
序　文		IFRS序文	18	のれん以外の無形資産	IAS第38号
1	中小企業	－	19	企業結合およびのれん	IFRS第3号
2	諸概念および全般的な諸原則	IASB概念フレームワーク IAS第1号	20	リース	IAS第17号
3	財務諸表の表示	IAS第1号	21	引当金および偶発事象	IAS第37号
4	財政状態計算書	IAS第1号	22	負債および持分	IAS第1号 IAS第32号
5	包括利益計算書および損益計算書	IAS第1号	23	収　益	IAS第11号 IAS第18号
6	持分変動計算書および利益剰余金計算書	IAS第1号	24	政府補助金	IAS第20号
7	キャッシュ・フロー計算書	IAS第7号	25	借入費用	IAS第23号
8	財務諸表への注記	IAS第1号	26	株式報酬	IFRS第2号
9	連結および個別財務諸表	IAS第27号	27	資産の減損	IAS第2号 IAS第36号
10	会計方針，会計上の見積り変更および誤謬	IAS第8号	28	従業員給付	IAS第19号
11	基本的な金融商品	IAS第32号 IAS第39号 IFRS第7号	29	法人所得税	IAS第12号
12	その他の金融資産		30	外貨換算	IAS第21号
13	棚卸資産	IAS第2号	31	超インフレーション	IAS第29号
14	関連会社に対する投資	IAS第28号	32	後発事象	IAS第10号
15	ジョイント・ベンチャーに対する投資	IAS第31号	33	関連当事者についての開示	IAS第24号
16	投資不動産	IAS第40号	34	特殊な活動	IAS第41号 IFRS第6号
17	有形固定資産	IAS第16号	35	中小企業のためのIFRSへの移行	IFRS第1号

3　中小企業版IFRSの概念フレームワーク

中小企業版IFRSの概念フレームワークについて，その主な内容を要点的に示したのが**図表27－2**である。この図表から，中小企業版IFRSの概念フレームワークは，完全版IFRSのそれをそのまま踏襲していることが理解できる（Mackenzie［2011］（河﨑［2011a］，9－25頁））。

図表27－2　中小企業版IFRSの概念フレームワーク

項　目	概念フレームワークの主な内容
(1)　財務諸表の目的	・中小企業に直接的に情報要求できない情報利用者に対して，その経済的意思決定に有用な財政状態，業績およびキャッシュ・フローに関する情報の提供
(2)　情報の質的特性	①理解可能性，②目的適合性，③重要性，④信頼性，⑤実質優先，⑥慎重性，⑦完全性，⑧比較可能性，⑨適時性，⑩コスト・ベネフィット，の10の特性を列挙
(3)　財務諸表の構成要素	①　財政状態表示の構成要素：資産，負債，持分 ②　業績表示の構成要素：収益，費用
(4)　構成要素の認識	・構成要素の定義を充足し，かつ「将来の経済的便益の蓋然性」と「測定の信頼性」の規準を充足するプロセス
(5)　構成要素の測定	①歴史的原価と②公正価値の２つを規定
(6)　発生主義	・認識規準は発生主義に準拠
(7)　財務諸表の認識	・収益・費用の認識は資産・負債の認識に依存（資産負債アプローチ）

4　中小企業版IFRSの適用状況

IASBによれば，中小企業版IFRSは，2019年３月現在，86の国（地域）が，その採用（要請または容認）を表明しているとされる（IASB［2019］）。例えば，次の国（地域）がこれである。

(1)　南アメリカ：アルゼンチン，ブラジル，チリ等
(2)　カリブ地域：バハマ，バルバドス，ドミニカ共和国等
(3)　中央アメリカ：ベリーズ，コスタリカ，エルサルバドル等
(4)　アフリカ：ボツワナ，ガーナ，ルワンダ，南アフリカ等
(5)　アジア：カンボジア，香港，シンガポール，マレーシア等
(6)　中東：イスラエル，イラク，サウジアラビア等
(7)　ユーラシア：アルメニア，アゼルバイジャン等
(8)　ヨーロッパ：ボスニア・ヘルツェゴビナ，マケドニア，スイス，英国等

上記の各国（地域）からわかるように，中小企業版IFRSを適用する国（地域）は，これまで会計制度があまり整備されていなかった新興経済圏の諸国（地域）が多数を占めている。

第4節 主要諸国における中小企業の会計制度の現状

本節では，ドイツ，英国，米国，中国および韓国の5ヵ国を取り上げ，中小企業版IFRSの導入状況に焦点を当てながら，中小企業の会計制度の現状について，その一端を浮き彫りにしてみたい（本節のより深い理解とその他の諸国の解説については，河﨑［2015］を参照されたい）。

そこで，**図表27－3**をみられたい。これは，上記5ヵ国および日本について，各国の会計制度を比較して示したものである。この図表から，諸外国における中小企業会計の制度化の特徴について，次の2点を指摘できる。

図表27－3 主要諸国の会計基準の比較

		日本	ドイツ	英国	米国	中国	韓国
上場企業	連結財務諸表	・企業会計基準（J-GAAP） ・IFRS ・米国GAAP ・修正国際基準（J-MIS）	・IFRS（EU版IFRS）	・IFRS（EU版IFRS）	・米国GAAP	・企業会計準則	・IFRS（韓国版IFRS）
	個別財務諸表	・企業会計基準（J-GAAP）	・HGB	・FRS第102号（英国GAAP）	・米国GAAP	・企業会計準則	・IFRS（韓国版IFRS）
非上場企業（中小企業）：個別財務諸表		・中小指針 ・中小会計要領	・HGB	・FRS第101号 ・FRS第102号 ・FRS第105号（英国GAAP）	・中小企業版FRF ・［中小企業版米国GAAP］＊	・小企業会計準則	・IFRS（韓国版IFRS） ・一般企業会計基準 ・中小企業会計基準
中小企業版IFRSへの対応		・適用なし	・適用なし	・FRS第102号に反映	・任意	・適用なし	・適用なし
税制との関係		・確定決算方式（損金経理要件あり）	・確定決算方式（損金経理要件あり）	・分離方式	・分離方式	・確定決算方式（損金経理要件あり）	・確定決算方式（損金経理要件あり）

＊現在，策定が検討されている。
（出典）中小企業の会計に関する研究会［2010c］，32-38頁の「まとめ表」を参考に，筆者が作成。

(1)　中小企業版IFRSの導入に対する国（地域）の対応は，上場企業に対するIFRSの導入に対する姿勢に応じて異なっていること
(2)　中小企業版IFRSの対応には，税制のあり方が強い影響を与えており，その受入態度も「分離方式」を採用しているか，「確定決算方式」を採用しているかで異なっていること

1　ドイツ

ドイツはEU加盟国であることから，2005年１月に，上場企業の連結財務諸表にIFRS（EU版IFRS）を採用した。しかし，中小企業には連結財務諸表の作成が免除されており，個別財務諸表はHGB（Handelsgesetzbuch；ドイツ商法典）に準拠して作成される。HGBは，基本的にすべての企業に記帳義務と決算書の作成を義務づけているが，企業の規模に応じて，開示情報の範囲や要求される財務諸表の詳細さは異なっている。

ドイツでは，2009年４月に，BilMoG（Bilanzrechtsmodernisierungsgesetz；会計法近代化法）が成立し，「逆基準性の原則」が廃止されるなど，HGBの会計規定の近代化が図られたものの，「基準性の原則」（わが国の確定決算主義に類似）は堅持されており，個別財務諸表が課税所得計算の出発点であることに変わりはない。

また，ドイツの会計制度は，商業帳簿（帳簿）と簿記（会計）技術の２局面からなる多様なGoB（Grundsätz ordnungsmäßiger Buchführung；正規の簿記の諸原則）の体系から構成されている。しかも，簿記（会計）技術の局面では，実務上，商事貸借対照表・税務貸借対照表・統一貸借対照表が存在しており，多くの中小企業では，商事貸借対照表と税務貸借対照表を兼用する統一貸借対照表が作成されている（坂本［2015］，69-80頁）。

このような制度的背景のもとで，ドイツでは，中小企業版IFRSに対して，次のような対応が図られているとされる。

(1)　HGB会計法と比較して一層複雑で費用負担を強いるため，ドイツの実務においては厳しく批判されている。
(2)　HGB会計法を国際会計基準と同等であり，本質的に費用節約的で実務においてより簡単に対応しうる会計法へ改造すべきであるとの主張がある。

(3) 中小企業版IFRSは会計制度（GoBの体系）に取り込まず，資本会社の会社区分の限界値を引き上げる規制緩和とともに，従来の統一貸借対照表を維持存続させる。

2 英 国

英国もEU加盟国であることから，2005年1月に，上場企業の連結財務諸表に対して，IFRS（EU版IFRS）を採用した。そのため，個別財務諸表については，FRS（英国GAAP）とIFRS（EU版IFRS）の2つが併存していることになる。

英国は，中小企業版IFRSの導入に前向きである。英国のASB（英国会計基準審議会）は，2010年10月に「方針提案：英国GAAPの将来」（Policy Proposal：The Future of UK GAAP）と題する会計制度改革案を提示し，中規模企業の財務報告基準に，中小企業版IFRSを導入することを提案した。しかし，その後，この改革案は改訂され，当初の中小企業版IFRSの全面導入から，それをFRS（英国GAAP）に取り込む方式に変更した。その結果，2012年11月にFRS第101号「軽減された開示フレームワーク」（Reduced Disclosure Framework），そして，2013年3月にFRS第102号「英国に適用される財務報告基準」（The Financial Reporting Standard applicable in the UK and Republic of Ireland）が公表された。FRS第102号（英国GAAP）は，中小企業版IFRSをベースとしているものの，英国会社法との整合性を図る修正が加えられている（齊野［2015］，93-104頁）。

その結果，英国企業は，IFRS（EU版IFRS）が強制適用される上場企業（連結財務諸表）およびFRSSE（Financial Reporting Standard for Smaller Entities：世界で最初に公表された中小企業向け会計基準）の適用を選択した小規模企業を除けば，IFRS（EU版IFRS）またはFRS第102号のいずれかを選択することになった。しかし，その後，2015年7月に零細事業体（Micro-entities）向け会計基準であるFRS第105号「零細事業体に適用される財務報告基準」（The Financial Reporting Standard applicable to Micro-entities Regime）が公表され，FRSSEは廃止された＊1。

＊1 これにより，現在，英国の中小企業は、中規模会社（売上高3,600万ポンド未満，総資産1,800万ポンド未満，平均従業員数250人未満の2つ以上），小規模会社（売上高：1,020万ポンド未満，総資産510万ポンド未満，平均従業員数50人未満の2つ

以上)，零細事業体（売上高：632,000ポンド未満，総資産：316,000ポンド未満，平均従業員数：10人未満の２つ以上）に区分されている。

３　米　国

米国では，最近，中小企業会計について，次の２つの重要な動きがみられる。

(1)　2012年５月に，FASBの母体組織であるFAF（米国財務会計財団）の評議員会が，PCC（非公開企業評議員会）を設置した。PCCでは，「中小企業向け米国GAAP」（米国GAAPの簡素化）の可能性を問う「非公開企業の意思決定フレームワーク」（Private Company Decision- making Framewok）と題する「討議資料」（2012年11月）および「ガイド」（2013年12月）を公表し，現在，その可能性が審議されている。

(2)　これに対し，2013年６月に，AICPA（米国公認会計士協会）が「中小企業向け財務報告フレームワーク」（Financial Reporting Framework for Small- and Medium-sized Entities；以下では，中小企業版FRFという）を公表した。

上記(2)の中小企業版FRFは，「OCBOA（その他の包括的会計基準）＊2」を公式化したものとされ，その特徴は，次のように要約できる（AICPA［2013］；浦崎［2013］，42-56頁；河崎［2013b］，17-23頁）。

①　中小企業版FRFは原則（principles）をベースとした会計基準であること

②　財務諸表の目的については，主要な利用者を経営者および債権者とし，経営者の「経営意思決定に対する役立ち」および債権者の「受託責任の評価に対する役立ち」が重視されていること

③　会計情報の質的特性については，理解可能性，目的適合性，信頼性，比較可能性の４つの特性が列挙されており，信頼性の構成要素に「保守主義」が含められていること

④　財務諸表の構成要素については，２つのタイプ（財政状態計算書と損益計算書）に区分され，包括利益が財務諸表の構成要素とされていないこと

⑤　財務諸表の認識と測定については，認識規準については，(ア)適切な測定の基礎の必要性と(イ)便益の獲得または放棄の蓋然性が規定されていること。また，測定の基礎については，歴史的原価（取得原価）が原則とされ，市場価値等の時価は例外とされていることから，時価評価が必要な減損処理

が要請されていないこと

⑥ 中小企業の実態に即して，米国税制との親和性が高いこと。例えば，棚卸資産の評価方法で，後入先出法の適用が容認されていること

このように，米国の中小企業会計では，わが国と同様の動きがみられ，AICPAの中小企業版FRFが中小会計要領に類似したボトムアップ・アプローチを採用する一方，PCCでは中小指針に類似したトップダウン・アプローチが指向されている。

＊2 OCBOA（Other Comprehensive Basis of Accounting）は，AICPAがその手引書『現金主義および税法主義による財務諸表の作成・開示方法』（Preparing and Reporting on Cash- and Tax-basis Financial Statements）を公表しており，これが米国における「事実上の会計基準」（de facto standard）として機能している（Ramos［1988］）。

4 中 国

中国の会計制度の体系は，「会計法」を上位の法律とし，「企業会計制度」と「企業会計準則」の２つの体系で構成されている。上場企業および金融企業に対しては，新しい企業会計準則が適用されており，2007年には，完全版IFRSに削除・変更を加えて策定された中国GAAPの適用が開始され，2012年４月には，EUの同等性評価を得ている。

これに対し，中小企業に対しては，企業会計制度体系から「小企業会計制度」（2005年），また，企業会計準則体系から「小企業会計準則」（2012年）が制定されている。なお，中規模企業と小規模企業は，従業員数，売上高および総資産額の３つの要件に基づいて区分されている。小企業会計準則の適用対象である「小規模企業」は，①公的責任を負担しない企業，②経営規模が比較的小さい企業，および③企業集団の親会社・子会社でない企業とされる。

小企業会計準則は９章77条の本文と２つの付録から構成されており，中小企業版IFRSに準拠しているとされるが，その分量は中小企業版IFRSより少なく，また，財務諸表の構成要素と定義についても，両者には相違がみられ，内容的には，わが国の中小会計要領に近いものであるとされる（胡［2015］，159-173頁）。

5　韓　国

韓国では，2007年12月から完全版IFRSを導入するため，KASB（韓国会計基準審議会）が韓国版IFRSを制定し，2012年４月には，EUの同等性評価を得ている。しかも，韓国版IFRSの適用については，「連単統一」が基本姿勢とされ，2013年１月に，すべての上場企業に対して，それが強制適用されている。

これに対し，2009年11月に，KASBは，非上場企業（中小企業）に対して，「一般企業会計基準」を制定しており，中小企業版IFRSの適用は認められていない。一般企業会計基準は，従来の韓国GAAPを修正・補完する形で策定された簡便な会計基準であり，⑴現行の中小企業会計基準を基本的に維持すること，⑵財務諸表の作成負担を緩和するため簡素化すること，⑶国際的整合性に配慮すること，といった方針で策定されている。

しかし，2013年２月に，外部監査企業および公企業を除く企業（商法施行令15条３項）に対する会計基準として，「中小企業会計基準」が公表された。これは，わが国の中小会計要領と同様に，取得原価主義をベースとした簡素な会計基準であり，2014年１月から適用されている（上野[2015]，187-195頁）。

第５節　ASEAN諸国の中小企業会計の実態

1　調査目的と調査対象国

⑴　調査目的

ERIA（東アジア・ASEAN経済研究センター）は，2015年に，ASEAN各国における中小企業の会計基準に関する実態調査を実施した。この調査目的は，「ASEAN各国の中小企業に適用される会計基準および同基準の中小企業への普及の実態等について調査するとともに，ASEAN各国の中小企業が会計基準を活用するに当たっての課題および当該課題克服に向けた方策等について研究を行い，政策提言を取りまとめる」ことにある。特に，ASEAN諸国において，中小企業版IFRSの導入が円滑に進捗しているのかどうか，また，理想とする姿（中小企業版IFRS）と実態（その適用状況）との間にギャップはないかどうかを明らかにすることが，具体的な課題とされる（河﨑［2016b］，1－15頁）。

⑵ 調査対象国

本調査の対象はASEAN諸国（10ヵ国）であり，調査に先立ち，各国のIFRS対応状況（調査時点）が，①未定（ベトナム，ブルネイ），②検討段階（インドネシア，ラオス），③採用途上段階（マレーシア，タイ），④採用段階（シンガポール（2011年），フィリピン（2010年），カンボジア（2010年），ミャンマー（2010年））の４段階に分類された（下線の国は，ヒアリング対象国である）。

本調査では，かかる分類に基づき，ヒアリング調査対象として，インドネシア，マレーシア，タイ，シンガポール，フィリピンおよびカンボジアの６ヵ国が選定された。**図表27－４**は，これら６ヵ国の中小企業の会計制度の現状を要点的に一覧表示したものである。

図表27－４ 調査対象国の中小企業会計制度の現状

調査対象国／会計制度	インドネシア	マレーシア	タイ	シンガポール	フィリピン	カンボジア
中小企業版IFRSの採用の可否	×（参照）	○	△（選択適用）	○	○	○
適用の状況	—	・2016年１月１日に中小企業版IFRSに準拠したMPERS（マレーシア非公開企業報告基準）を導入	・中小企業版IFRSに準拠した形でTFRS for SMEsの導入を計画したが，選択適用の方向が検討されている	・2011年１月１日に会計基準委員会（ASC）がSFRS for Small Entitiesを公表 ・SFRS for Small Entitiesは中小企業版IFRSを単純化したもの	・PFRS for SMEsとして，一切の改変無しに中小企業版IFRSを導入 ・2010年１月１日に中小企業向けに義務化	・すべての中小企業は，CIFRS for SMEs（内容は中小企業版IFRS）が使用可能 ・法定監査が義務付けられている中小企業は，完全版CIFRS（完全版IFRS）か，CIFRS for SMEsのどちらかの使用を義務化

2　調査結果の概要と発見事項

本調査のヒアリング調査は，2015年6月～同年8月にわたり，調査対象6ヵ国の地域金融機関，公認会計士協会，会計事務所，政府機関（基準設定機関を含む），商工会議所などを中心に，中小企業版IFRSの適用状況，記帳と財務諸表作成の現状，会計基準制度化の問題点などを中心に実施された。当該調査結果に基づき，ASEAN 6ヵ国におおむね共通して確認できた発見事項を一覧表示したのが**図表27－5**である。

図表27－5　調査対象国の中小企業会計制度の現状

(1)　企業規模による差異	①　中規模企業と小規模企業・マイクロ企業とは，区別して議論する必要がある。 ②　中規模企業は，比較的，会計や経理に対する対応はできているものの，小規模企業・マイクロ企業は，日々の記帳や財務諸表の作成について，多くの問題を抱えている傾向が強い。
(2)　中小企業の財務諸表への信頼性	①　中小企業の帳簿と財務諸表は，信頼性がかなり低い。 ②　監査済みの財務諸表であるかどうかはかなり重要な要因である。
(3)　中小企業会計に対する理解・姿勢	①　中小企業では，会計業務は単に「義務」とみなされており，ビジネスにそれを利用する試みはほとんどみられない。 ②　中小企業では，日々のマーケティングに集中し，記帳と財務諸表の作成は記帳代行業者（bookkeeper）にアウトソースする傾向が強い。
(4)　会計対応へのインセンティブ	①　中小企業経営者は，記帳や正確な財務諸表を作成することにインセンティブがほとんどないと認識している。 ②　中小企業版IFRSが導入されれば，あるいは，会計の信頼性が増加すれば，融資が容易になるかどうかという質問に対して，ほとんどの調査対象者は「分からない」との回答であった。
(5)　会計対応へのリソース	①　中小企業版IFRSにおける公正価値評価などは難易度が高く，これに対応できるスキルを持った会計士が不足している。 ②　企業の会計担当者の人材不足や知識・スキル不足が問題となっている。
(6)　中小企業版IFRSへの評価	①　中小企業版IFRSの強制適用について，金融機関や企業側の評価は否定的である。 ②　一方，多くの政府機関や会計士団体は，グローバリゼーションを理由にその積極的な推進を提案している。

（出典）ERIA［2015］，pp.140-153.

図表27－5から分かるように，ASEAN諸国では，中小企業版IFRSの導入によって，かなり高度な会計基準が制度化されつつあるものの，中小企業会計の理想と現実との間には，かなりの乖離がみられる。

3 政策提言

本調査では，**図表27－6**で示したASEAN各国の現状を踏まえ，中小企業会計の改善に関する「政策提言」が行われている。図表27－6はその骨子を摘記したものである。

この図表では，中小企業の記帳や財務諸表の作成に係る対応を阻害している要因として，次の3つを識別し，その改善提案が要点的に示されている。

⑴ 第1は中小企業経営者の意識改革の問題であり，記帳や財務諸表作成に対するモチベーションがないことから，その改善が望まれること

⑵ 第2は中小企業のリソース不足の問題であり，中小企業経営者が記帳や財務諸表作成に対する高い意識をもっていても，それには一定のコストが必要とされることから，その対応が必要とされること

⑶ 第3は，中小企業向けの会計基準や会計ルールが，あまりにも高度で複雑すぎることから，簡素な会計基準の策定が望まれること

第6節 中小企業版IFRSに対するわが国の対応

1 中小企業版IFRSと中小会計要領の構成比較

中小企業版IFRSと中小会計要領の構成を比較形式で一覧表示したのが，**図表27－7**である。中小企業版IFRSは，35章（セクション）で編成され，約230頁（完全版IFRSを10％程度に圧縮）からなる基準書である。これに対し，中小会計要領は23項目（＝総論9項目＋各論14項目）で編成され，26頁からなる会計基準である。図表27－7から分かるように，中小会計要領は中小企業版IFRSに比べて，かなりシンプルで簡潔な構成となっている。

図表27－6　調査対象国の中小企業会計制度の改善

政策の方向性	解決すべき課題	具体的な施策案	例　示
1　中小企業経営者のモチベーションを高めるための施策	(1)　会計を正しく行うことの意義の認識	①会計の活用の本質的な意義についての正しい理解の促進	・研修プログラムの提供，経営者コミュニティへの情報提供
		②会計を正しく活用して業績向上につなげることを具体的に示す	・具体的なベストプラクティス集の作成
		③金融へのアクセスの向上についての認識の拡大	・銀行からの融資に財務諸表が必要な旨の周知徹底
	(2)　中小企業へのインセンティブ施策	①インセンティブ付与政策	・金利優遇，税制優遇，政府調達における財務諸表の提出義務化
		②ディスインセンティブの排除のための施策	・推定課税制度などの「帳簿を作成すると損をする」実態の排除
	(3)　中小企業への強制施策（明確で効果的な義務づけ）	①財務諸表の作成・提出の明確な義務づけ	・「財務諸表法」のような明確なルールの作成
		②政府機関等による財務諸表の内容のチェック	・政府機関による帳簿／財務諸表のチェック
		③二重帳簿に対する取締りの強化	・国税庁と連携した二重帳簿の取締り
2　中小企業の会計に係るリソース不足に対する補完を行うための施策	(1)　金銭的リソース不足への対応	・会計に係る中小企業の取組みを支援するための補助金	
	(2)　人的リソース不足への対応	①会計専門人材の不足への対応	・大学における会計専門人材育成のプログラムの拡充（学生向け） ・会計を学べる機関・プログラムの拡充（中小企業スタッフ向け）
		②会計サポート人材の不足への対応	・会計人材の育成プログラム，会計コンサルタント企業等の起業支援
3　正しい会計を容易にするための施策	(1)　中小企業向けの簡易な会計基準の導入	・小企業，零細企業向けの簡易な会計基準の作成	
	(2)　有意義な情報提供	・帳簿の作成方法，会計基準の分かりやすい情報提供（ブックレット等） ・帳簿の作成方法，財務諸表の作成に係るガイドラインの提供 ・会計アプリケーションの提供	

政策提言の実現のために整備すべきこと（基盤整備）

(1)　中小企業の会計に係る実態データの収集	(2)　中小企業の声の政策への反映	(3)　省庁間・関連機関の連携の推進
・よりよい施策を実施するための中小企業の会計に特化した定常的データ収集に基づく実態のモニタリング	・政府の会計に関する政策の決定の場における中小企業の意見を反映する仕組みの導入	・中小企業政策，金融政策，税金政策，教育政策等の連携による効果的な施策実施体制の構築

（出典）ERIA［2015］，pp.254-283.

図表27－7 中小企業版IFRSと中小会計要領の構成

中小企業版IFRS	
序 文	
第1章	中小企業
第2章	諸概念および全般的な諸原則
第3章	財務諸表の表示
第4章	財政状態計算書
第5章	包括利益計算書および損益計算書
第6章	持分変動計算書並びに損益および利益剰余金計算書
第7章	キャッシュ・フロー計算書
第8章	財務諸表の注記
第9章	連結および個別財務諸表
第10章	会計方針，会計上の見積り変更および誤謬
第11章	基礎的金融商品
第12章	その他の金融商品に関する事項
第13章	棚卸資産
第14章	関連会社に対する投資
第15章	ジョイント・ベンチャーに対する投資
第16章	投資不動産
第17章	有形固定資産
第18章	のれん以外の無形資産
第19章	企業結合およびのれん
第20章	リース
第21章	引当金および偶発事象
第22章	負債および持分
第23章	収 益
第24章	政府補助金
第25章	借入費用
第26章	株式報酬
第27章	資産の減損
第28章	従業員給付
第29章	法人所得税
第30章	外貨換算
第31章	超インフレ
第32章	後発事象
第33章	関連当事者についての開示
第34章	特殊な活動
第35章	中小企業版IFRSへの移行

中小会計要領		
総論	総論1	目的
	総論2	本要領の利用が想定される会社
	総論3	企業会計基準，中小指針の利用
	総論4	複数ある会計処理方法の取扱い
	総論5	各論で示していない会計処理等の取扱い
	総論6	国際会計基準との関係
	総論7	本要領の改訂
	総論8	記帳の重要性
	総論9	本要領の利用上の留意事項
各論	各論1	収益，費用の基本的な会計処理
	各論2	資産，負債の基本的な会計処理
	各論3	金銭債権および金銭債務
	各論4	貸倒損失，貸倒引当金
	各論5	有価証券
	各論6	棚卸資産
	各論7	経過勘定
	各論8	固定資産
	各論9	繰延資産
	各論10	リース取引
	各論11	引当金
	各論12	外貨建取引等
	各論13	純資産
	各論14	注 記

2　わが国の対応

わが国では，中小会計要領は，中小企業に対するIFRSの問題点に鑑みて，「本要領は，安定的に継続利用可能なものとする観点から，国際会計基準の影響を受けないものとする」（総論6）としている。この結論の背景にあるのが，中小指針に対するIFRSの影響であることはいうまでもない。中小指針は，大企業向け会計基準である企業会計基準を簡素化したものであり，企業会計基準がIFRSとのコンバージェンスにより毎年のように改訂されることから，中小指針もそれに応じて改訂されることになる。そのため，中小指針の制度的定着化は決して芳しいものとはいえなかった。その結果，わが国では，新たな会計ルールの必要性が叫ばれ，国際会計基準からの影響を遮断し，中小企業の会計実務を反映する形で，中小会計要領が誕生するに至った。

また，企業会計審議会は，このような中小企業会計の動向を受け止め，2012年7月に，「国際会計基準（IFRS）への対応のあり方についてのこれまでの議論（中間的論点整理）」を公表し，上場企業（大企業）については，IFRSの任意適用を継続する一方，中小企業に対しては，「IFRSの影響を受けないようにすることが適当である」とした。中小企業に対するかかる対応は，2013年6月に公表された「国際会計基準（IFRS）への対応のあり方に関する当面の方針」でも再確認されている（企業会計審議会［2012］，9頁；企業会計審議会［2013］，4頁）。

第7節　むすび

本章で明らかにしたように，諸外国でも，中小企業に固有の会計基準の必要性を認識しており，大企業（公開企業）よりも簡素化した会計基準を制度化する傾向にある。

しかし，先進諸国と新興経済圏（例えば，ASEAN諸国）の対応には，著しい相違が見られる。先進諸国は中小企業版IFRSの採用に消極的であるのに対し，新興経済圏はその採用に積極的ではあるものの，理想と現実にはかなりの乖離がみられる。

本来，各国の会計制度は各国の企業文化（会計文化）に深く根ざしている。とりわけ，中小企業の会計制度（企業会計の慣行）は，その色彩がきわめて強い。本章で指摘したように，IFRSを導入した先進諸国であっても，その多くが中小企業の会計基準として中小企業版IFRSを適用することなく，自国基準を尊重し，その軽減化を図っていることが，何よりの証左であろう。新興経済圏での理想と現実の乖離の実態が，このことを裏付けているように思える。

その意味でも，中小会計要領が日本の端々から世界の隅々にまで浸透し，日本のジェネラル・スタンダードから，世界のグローバル・スタンダードとなることを期待してやまない。

Column 6 壁が帳簿だ！

ASEAN諸国のある国で，中小企業会計の実態調査を実施した。その国は，中小企業版IFRSを中小企業会計基準として導入しようと計画している。ある中小零細企業を訪問した折，会計帳簿を見てみたいと思い，「帳簿を見せていただけますか？」と店主に問いかけた。店主はお店の壁を指さして，あれが帳簿だという。壁には，現地のことばと数字が書かれていた。通訳によれば，売上高と売掛金の金額が書いてあるという。なぜ，正式な帳簿を作成しないのか聞くと，「税金が高くなる」との回答であった。その国は推計課税が中心で税務署員と店主の話し合いで課税額が決定される。

また，ASEAN諸国の他の国では，2016年の年初に，国税庁長官が告示を公布した。「今後，正確な会計帳簿の作成を誓約すれば，これまでの脱税は免除する」という告示である。この告示に申告法人約60万社のうち，既に15万社が誓約したとのことであった。この国も，中小企業に対して中小企業版IFRSの制度化を計画している国である。

中小企業版IFRSであれ，各国の伝統的な会計基準の簡素化であれ，中小企業会計の基本は，正確な会計帳簿の作成であることは疑う余地がない。ASEAN諸国の現実がそのことを物語っているように思える。

参考資料 中小会計要領の様式集とチェックリスト

貸借対照表
（平成○○年○月○日現在）

（単位：円（又は千円））

	項目	金額
	（資産の部）	
	Ⅰ　流動資産	
	現金及び預金	○○
①	受取手形	○○
①	売掛金	○○
③	有価証券	○○
④	製品及び商品	○○
④	仕掛品	○○
④	原材料及び貯蔵品	○○
①	短期貸付金	○○
⑤	前払費用	○○
⑤	未収収益	○○
	その他	○○
②	貸倒引当金	△　○
	流動資産合計	○○○
	Ⅱ　固定資産　・・・⑥	
	（有形固定資産）	**○○**
	建物	○○
	構築物	○○
	機械及び装置	○○
	工具，器具及び備品	○○
	土地	○○
	その他	○○
	（無形固定資産）	**○○**
	ソフトウェア	○○
	借地権	○○
	その他	○○
	（投資その他の資産）	**○○**
③	投資有価証券	○○
③	関係会社株式	○○
	出資金	○○
①	長期貸付金	○○
⑦	長期前払費用	○○
	その他	○○
②	貸倒引当金	△　○
	固定資産合計	○○○
	Ⅲ　繰延資産	
⑦	開発費	○○
	繰延資産合計	○○
	資産合計	○○○

	項目	金額	
	（負債の部）		
	Ⅰ　流動負債		
①	支払手形	○○	
①	買掛金	○○	
①	短期借入金	○○	
①	未払金	○○	
①	預り金	○○	
⑤	未払費用	○○	
①	未払法人税等	○○	
⑤	前受収益	○○	
⑧	賞与引当金	○○	
	その他	○○	
	流動負債合計	○○○	
	Ⅱ　固定負債		
①	社債	○○	
①	長期借入金	○○	
⑧	退職給付引当金	○○	
	その他	○○	
	固定負債合計	○○○	
	負債合計	○○○	
	（純資産の部）		
	Ⅰ　株主資本		
	資本金	○○	(A)
	資本剰余金		
	資本準備金	○○○	(B)
	その他資本剰余金	○○○	(C)
	資本剰余金合計	○○○	(D)
	利益剰余金		
	利益準備金	○○○	(E)
	その他利益剰余金	○○○	
	××積立金	○○○	(F)
	繰越利益剰余金	○○○	(G)
	利益剰余金合計	○○○	(H)
	自己株式	△　○○	(I)
	株主資本合計	○○○	(J)
	純資産合計	○○○	(K)
	負債・純資産合計	○○○	

純資産の部(A)～(K)の表記は，株主資本等変動計算書上の(A)～(K)に対応。表中①～⑧の表記は，本要領の目次における様式集対応勘定科目を示す。

損益計算書
自　平成○○年○月○日
至　平成○○年○月○日

（単位：円（又は千円））

項　目	金　額	
売上高		○○○
売上原価		○○○
売上総利益		○○○
販売費及び一般管理費		○○○
営業利益		○○○
営業外収益		
受取利息	○○	
受取配当金	○○	
雑収入	○○	
営業外収益合計		○○
営業外費用		
支払利息	○○	
手形売却損	○○	
雑損失	○○	
営業外費用合計		○○
経常利益		○○○
特別利益		
固定資産売却益	○○	
投資有価証券売却益	○○	
前期損益修正益	○○	
特別利益合計		○○
特別損失		
固定資産売却損	○○	
災害による損失	○○	
特別損失合計		○○
税引前当期純利益		○○○
法人税，住民税及び事業税		○○
当期純利益		○○○ (L)

当期純利益(L)の表記は，株主資本等変動計算書上の(L)に対応。

【記載上の注意】

＜貸借対照表＞

1．資産の部は，流動資産，固定資産，繰延資産に区分して表示する。

2．負債の部は，流動負債，固定負債に区分して表示する。

3．純資産の部の株主資本は，資本金，資本剰余金，利益剰余金，自己株式に区分して表示する。

資本剰余金は資本準備金とその他資本剰余金に区分する。

利益剰余金は利益準備金とその他利益剰余金に区分する。

「評価・換算差額等」や「新株予約権」に該当する項目がある場合は，純資産の部に記載する。

4．貸倒引当金の表示方法は３通りから選択できる。

① 流動資産又は投資その他の資産から一括控除（様式の方法）

② 引当の対象となった各科目（売掛金等）毎に控除し，表示

③ 引当の対象となった各科目から直接控除し，控除額を注記

5．有価証券について

① 以下の２つは「有価証券」として流動資産の部に計上する。

・売買目的有価証券

・事業年度の末日後１年以内に満期の到来する社債等

② 子会社及び関連会社の株式は「関係会社株式」として固定資産の投資その他の資産の部に表示する。

③ それ以外の有価証券については「投資有価証券」として固定資産の投資その他の資産の部に表示する。

6．有形固定資産の減価償却累計額の表示方法は３通りから選択できる。

① 償却対象資産（建物等）から直接減額し，減価償却累計額の金額を注記（様式の方法）

② 各償却対象資産を取得原価で表示し，各科目の下に減価償却累計額を控除形式で表示

③ 各償却対象資産を取得原価で表示し，有形固定資産の最下行に一括控除形式で表示

7．リース取引を売買取引に係る方法に準じて処理する場合には，資産の部の固定資産に「リース資産」を計上し，負債の部に「リース債務」を計上する。

＜損益計算書＞

損益計算書は売上高，売上総利益（又は売上総損失），営業利益（又は営業損失），経常利

益（又は経常損失），税引前当期純利益（又は税引前当期純損失），及び当期純利益（又は当期純損失）を表示する。

＜附属明細書＞

計算書類に係る附属明細書としては，有形固定資産及び無形固定資産の明細，引当金の明細，販売費及び一般管理費の明細等を作成する。

※貸借対照表，損益計算書，株主資本等変動計算書，附属明細書の作成に際しては，企業の実態に応じて，適宜勘定科目等を加除・集約することができる。

株主資本等変動計算書

自　平成○○年○月○日
至　平成○○年○月○日

※純資産の各項目を横に並べる様式

（単位：円（又は千円））

	株主資本										純資産合計
	資本金	資本剰余金			利益剰余金				自己株式	株主資本合計	
		資本準備金	その他資本剰余金	資本剰余金合計	利益準備金	その他利益剰余金		利益剰余金合計			
						××積立金	繰越利益剰余金				
当期首残高	○○	○○○	○○○	○○○	○○○	○○○	○○○	○○○	△○○	○○○	○○○
当期変動額											
新株の発行	○○	○○○		○○○						○○○	○○○
剰余金の配当							△○○○	△○○○		△○○○	△○○○
剰余金の配当に伴う利益準備金の積立て					○○		△○○	○○		○○	○○
当期純利益							○○○ (L)	○○○		○○○	○○○
自己株式の処分									○○	○○	○○
×××××											
当期変動額合計	○○	○○○	−	○○○	○○	−	○○○	○○○	○○	○○○	○○○
当期末残高	○○ (A)	○○○ (B)	○○○ (C)	○○○ (D)	○○○ (E)	○○○ (F)	○○○ (G)	○○○ (H)	△○○ (I)	○○○ (J)	○○○ (K)

（注）当期変動額は，株主資本の各項目の変動事由ごとに変動額と変動事由を明示します。表記(A)～(L)は，貸借対照表上の純資産の部(A)～(K)，損益計算書上の当期純利益(L)に対応。

株主資本等変動計算書

自　平成○○年○月○日
至　平成○○年○月○日

※純資産の各項目を縦に並べる様式

（単位：円（又は千円））

株主資本						
	資本金		当期首残高		○○	
			当期変動額	新株の発行	○○	
			当期末残高		○○	(A)
	資本剰余金					
		資本準備金	当期首残高		○○○	
			当期変動額	新株の発行	○○○	
			当期末残高		○○○	(B)
		その他資本剰余金	当期首残高及び当期末残高		○○○	(C)
		資本剰余金合計	当期首残高		○○○	
			当期変動額		○○○	
			当期末残高		○○○	(D)
	利益剰余金					
		利益準備金	当期首残高		○○○	
			当期変動額	剰余金の配当に伴う利益準備金の積立て	○○	
			当期末残高		○○○	(E)
	その他利益剰余金					
		××積立金	当期首残高及び当期末残高		○○○	(F)
		繰越利益剰余金	当期首残高		○○○	
			当期変動額	剰余金の配当	△○○○	
				剰余金の配当に伴う利益準備金の積立て	△○○	
				当期純利益	○○○	(L)
			当期末残高		○○○	(G)
	利益剰余金合計		当期首残高		○○○	
			当期変動額		○○○	
			当期末残高		○○○	(H)
	自己株式		当期首残高		△○○	
			当期変動額	自己株式の処分	○○	
			当期末残高		△○○	(I)
	株主資本合計		当期首残高		○○○	
			当期変動額		○○○	
			当期末残高		○○○	(J)
純資産合計			当期首残高		○○○	
			当期変動額		○○○	
			当期末残高		○○○	(K)

（注）当期変動額は，株主資本の各項目の変動事由ごとに変動額と変動事由を明示します。表記(A)～(L)は，貸借対照表上の純資産の部(A)～(K)，損益計算書上の当期純利益(L)に対応。

個別注記表

自　平成○○年○月○日　　　至　平成○○年○月○日

1．この計算書類は，「中小企業の会計に関する基本要領」によって作成しています。

2．重要な会計方針に係る事項に関する注記

(1)　資産の評価基準及び評価方法

①有価証券の評価基準及び評価方法

総平均法による原価法を採用しています。

②棚卸資産の評価基準及び評価方法

総平均法による原価法を採用しています。

(2)　固定資産の減価償却の方法

①有形固定資産

定率法（ただし，平成10年４月１日以降に取得した建物（附属設備を除く）は定額法）を採用しています。

②無形固定資産

定額法を採用しています。

(3)　引当金の計上基準

①貸倒引当金　債権の貸倒れによる損失に備えるため，一般債権について法人税法の規定に基づく法定繰入率により計上しています。

②賞与引当金　従業員の賞与支給に備えるため，支給見込額の当期負担分を計上しています。

③退職給付引当金　従業員の退職給付に備えるため，決算日において，従業員全員が自己都合によって退職した場合に必要となる退職金の総額の○％を計上しています。

(4)　その他計算書類作成のための基本となる重要な事項

①リース取引の処理方法

リース取引については，賃貸借取引に係る方法により，支払リース料を費用処理しています。

なお，未経過リース料総額は，○○○円（又は千円）であります。

②消費税等の会計処理

消費税等の会計処理は，税抜方式（又は税込方式）によっています。

3．貸借対照表に関する注記

(1) 有形固定資産の減価償却累計額 ○○○円（又は千円）

(2) 受取手形割引額 ○○○円（又は千円）

(3) 受取手形裏書譲渡額 ○○○円（又は千円）

(4) 担保に供している資産及び対応する債務

建物	○○○円（又は千円）
土地	○○○円（又は千円）
長期借入金	○○○円（又は千円）

4．株主資本等変動計算書に関する注記

(1) 当事業年度の末日における発行済株式の数 ○○○株

(2) 当事業年度の末日における自己株式の数 ○○○株

(3) 当事業年度中に行った剰余金の配当に関する事項

平成○○年○月○日の定時株主総会において，次の通り決議されました。

配当金の総額	○○○円（又は千円）
配当の原資	利益剰余金
一株当たりの配当額	○円
基準日	平成○○年○月○日
効力発生日	平成○○年○月○日

(4) 当事業年度の末日後に行う剰余金の配当に関する事項

平成○○年○月○日開催予定の定時株主総会において，次の通り決議を予定しています。

配当金の総額	○○○円（又は千円）
配当の原資	利益剰余金
一株当たりの配当額	○円
基準日	平成○○年○月○日
効力発生日	平成○○年○月○日

製造原価明細書

自　平成○○年○月○日
至　平成○○年○月○日

（単位：円（又は千円））

項目	金額
Ⅰ　材料費	○○○
期首材料棚卸高（＋）	○○○
材料仕入高（＋）	○○○
期末材料棚卸高（−）	○○○
Ⅱ　労務費	○○○
従業員給与	○○○
従業員賞与	○○○
従業員退職金	○○○
法定福利費	○○○
福利厚生費	○○○
Ⅲ　経費	○○○
外注加工費	○○○
水道光熱費	○○○
消耗工具器具備品費	○○○
租税公課	○○○
減価償却費	○○○
修繕費	○○○
保険料	○○○
賃借料	○○○
研究開発費	○○○
その他	○○○
当期製造費用　計	○○○
期首仕掛品棚卸高（＋）	○○○
合計	○○○
期末仕掛品棚卸高（−）	○○○
他勘定振替高（−）	○○○
当期製品製造原価	○○○

販売費及び一般管理費の明細
自　平成○○年○月○日
至　平成○○年○月○日

（単位：円（又は千円））

項目	金額
販売手数料	○○○
荷造費	○○○
運搬費	○○○
広告宣伝費	○○○
見本費	○○○
保管費	○○○
役員報酬	○○○
役員賞与	○○○
役員退職金	○○○
従業員給与	○○○
従業員賞与	○○○
従業員退職金	○○○
法定福利費	○○○
福利厚生費	○○○
交際費	○○○
旅費交通費	○○○
通勤費	○○○
通信費	○○○
水道光熱費	○○○
事務用消耗品費	○○○
消耗工具器具備品費	○○○
租税公課	○○○
図書費	○○○
減価償却費	○○○
修繕費	○○○
保険料	○○○
賃借料	○○○
寄付金	○○○
研究開発費	○○○
その他	○○○
合計	○○○

日本税理士会連合会

「中小企業の会計に関する基本要領」の適用に関するチェックリスト

【平成27年4月公表】

[会　社　名] ＿＿＿＿＿＿＿＿＿＿＿＿＿＿＿＿

代表取締役 ＿＿＿＿＿＿＿＿＿＿＿＿＿＿＿＿ 様

私は、貴社の平成　　年　　月　　日から平成　　年　　月　　日までの事業年度における計算書類への「中小企業の会計に関する基本要領」（以下「中小会計要領」という。）の適用状況に関して、貴社から提供された情報に基づき、次のとおり確認を行いました。

平成　　年　　月　　日

税　理　士 ＿＿＿＿＿＿＿＿＿＿＿＿＿＿ 印　登録番号 ＿＿＿＿＿

[事務所の名称及び所在地]

＿＿＿＿＿＿＿＿＿＿＿＿＿＿ 税理士法人番号 ＿＿＿＿＿

[連絡先電話番号]　（　　　　　）　　　　－

<table>
<tr><th rowspan="2">No.</th><th rowspan="2">勘定項目等</th><th rowspan="2">確　認　事　項</th><th rowspan="2">残高等</th><th colspan="2"></th></tr>
<tr><th colspan="2">チェック</th></tr>
<tr><td rowspan="2">1</td><td rowspan="2">収益、費用の基本的な会計処理</td><td>収益は、原則として、製品、商品の販売又はサービスの提供を行い、かつ、これに対する現金及び預金、売掛金、受取手形等を取得した時に計上され、費用は、原則として、費用の発生原因となる取引が発生した時又はサービスの提供を受けた時に計上されているか。</td><td></td><td>YES</td><td>NO</td></tr>
<tr><td>収益とこれに関連する費用は、両者を対応させて期間損益が計算されているか。</td><td></td><td>YES</td><td>NO</td></tr>
<tr><td rowspan="2">2</td><td rowspan="2">資産、負債の基本的な会計処理</td><td>資産は、原則として、取得価額で計上されているか。</td><td></td><td>YES</td><td>NO</td></tr>
<tr><td>負債のうち、債務は、原則として、債務額で計上されているか。</td><td></td><td>YES</td><td>NO</td></tr>
<tr><td rowspan="7">3</td><td rowspan="7">金銭債権及び債務</td><td>預貯金は、残高証明書又は預金通帳等により残高が確認されているか。</td><td></td><td>YES</td><td>NO</td></tr>
<tr><td rowspan="2">金銭債権がある場合、原則として、取得価額で計上されているか。</td><td rowspan="2">無</td><td colspan="2">有</td></tr>
<tr><td>YES</td><td>NO</td></tr>
<tr><td rowspan="2">金銭債務がある場合、原則として、債務額で計上されているか。</td><td rowspan="2">無</td><td colspan="2">有</td></tr>
<tr><td>YES</td><td>NO</td></tr>
<tr><td rowspan="2">受取手形割引額及び受取手形裏書譲渡額がある場合、これが貸借対照表の注記とされているか。</td><td rowspan="2">無</td><td colspan="2">有</td></tr>
<tr><td>YES</td><td>NO</td></tr>
<tr><td rowspan="4">4</td><td rowspan="2">貸倒損失</td><td rowspan="2">法的に消滅した債権又は回収不能な債権がある場合、これらについて貸倒損失が計上されているか。</td><td rowspan="2">無</td><td colspan="2">有</td></tr>
<tr><td>YES</td><td>NO</td></tr>
<tr><td rowspan="2">貸倒引当金</td><td rowspan="2">回収不能のおそれのある債権がある場合、その回収不能見込額が貸倒引当金として計上されているか。</td><td rowspan="2">無</td><td colspan="2">有</td></tr>
<tr><td>YES</td><td>NO</td></tr>
<tr><td rowspan="4">5</td><td rowspan="4">有価証券</td><td rowspan="2">有価証券がある場合、原則として、取得原価で計上され、売買目的の有価証券については、時価で計上されているか。</td><td rowspan="2">無</td><td colspan="2">有</td></tr>
<tr><td>YES</td><td>NO</td></tr>
<tr><td rowspan="2">時価が取得原価よりも著しく下落した有価証券を保有している場合、回復の見込みがあると判断されたときを除き、評価損が計上されているか。</td><td rowspan="2">無</td><td colspan="2">有</td></tr>
<tr><td>YES</td><td>NO</td></tr>
<tr><td rowspan="4">6</td><td rowspan="4">棚卸資産</td><td rowspan="2">棚卸資産がある場合、原則として、取得原価で計上されているか。</td><td rowspan="2">無</td><td colspan="2">有</td></tr>
<tr><td>YES</td><td>NO</td></tr>
<tr><td rowspan="2">時価が取得原価よりも著しく下落した棚卸資産を保有している場合、回復の見込みがあると判断されたときを除き、評価損が計上されているか。</td><td rowspan="2">無</td><td colspan="2">有</td></tr>
<tr><td>YES</td><td>NO</td></tr>
</table>

No.	勘定項目等	確認事項	残高等	チェック	
7	経過勘定	経過勘定がある場合、前払費用及び前受収益は、当期の損益計算に含まれず、また、未払費用及び未収収益は、当期の損益計算に反映されているか。 (注) 金額的に重要性の乏しいものについては、受け取った又は支払った期の収益又は費用として処理することも認められます。	無	有 YES	NO
8	固定資産	固定資産がある場合、原則として、取得原価で計上されているか。	無	有 YES	NO
		有形固定資産は、定率法、定額法等の方法に従い、無形固定資産は、原則として定額法により、相当の減価償却が行われているか。 (注)「相当の減価償却」とは、一般的に、耐用年数にわたって、毎期、規則的に減価償却を行うことが考えられます。	無	有 YES	NO
		固定資産について、災害等により著しい資産価値の下落が判明した場合は、相当の金額が評価損として計上されているか。	無	有 YES	NO
9	繰延資産	資産として計上した繰延資産がある場合、その効果の及ぶ期間で償却されているか。	無	有 YES	NO
		法人税法固有の繰延資産がある場合、長期前払費用等として計上され、支出の効果の及ぶ期間で償却されているか。	無	有 YES	NO
10	リース取引	リース取引に係る借手である場合、賃貸借取引又は売買取引に係る方法に準じて会計処理が行われているか。	無	有 YES	NO
11	引当金	将来の特定の費用又は損失で、発生が当期以前の事象に起因し、発生の可能性が高く、かつ、その金額を合理的に見積ることができる場合、賞与引当金や退職給付引当金等として計上されているか。 (注) 金額的に重要性の乏しいものについては、計上する必要はありません。	無	有 YES	NO
		中小企業退職金共済、特定退職金共済等が利用されている場合、毎期の掛金が費用処理されているか。	無	有 YES	NO
12	外貨建取引等	外貨建金銭債権債務がある場合、原則として、取引時の為替相場又は決算時の為替相場による円換算額で計上されているか。	無	有 YES	NO
		決算時の為替相場によった場合、取引時の円換算額との差額を為替差損益として損益処理されているか。	無	有 YES	NO
13	純資産	純資産のうち株主資本は、資本金、資本剰余金、利益剰余金等から構成されているか。		YES	NO
		期末に自己株式を保有する場合、純資産の部の株主資本の末尾に自己株式として一括控除する形式で表示されているか。	無	有 YES	NO
14	注記	会社計算規則に基づき、重要な会計方針に係る事項、株主資本等変動計算書に関する事項等が注記されているか。		YES	NO
		会計処理の方法が変更された場合、変更された旨、合理的理由及びその影響の内容が注記されているか。	無	YES	NO
		中小会計要領に拠って計算書類が作成された場合、その旨の記載の有無を確認したか。		YES	NO
15	すべての取引につき正規の簿記の原則に従って記帳が行われ、適時に、整然かつ明瞭に、正確かつ網羅的に会計帳簿が作成されているか。			YES	NO
	中小会計要領で示していない会計処理の方法が行われている場合、その処理の方法は、企業の実態等に応じて、一般に公正妥当と認められる企業会計の慣行の中から適用されているか。		無	YES	NO

①「残高等」の欄については、該当する勘定項目等の残高がない場合又は「確認事項」に該当する事実がない場合は、「無」を○で囲みます。「確認事項」に該当する場合において、中小会計要領に従って処理しているときは、「チェック」欄の「YES」を、中小会計要領に従って処理していないときは、「チェック」欄の「NO」を○で囲みます。

②「NO」の場合は、「所見」欄にその理由等を記載します。

③「所見」欄には、上記のほか、会社の経営に関する姿勢、将来性、技術力等の内容を記載することもできます。

所　見	

(出典) 日本税理士会連合会HP

引用文献一覧

AICPA[2013], *Financial Reporting Framework for Small- and Medium-Sized Entities,* American Institute of Certified Public Accountants.

ASB[2001], Discussion Paper, *Review of the Financial Reporting Standard for Smaller Entities(FRSSE),* Accounting Standards Board.

ERIA[2015], *ERIA RESEARCH PROJECT*："Understanding of Accounting Standards for Small and Medium-Sized Enterprises in ASEAN Nations and Investigation of Actual Application of Those Standards and Their Challenges," Economic Research Institute for ASEAN and East Asia.

IASB[2009a], *IFRS for SMEs,* International Accounting Standards Board.

———[2009b], *Basis for Conclusions on IFRS for SMEs,* International Accounting Standards Board.

———[2019], Analysis of the IFRS profiles for the *IFRS for SMEs* Standard, IFRS Foundation（https://www.ifrs.org/use-around-the-world/use-of-ifrs-standards-by-jurisdiction/#analysis）.

Kawasaki Teruyuki & Sakamoto Takashi[2014], *General Accounting Standard for Small- and Medium-sized Entities in Japan,* Wiley.

Mackenzie[2011], Bruce, et al., *Applying IFRS for SMEs,* John Wiley & Sons, Inc.,（河﨑照行［2011a］（監訳）『シンプルIFRS』中央経済社）

Nisbett[2003], Richard E., *The Geography of Thought,* The Free Press.（村本由紀子［2004］（訳）『木を見る西洋人　森を見る東洋人』ダイヤモンド社）

Ramos［1988］, Michael J., *Preparing and Reporting on Cash- and Tax-basis Financial Statements,* American Institute of Certified Public Accountants.

稲盛和夫［2000］『実学：経営と会計』日本経済新聞社。

上野隆也［2015］「第14章　韓国」河﨑照行編著『中小企業の会計制度－日本・欧米・アジア・オセアニアの分析』中央経済社，187-195頁。

浦崎直浩［2013］「特別目的の財務報告フレームワークと中小企業会計」『會計』第184巻第3号，42-56頁。

小津稚加子［2009］「SME版IFRSの開発過程－公開草案（ED）構造化はどのようになされ

たのか」『經濟學研究』第75巻第5・6合併号，65-77頁。

河﨑照行［2006］「わが国の中小会社会計指針の特徴」武田隆二編著『中小会社の会計指針』中央経済社，38-39頁。

―――［2009a］「中小企業のIFRS対応」中央経済社編『IFRS導入の論点』（企業会計別冊）中央経済社，219-226頁。

―――［2009b］「中小企業における簿記の意義と役割」『會計』第176巻第3号，1-12頁。

―――［2011b］「『中小企業の会計』の新展開－『中小企業の会計に関する研究会・中間報告書』の概要」『税経通信』第66巻第1号，39-46頁。

―――・万代勝信［2012］（編著）『詳解　中小会社の会計要領』中央経済社。

―――［2013a］「『中小企業の会計』と計算書類の信頼性保証」『税経通信』第68巻第1号，35-41頁。

―――［2013b］「米国における中小企業会計の新たな動向」『税経通信』第68巻第10号，17-23頁。

―――［2015］（編著）『中小企業の会計制度－日本・欧米・アジア・オセアニアの分析』中央経済社。

―――［2016a］「中小企業会計の普及と活用－中小企業経営基盤強化の戦略モデル」『商学論究』（関西学院大学商学研究会）第63巻第3号，19-33頁。

―――［2016b］「ASEANにおける中小企業会計の制度と実態」『會計』第190巻第1号，1-15頁。

神森智［2010］「中小企業会計の概念フレームワーク－その必要性と試案」『松山大学論集』第21巻第4号，293-314頁。

企業会計審議会［2012］「国際会計基準（IFRS）への対応のあり方についてのこれまでの議論（中間的論点整理）」金融庁。

―――［2013］「国際会計基準（IFRS）への対応のあり方に関する当面の方針」金融庁。

櫛部幸子［2016］『中小企業会計基準の展望と課題』同文舘出版。

経済安定本部企業会計制度対策調査会［1950］（編）『中小企業簿記要領』大蔵財務協会。

経済安定本部［1950］（編）『中小企業簿記要領解説－記帳例題つき』森山書店。

経営者保証に関するガイドライン研究会［2013］「経営者保証に関するガイドライン」日本商工会議所・全国銀行協会（http://www.zenginkyo.or.jp/news/2013/12/05140000.html）。

古賀智敏［2000］「アメリカ中小会社の会計・監査制度」武田隆二編著『中小会社の計算公開と監査：各国制度と実践手法』清文社，80-99頁。

―――［2014］『日本語と英語でまなぶ　企業分析入門』千倉書房。

胡丹［2015］「第12章　中国」河崎照行編著『中小企業の会計制度－日本・欧米・アジア・オセアニアの分析』中央経済社，159-173頁。
齊野純子［2015］「第7章　イギリス」河崎照行編著『中小企業の会計制度－日本・欧米・アジア・オセアニアの分析』中央経済社，93-104頁。
財務省［2015］「平成26事務年度 国税庁実績評価書」（http://www.mof.go.jp/about_mof/policy_evaluation/nta/fy2014/evaluation/2711ntahyokazentai.pdf）。
坂本孝司［2011］『会計制度の解明：ドイツとの比較による日本のグランドデザイン』中央経済社。
――――［2015］「第5章　ドイツ」河崎照行編著『中小企業の会計制度－日本・欧米・アジア・オセアニアの分析』中央経済社，69-80頁。
品川芳宣［2013］『中小企業の会計と税務：中小会計要領の制定の背景と運用方法』大蔵財務協会。
全国経理教育協会［2014］「経理財務専門人材の養成プロジェクト・事業報告書」全国経理教育協会（http://www.zenkei.or.jp/monka-houkoku.php）。
――――［2019］「中小企業BANTO認定試験」全国経理教育協会（https://www.banto.gr.jp）。
武田隆二［1990］「第Ⅲ部　限定監査試論」税経通信別冊『限定監査試論－外部「監査」を考える』税務経理協会，112-162頁。
――――［2000］（編著）『中小会社の計算公開と監査：各国制度と実践手法』清文社。
――――［2003a］（編著）『中小会社の会計－中小企業庁「中小企業の会計に関する研究会報告書」の解説』中央経済社。
――――［2003b］「3．財務諸表と企業分析」日本証券業協会『平成15年版　証券外務員必携3』日本証券業協会，159-266頁。
――――［2005a］『法人税法精説（平成17年版）』森山書店。
――――［2005b］「『計算書類の信頼性』の担保と新書面添付制度－会計参与の役割期待（その4）」『TKC』第393号，4-11頁。
――――［2006a］（編著）『中小会社の会計指針』中央経済社。
――――［2006b］「米国型会計モデルという名の国際モデル－会計文化論の在り方（その2）」『TKC』第397号，4-9頁。
――――［2008a］『最新財務諸表論（第11版）』中央経済社。
――――［2008b］『会計学一般教程（第7版）』中央経済社。
中小企業庁［1953］『中小会社経営簿記要領と解説』中央経済社。
――――［2010］「平成21年度中小企業の会計に関する実態調査事業 集計・分析結果」

(http://www.chusho.meti.go.jp/zaimu/kaikei/2010/download/101109KE-1.pdf)。

――――［2011］「中小企業政策審議会企業力強化部会・中間取りまとめ案【参考データ】」，配付資料(資料５)(http://www.meti.go.jp/committee/chuki/kigyouryoku/006_05_00.pdf)。

――――［2014］『中小会計要領に取り組む　事例65選』中小企業庁。

――――［2016］『「経営力向上」のヒント～中小企業のための「会計」活用の手引き～』中小企業庁。

中小企業の会計に関する研究会［2002］「中小企業の会計に関する研究会報告書」中小企業庁。

――――［2010a］「中小企業の会計に関する研究会(第6回)－議事要旨」中小企業庁（http://www.meti.go.jp/committee/kenkyukai/sme_chiiki.html)。

――――［2010b］「中小企業の会計に関する研究会・中間報告書」中小企業庁。

――――［2010c］「諸外国における会計制度の概要＜参考資料1＞」（第7回中小企業の会計に関する研究会配付資料）中小企業庁。

中小企業会計学会［2014］「中小企業会計学会第1回全国大会【パネルディスカッション】『中小企業会計学会の展望と課題－中小企業会計学会への役割期待』」『企業会計』第66巻第2号，106-113頁。

中島茂幸［2012］『中小会社の計算書類と経理実務－「指針」と「基本要領」』税務経理協会。

沼田嘉穂［1951］「第四章　中小企業帳簿組織」春秋社編集部編『簿記』（現代會計實務講座第2巻）春秋社。

平賀正剛［2010］「『中小企業のためのIFRS』に関する一考察」『国際会計研究学会年報（2009年版）』，157-170頁。

文部科学省［2012］「成長分野等における中核的専門人材等の戦略的推進事業」文部科学省(http://www.mext.go.jp/a_menu/shougai/senshuu/1312463.htm)。

リース事業協会［2018］『リース・ハンドブック（第34版）』リース事業協会。

索　引

英　数

あ　行

か　行

さ 行

た 行

な 行

は 行

ま 行

や 行

ら 行

【著者紹介】

河﨑　照行（かわさき　てるゆき）

1950年　山口県に生まれる

1979年　神戸大学大学院経営学研究科博士課程単位取得。博士（経営学）（神戸大学）

1992年～1993年　米国テキサス大学客員研究員

2004年～2006年　甲南大学副学長

2006年～2013年　甲南大学会計大学院長

現　在　甲南大学名誉教授

- 税理士試験委員，公認会計士試験委員，中小企業庁「中小企業政策審議会」臨時委員，金融庁「企業会計審議会企画調整部会」臨時委員等を歴任
- 中小企業会計学会会長，税務会計研究学会理事
- 公益財団法人「租税資料館」理事長

〔主要著書〕

単著：『情報会計システム論』中央経済社，1997年

編著：『電子情報開示のフロンティア』中央経済社，2007年

『詳解　中小会社の会計要領』中央経済社，2012年

『中小企業の会計制度―日本・欧米・アジア・オセアニアの分析』中央経済社，2015年

『会計制度のパラダイムシフト―経済社会の変化が与える影響』中央経済社，2019年

『会計研究の挑戦―理論と制度における「知」の融合』中央経済社，2020年

共著：『中小会社の会計―中小企業庁「中小企業の会計に関する研究会報告書」の解説』中央経済社，2003年

General Accounting Standard for SMEs in Japan, Wiley, 2014

監訳：『シンプル IFRS』中央経済社，2011年

など多数

最新 中小企業会計論

2016年10月10日　第1版第1刷発行
2021年10月30日　第1版第4刷発行

著　者　河　﨑　照　行
発行者　山　本　　継
発行所　㈱中央経済社
発売元　㈱中央経済グループパブリッシング

〒101-0051　東京都千代田区神田神保町1-31-2
電話　03（3293）3371（編集代表）
03（3293）3381（営業代表）
https://www.chuokeizai.co.jp
印　刷／文唱堂印刷㈱
製　本／誠　製　本㈱

ISBN978-4-502-19961-5 C3034